U0470720

国际体系变迁的动力
一种非国家行为体的视角

李金祥·著

关于国际体系变迁动力的理论研究
作为"行动者"的"非国家行为体"
体系变迁:"行动者和结构"的范式
UN经社理事会制度结构的变迁动力
中日东海问题上文化结构的变迁动力

时事出版社

图书在版编目（CIP）数据

国际体系变迁的动力：一种非国家行为体的视角/李金祥著．
—北京：时事出版社，2017.3
ISBN 978-7-5195-0082-5

Ⅰ.①国… Ⅱ.①李… Ⅲ.①国际关系理论—研究 Ⅳ.①D80

中国版本图书馆 CIP 数据核字（2017）第 002714 号

出 版 发 行：	时事出版社
地　　　　址：	北京市海淀区万寿寺甲 2 号
邮　　　　编：	100081
发 行 热 线：	（010）88547590　88547591
读者服务部：	（010）88547595
传　　　　真：	（010）88547592
电 子 邮 箱：	shishichubanshe@sina.com
网　　　　址：	www.shishishe.com
印　　　　刷：	北京市昌平百善印刷厂

开本：787×1092　1/16　印张：15　字数：240 千字
2017 年 3 月第 1 版　2017 年 3 月第 1 次印刷
定价：68.00 元

（如有印装质量问题，请与本社发行部联系调换）

本书得到了上海金融学院的资助,受教育部人文社会科学研究青年基金项目"利益和价值的纬度:中国参与联合国制裁的原则研究"(批准号:14YJCGJW007)资助。

序

青年学者李金祥的著作《国际体系变迁的动力：一种非国家行为体的视角》是一部研究当代国际体系变化的理论著作。数年前，李金祥曾经以这一课题在南京大学国际关系研究院研究和撰写其博士论文。目前成书的内容既包含他当时博士论文的基本内容，也包含他在复旦大学国际关系学院做博士后时期的思考与补充。所以，此书真可谓是以"十年寒窗"的刻苦攻读换得的成果。

在国际关系理论的领域中，国际体系的变迁因具有突出的重要性，国际和国内学术界均有不少关于其的著作问世，通过本书导言中所做的学术评价，读者就可管中窥豹，了解其精深的内容。主流国际关系理论关注的是民族国家是主要行为体的假定，学者们或是讨论国家行为体在国际体系中的相互作用，或是分析国际体系对于国家的制约关系。现实主义学者关注体系的整体性变更和体系内的渐变。新自由主义学派强调制度变迁对体系变迁的结构性作用，也分析国家行为体之间的进程对结构的影响。很少有人去研究非国家行为体对国际政治结构的建构作用。

李金祥没有在前人诸多的成果前停止探索的脚步，他深入研究和借鉴近年来建构主义理论发展而催生的新成果，考察了在全球化不断深入的条件下，国际体系变迁中正在形成的新动力，诠释这种动力生成的原因，以及非国家行为体与国家行为体对结构变迁的不同作用。此书的理论目的是深入探讨行为体与结构互动，尤其是对后者的影响，并说明非国家行为体同国家行为体一样，也是国际体系变迁的重要动能。作者逐层讨论了结构对行为体的文化及物质约束，分析了非国家行为体作为行动者如何发挥能动作用，这些看法比较突出地表现了作者在相关领域中的理论探索和创新。

此书不仅以抽象的理论分析为读者打开了对非国家行为体的本质和意义的认知大门，而且力图通过案例的分析来深入揭示非国家行为体在实际国际关系中的运行轨迹。作者独辟蹊径，以联合国经济与社会理事会和海内外"保钓运动"为载体，详细分析了前者通过吸纳国际社会中大批非政府组织参与国际谈判，从而在一些非传统安全领域中显著强化了联合国行动的可行性、合法性和正当性。

在后者中，作者通过对"保钓"团体数十年不间断的活动的归纳，展示了其对公众舆论的动员及对政策的影响，包括对中日两国在"共同开发"方面形成共识产生的建设性影响。这些分析以理论为指导讨论了非国家行为体对体系变迁的渐进性推进，同时也以实际事例验证了理论的可靠性和边界。

当前，中国开始在全球治理领域中发挥重要的作用，本书的理论研究也为读者深入理解参与全球治理的意义，以及中国如何在全球治理中以较低成本发挥更有效的作用提供理论参考。全球治理需要国际社会的共同努力，也需要各国社会内部多层次的参与，尤其是通过发挥非国家行为体的作用来实现自己的目的。近年来，中国不仅加大了在"联合国"和20国集团等国际组织的参与力度，还发起建立了"亚投行"、"金砖银行"、"上海合作组织"等新的非国家行为体。这些行为体在推进各领域的国际合作与互利共赢，影响未来国际规则的塑造方面正发挥重要影响。但是，在当前全球化加速的国际环境下，中国主导的非国家行为体在数量和能量上都远不能与发达国家主导下的非国家行为体相比较，只有更全面地掌握非国家行为体在国际体系变迁中的能动作用，同时了解体系作为结构对行为体的制约，未来的中国才能在全球治理的领域中取得不断进展。笔者认为，这就是此部著作在经验领域中也可以为读者打开思路，让大家理解全球化时代的国际关系已不仅仅是国家之间的关系，而是多种行为体复杂互动关系的意义之所在。

2017年1月16日于南京大学中美文化研究中心

CONTENTS 目录

导　言 /1
　　第一节　关于国际体系和变迁内涵的理论解释 /1
　　第二节　既有研究的不足之处 /8
　　第三节　分析框架 /14

第一章　关于国际政治体系变迁动力的理论研究 /20
　　第一节　国际政治体系变迁的理论解释 /20
　　第二节　理论解释存在的问题 /25
　　小　结 /31

第二章　作为行动者的非国家行为体 /33
　　第一节　非国家行为体的性质分析 /33
　　第二节　世界政治行为体视角的非国家行为体的定义 /38
　　第三节　非国家行为体的分类 /42
　　　　一、跨国组织作为非国家行为体分类之匙 /44
　　　　二、非国家行为体的分类 /47
　　第四节　作为行动者的非国家行为体 /50
　　小　结 /54

第三章 实证主义国际关系理论研究中的"行动者和结构"问题 /56
  第一节 经典现实主义：行动者为中心的研究纲领 /56
  第二节 沃尔兹偏重结构的新现实主义 /60
  第三节 新自由制度主义：改造的结构研究纲领 /68
  小 结 /72

第四章 结构能动范式中的"行动者和结构"问题 /78
  第一节 有关"行动者和结构"理论争论 /79
  第二节 建构主义理论中的生成性结构概念 /86
  第三节 建立一种生成性行动者理论和结构变迁模型 /98
  小 结 /115

第五章 经社理事会推动制度结构的变迁
  ——以联合国有关非政府组织咨商地位的制度为例 /118
  第一节 冷战结束前经社理事会对NGO的制度安排 /122
    一、申请的资格条件 /124
    二、申请的类别 /124
    三、获得咨商地位后，非政府组织应当承担的权利和义务 /125
    四、咨商地位的中止或取消 /126
  第二节 联合国经济与社会理事会面临的问题情境 /128
  第三节 经社理事会对国际政治结构变迁的能动作用 /139
  小 结 /146

第六章 中日东海问题上友好合作理念的形成
  ——跨国保钓运动推动下的观念结构变迁 /151
  第一节 20世纪70年代初跨国保钓与中日竞争性的观念结构 /153

  一、保钓运动影响政策的权力推动美国的理念变迁 /160
  二、保钓运动影响决策的权力推动日本理念的变迁 /162
  三、保钓运动的话语权力推动中国政府理念变迁 /164
 第二节 竞争性扩展到东海问题和 20 世纪 90 年代保钓 /170
 第三节 21 世纪初跨国保钓和中日东海问题上形成"共同开发理念" /180
 小 结 /193

结 论 非国家行动者推动着国际体系变迁 /197

参考文献 /209

后 记 /226

/导　言/

在日常生活和学术专著中，人们经常会碰到国际体系这一术语，它是人们日常观察和研究国际关系的重要切入点。英国学者巴里·布赞（Barry Buzan）和理查德·利特尔（Richard·Little）认为，没有国际体系的概念，人们就很难证明国际关系作为一个学科的存在是有道理的。[1] 而且，在构建理论体系时，国际关系研究者也必须直面体系变迁的问题。只有对体系变迁的现象和实质进行理论分析，研究者才能有力地解释和预测国际政治的一些后果。

第一节　关于国际体系和变迁内涵的理论解释

国际关系学科诞生于两次世界大战之间。自其创立之初，研究者就开始探讨国际体系的变迁问题。1990年冷战的结束和2008年的世界金融危机进一步催生了学界对国际体系变迁研究的热情，并产生了大量成果。不过，迄今对于国际体系和变迁内涵的理论研究，学者们仍是仁者见仁，智者见智。而且，从现有研究来看，体系变迁理论自身包含丰富的内容，如变迁的形式、基准（benchmark）、原因、方向、动力等等。

在国际关系学科建立之初，西方学者就开始尝试界定国际体系的内

---

[1] Barry Buzan and Richard Little, "The Idea of 'International System': Theory Meets History", *International Political Science Review*, Vol. 15, No. 3, 1994, p. 232.

涵。斯坦利·霍夫曼指出,"国际体系是世界政治基本单元之间的关系模式,其特点表现为这些单元所追求目标和它们之间任务执行的范围,以及为实现这些目标和执行这些任务所采用的手段。决定这一模式的乃是世界的结构、主要单元之间或其内部的力量性质,它们的能力、权力模式和政治文化"。① 由于该定义强调基本单元,而国际关系史上最基本的单元就是国家,由此带来的结果是——即使在那些奠定了国际关系学科基础的西方学界,长期以来,国际体系一般也被定义为国家间体系(interstate system),而且人们"如今已根深蒂固地将这两个概念等同看待"。②

以国家为中心,研究国际体系及其变迁是大部分国际关系理论尤其是主流理论的出发点。

这类研究最早可追溯到国际关系学科的奠基人,经典现实主义者E. H. 卡尔和汉斯·摩根索都探讨过体系变迁的问题。在名著《二十年危机》中,卡尔认为,国家不会是亘古不变的,随着国家的消失,其他有组织的团体权力形式会取而代之,那必然会是一场革命,现阶段国际政治中存在的种种事物将俨然无法适用于新的形势,国际关系也会被一套新的团体间关系所取代。将来,主权很可能成为比现在更加模糊、更具歧义的概念。③ 换句话说,主权国家发生变化时,国家之间的互动模式也必然随之变迁。与卡尔类似,汉斯·摩根索也认为,国家必然会被更大的行为单位所代替。④ 经典现实主义探讨了变迁的原因和基准,即构成体系的行为体自身属性的变化。

20 世纪 70 年代,新现实主义学派兴起。新现实主义(尤其是结构现实主义)的一个突出贡献是在国际体系中引进了"结构"概念,国际体系被解释为结构和行为体组成的整体。肯尼斯·沃尔兹把结构看成是由体系内的排序原则[ordering principles(无政府状态)]、体系中单位的功能差

---

① Stanley Hoffmann, "International Systems and International Law", in Klaus Knorr and Sidney.
② Barry Buzan and Richard Little, *International Systems in World History: Remaking the Study of International Relations*, Oxford University Press, 2000, pp. 5 – 6.
③ E. H. Carr, *The Twenty Year's Crisis* (1919—1939): *An Introduction to the Study of International Relations*, 2nd edition, London: Macmillan, 1946, pp. 229 – 230.
④ 汉斯·摩根索著,卢明华译:《国际纵横策论》,上海译文出版社 1995 年版,第 13 页。

异、单位（国家）间的能力分配组成的。由于单位（国家）的功能相似，新现实主义者对无政府状态（结构中的排序原则）的结构会发生变迁又持怀疑态度，认为国际体系不会发生根本变迁。沃尔兹把这两个因素排除在结构的内容之外，单位间的能力分配就成了国际体系结构的主要变量。

在解释体系变迁方面，尽管沃尔兹宣称不关注体系变迁，但他承认，单位层次上的许多变化会引起体系的变迁。[①] 很明显，沃尔兹支持经典现实主义理论家的观点，即如果体系内的行为体变化了，国际体系就会发生变迁。而且，他的理论也为解释变迁提供了新的视角。既然体系由结构和行为体组成，那么沃尔兹的理论就暗含了如下内容——体系变迁也可以是结构的变迁，因而国际体系的结构变化就指"极"的变化，如两极向多极的转变，这是一种表层结构的变迁。除了国际体系内"极"的变化外，现实主义理论还暗含了另一层的变迁含义，即无政府向等级制的转化。

无论是表层变化，还是无政府排序原则的变迁，现实主义理论毕竟在国际体系变迁与结构之间建立了联系。换句话说，国际体系变迁的基准也可能是结构，这是国际政治理论的一大进步。

由于结构现实主义者重点关注主要大国的能力分配，在这里，国际体系变迁在某种程度上就等同于国际格局的意思。

另一位关注体系变迁的现实主义学者是罗伯特·吉尔平。他把国际体系的变迁解释为三种类型。第一，体系变更，也就是国际体系本身的特征所发生的主要变化。这里的体系特征主要是由构成该体系的各种实体或主要行为者，如帝国、民族国家或者多国公司等的性质决定的。[②] 第二，系统性变革，这涉及国际体系统治的变化，包括权力在国际上分配的变化、威望等级的变化及体系中具体规则和权力的变化。这是一种系统中主导单位的变迁，比如"统治某个特定国际体系的那些居支配地位的国家或帝国

[①] 肯尼思·沃尔兹："反思《国际政治理论》——对我的批评者们的答复"，罗伯特·O. 基欧汉编，郭树勇译：《新现实主义及其批判》，北京大学出版社2002年版，第295、298页。
[②] 罗伯特·吉尔平著，武军等译：《世界政治中的战争与变革》，中国人民大学出版社1994年版，第41页。

的兴衰"。① 这实际上就是权力分配结构的变迁。第三，互动的变化。这是指一种国际体系中的行为者之间政治、经济以及其他方面的互动，或者是各种进程的变化，通常体现在国际体系中的权利和规则的变化。② 尽管划分了三种类型的体系变革，但是吉尔平也承认要完全区别它们并不容易。例如"体系的变更同时也涉及系统性变革和互动的变化，而国家间互动的变化可能是系统性变革甚至最终发生体系变更的前兆"。③ 从本质上来看，吉尔平关于体系变迁的基准仍是体系的单元。正如秦亚青先生所指出的，吉尔平对于体系自身变迁做出了根本的界定，这就是体系单位性质的变化。"单位质变"是体系变迁的基本判断标准。④

虽然经典现实主义和新现实主义都探讨过或者涉及到体系变迁的原因和标准，但到20世纪90年代，随着苏东剧变和冷战的结束，理论界普遍认为现实主义、新现实主义都未能解释冷战的终结和体系变迁。⑤

在这种情况下，国际关系理论界出现了诸多有关国际体系变迁的解释，其中许多学者更为关注体系变迁的方向。1992年弗朗西斯·福山在其1989年论文的基础上提出"历史终结论"。福山认为，国际关系变迁的原因来自于国家内部结构的变化。由于西方的自由民主制度可以满足各国民众"获得认可的欲望"，自由民主制度会在国际体系里扩散。自由民主国家之间不会发生战争，一个民主和平的国际体系来临了。从这方面来看，国际体系变迁的原因来自于国家自身的统治形态的变化，这在某种程度上

---

① 罗伯特·吉尔平著，武军等译：《世界政治中的战争与变革》，中国人民大学出版社1994年版，第42—43页。
② 同上书，第43页。
③ 同上书，第41页。
④ 秦亚青："国际体系的延续与变革"，《外交评论》2010年第1期，第3页。
⑤ Stein, Janice G., "Political Learning by Doing: Gorbachev as Uncommitted Thinker and MotivatedLearner", *International Organization*, 1994, Vol. 48 (2), pp. 155 - 183; Risse-Kappen, Thomas, "Ideas do not Float Freely: Transnational Coalitions, Domestic Structures, and the End of the Cold War", *International Organization* 1994. 48 (2), pp. 185 - 214; Koslowski, Rey. and Kratochwil, Friedrich V. "Understanding Change in International Politics: The Soviet Empire's Demise and the International System", *International Organization* 1994, Vol. 48, pp. 215 - 247; Lebow, Richard N. "The Long Peace, the End of the Cold War, and the Failure of Realism", *International Organization*, 1994, Vol. 48, pp. 249 - 277.

与经典现实主义思考国际体系变迁的视角相同。而美国著名学者乔治·莫德尔斯基（George Modelski）和威廉·汤普森（William Thompson）在某种程度上支持福山的观点，他们认为，国际体系变迁的方向是和平繁荣的国际体系。莫德尔斯基和汤普森一改研究世界政治经济大循环的世界长周期论的视角，也摒弃了他们以往的看法——世界经济与政治体系会随着经济力量的转移而变迁，提出了民主和平演进论。此理论认为，自由主义的市场经济和西方的民主政治已经胜出，市场经济和西方的民主政治在国际体系内的扩散是国际体系变迁的原因。[1] 这仍是以行为体本身的变化为原因来思考国际体系变迁。

与从行为体自身的变化为基准来解释变迁不同，一些新现实主义者、以基欧汉为首的新自由制度主义和以温特为首的建构主义主张从结构的功能作用来解释变迁，并且认为变迁的基准就是权力分配、制度或者不同的无政府文化。

正如上文所说，新现实主义者的结构指国家间的权力分配。美国洛杉矶加州大学教授戴维·威尔金森（David Wilkinson）提出了单极稳定论。他认为，国际体系变迁的方向是一个强国（美国）主导的稳定世界。冷战后的国际政治结构是美国的政治、经济、军事权力超过任何一个国家，而这个主导国不是霸权国，体系内任何其他国家都没有能力来发动一场霸权战争以代替美国的单极地位。[2] 而沃尔兹1993年发表的文章不同意这种单极稳定论。在重申行为体变化与结构变迁之间关系的同时，沃尔兹认为核武器等因素在国际体系内的分配将会决定国际体系向多极化的方向变迁。[3] 虽然这两位现实主义者对结构的发展看法不同，但他们也有相同点，即都

---

[1] Modelski, George, and William Thompson, *Leading Sectors and World Powers: The Coevolution of Global Politics and Economics*, Columbia: University of South Carolina Press. 1996.

[2] Wilkinsond, Avid, "Civilizations, Cores, World Economies, and Oikumenes." In *The World System: Five Hundred Years or Five Thousand?*, edited by Andre Gunder Frank and Barry K. Gill. London: Routledge, 1993.

[3] Kenneth N. Waltz, "The Emerging Structure of International Politics", *International Security*, Vol. 18, No. 2 (Autumn, 1993), pp. 44 – 79; "Structural Realism After the Cold War", *International Security*, Vol. 25, No. 1 (Summer 2000), pp. 5 – 41.

从结构视角来思考体系变迁的问题。

在笔者看来,塞缪尔·亨廷顿的"文明冲突论"也是以类似的视角来思考体系变迁。在"文明冲突论"里,西方文明、儒家文明、伊斯兰文明等八种文明在国际范围内的分配是体系变迁的原因。

以罗伯特·基欧汉为首的新自由制度主义者认为,在考虑体系变迁时,新现实主义者局限于权力的分配,而忽视了制度因素。新自由制度主义者把国际制度和国际机制纳入到结构中,结构被看成是一种制度的分配。国际制度有三个方面的内容:正式的政府间国际组织、国际非政府组织、国际机制和国际惯例。[1] 基欧汉等人从制度结构的功能视角提出了四种解释国际制度变迁的模型:经济进程解释模型,即以经济和技术变革为体系变迁的原因;总体权力结构解释模型,即使用总体权力结构来解释变迁(强国主导新制度和规则);问题结构解释模型,即用问题领域里的权力结构来解释制度变迁(由该问题领域中的强国制定制度规则);国际组织解释模型,即政府间组织和跨政府间的网络、规范和制度推动国际制度和规范的变迁。[2] 可见,新自由制度主义理论也认为体系变迁来自结构层次的原因。这派理论在国际制度和体系变迁之间建立起了联系,体系变迁就必然要考虑到国际制度和国际机制的变迁,变迁的标准也可能是制度的变迁,这进一步推动了国际关系理论中对体系变迁问题的研究。

世界体系论者也从结构的功能视角来解释国际体系的变迁,其侧重于用制度来表述结构。沃勒斯坦等人认为:"1945—1990年间的岁月只是现代世界体系长期历史演进中最近的一个历史时期",而现代世界体系是"资本主义世界经济体",它从形成的那一刻起就包含了一整套序列的制度结构,规范着生活于其中的人们的活动。沃勒斯坦称这些制度变量为世界体系的向量,是现代世界体系的构成部分,又是影响体系演变的重要因素。它们伴随世界体系的历史演进不断地被重构,相互间"可以区分但无

---

[1] Robert O. Keohane, *International Institutions and State Power*, Boulder: Westview Press, 1989, pp. 3 – 4.
[2] 罗伯特·O. 基欧汉、约瑟夫·奈著,门洪华译:《权力和相互依赖》(第三版),北京大学出版社2003年版,第39—60页。

法分离","任何一个或它们彼此间发生振荡、障碍或转化的情况,都将影响其他变量",甚至诱使整个体系发生"危机"。依据这一认识,沃勒斯坦等人的分析从各个向量的演化切入,进入到构造体系的经济、政治、文化诸层面。[①] 在沃勒斯坦看来,变迁的方向存在着两种可能:一种可能是,现存的世界体系继续发挥作用。美国的霸权地位虽然遭到削弱,但在科学技术和经济、军事实力上仍然保持一定的领先地位,它将不遗余力地在北方诸国寻求新的联盟,以图继续左右世界体系的发展。欲将这种可能性变为现实,就必须克服体系的主要制度变量目前所遭遇的困难。对此,可说是前景莫测。另一种可能性是,发生体系危机或分叉,出现一个混乱时期,其结果亦将是不确定的:或重构一种与以前体系一样的充满等级、不平等和压迫的体系,或可能构建一种相对平等和民主、较为和谐的新体系。由此来看,这派理论不仅对20世纪下半叶体系的变迁方向做出具体描述,而且触及到诱发体系变迁的某些原因,即经济领域的制度变化是国际体系变迁的原因。

  20世纪末期,以温特为代表的建构主义学派在国际政治理论界兴起。这一学派认为,国际政治体系的结构是文化的分配。温特列出了三种无政府的文化:霍布斯文化、洛克文化和康德文化。国际体系的变迁方向是康德文化。体系变迁的原因是国家之间的相互依存、共同命运、同质性、国家的自我约束。除了国家的自我约束是从行为体的视角来看变迁以外,其他三个因素都是从结构的视角给出了原因,因而建构主义的变迁理论也带有浓烈的功能主义色彩。不过,建构主义理论的贡献在于,指出了国际体系变迁也是国际体系内文化分配的变化。

  此外,其他一些学者也从不同的视角来解释国际体系的变迁。冷战结束后,有关体系变迁的各种观点纷纷出现,如美国乔治·华盛顿大学的罗斯诺(J. Rosenau)教授认为"后国际政治"和划时代的变迁降临了,"全

[①] 特伦斯·霍普金斯、伊曼纽尔·沃伦斯坦等著,吴英译:《转型时代》,高等教育出版社2002年版,转引自吴英:"沃伦斯坦怎样看资本主义世界体系的转型——评《转型时代》",《世界历史》2003年第1期,第103页。

球治理"的新体系出现了。[1] 有学者认为当时处于发生根本变迁的新纪元,[2] 美国奥伯尼市纽约州立大学政治学教授柯斯洛斯基（Rey Koslowski）和德国著名国际关系理论家克拉托契维尔（Friederich Kratochwil）宣称冷战的结束构成了国际体系的变迁——不是体系内的变迁而是整个体系的变迁;[3] 1998年国际关系协会年会的主题之一是"后威斯特伐利亚时代"的国际秩序。

综上可见，国际体系变迁研究主要包括两类理论，一类是研究体系中的单元转型，另一类是研究体系中的结构。从以上学者的相关解释来看，一方面，国际体系的确在发生变迁；另一方面，学者们在研究变迁时，对变迁的基准和原因的分析比较深入。变迁的标准可以是体系内的行为体（即国家行为体自身的统治形态或者职能），也可以是体系内的结构。不过，用约翰·鲁杰的话来说，在国际关系这个学科，对变迁的研究就是对结构的研究。[4] 本书关于国际体系变迁的基准，兼顾国际体系内的单元和结构的变迁。

第二节 既有研究的不足之处

"单极稳定论"、"历史终结论"、"文明冲突论"和"民主和平演进

---

[1] James N. Rosenau, *Turbulence in World Politics. Princeton*, NJ: Princeton University Press, 1990, ch. 1; *Along the Domestic-Foreign Frontier: Exploring Governance in a Turbulent World*, Cambridge: Cambridge University Press. 1997, p. 7.

[2] Yoshikazu Sakamoto, "A Perspective on the Changing World Order: A Conceptual Prelude", In Yoshikazu Sakamoto (ed.). *Global Transformation: Challenges to the State System*. Tokyo: United Nations University Press, 1994, pp. 15 – 16.

[3] Koslowski, Rey, and Friedrich Kratochwil, "Understanding Change in International Politics: The Soviet Empire's Demise and the International System", *International Organization*, 1994, Vol. 48: 2, pp. 215 – 248.

[4] John Gerard Ruggie, "International Structure and International Transformation: Space, Time, and Method", in Ernst-Otto Czempiel and James N. Rosenau., *Global Changes and Theoretical Challenges: Approaches to World Politics for the 1990*, (Lexington, MA, and Toronto: Lexington Book, 1989), p. 21.

论"都在"9·11"恐怖袭击之下宣告解释失败，而21世纪头几年的国际体系发展也不符合世界体系论的解释。

上述国际关系理论家和思想家对国际体系变迁的解释之所以不符合现实，存在四个原因：第一，国际关系理论家对体系变迁的定义比较狭隘，局限于以国家为中心的分析；第二，理论家探讨国际体系变迁时倾向于从宏观上寻找原因，而鲜少从微观上解释；第三，在解释变迁时，现有研究成果缺乏对国际体系变迁动力的分析；第四，以上解释的共同之处是国家中心论，认为国际体系的变迁主要是由国家完成的。

首先，体系变迁是国际关系研究者经常会提到的一个问题，然而正如约翰·鲁杰所指出的，由于国际关系学界没有就描述变迁和延续性的词汇达成共识（shared vocabulary），国际关系研究者总不能胜任体系变迁的研究。[①] 换句话说，人人都会讲国际体系变迁了，但研究者对变迁概念的理解却没有达成共识。上述解释体系变迁的学者倾向于把变迁定义为两种形式：一是"变化或转型"（transformation）；二是替代（replacement）。变化指一定时期内体系中累积的量变。新的东西在部分上取代了旧的，但却包括着旧的遗产或者残余。转变的典型例子是君主制。今天一些国家虽仍实行君主制，但今天的君主制与昔日的君主制只是在形式上相同，实质上已经不同，即君主制已经转变了。新旧并存就是转变。与此类似，转型是从一个事物转变成另一个事物，但仍然保有旧事物的因素。把变迁理解为"替代"时，"替代"指一种有意义的变化，是一种新的东西，这种新的东西通常是旧事物的对立面。这是一种非连续性（间断的）的变化观念：新的取代旧的。"取代"意味着新事物、新因素，也就是说，新的东西实际上与过去存在的东西没有多少共同性。现代历史的变迁应体现于"间断"或"取代"性质的变化，而不是转变。许多学者认为：冷战的结束在最小的意义上构成一种基本变化，即超级大国之间和它们与其他国家的关系发生了改变；在最大的意义上，冷战的结束是国际体系的一次真正转变。大

---

① John Ruggie, "Territoriality and Beyond: Problematizing Modernity in International Relations", *International Organization*, 1993, Vol. 47, No. 4, pp. 140, 143–144.

国之间发生战争的可能性大大下降了，这预示着自16世纪以来国际关系的一个基本类——大国战争——将要终结。[1] 这就是从替代的内涵来理解变迁。"历史终结论"、"文明冲突论"、"单极稳定论"、"民主和平演进论"、"全球治理论"以及世界体系理论有关体系变迁的解释，都是从转变或替代的含义上来理解变迁的。

在加拿大不列颠哥伦比亚大学著名政治学教授霍尔斯梯（K. J. Holsti）看来，把变迁理解为"转变"和"替代"在理论上便于解释，[2] 但除此以外，变迁还具有另外一层定义，即把变迁理解为增加复杂性（complexity）。

所谓增加复杂性是指旧的国际结构仍然存在，但行为体和行为（activities）的数量和任务在增加，结构变得更加复杂，新的形式（如外交上的多边会议）不断出现。这也体现了新和旧同时出现的局面。[3] 现实主义者说的安全困境可以与自由主义所说的国际机制、全球治理、一体化和多元安全共同体的发展并存。从这个意义上来说，全球公民社会并没有取代国家层级上的政治活动，只是对国家层级政治活动的补充。一个有意义的说法是，现实主义并没有错，但却是不足的；把变迁的内涵扩大为增加复杂性，就可以更好地理解国际体系的变迁。无论是转型和替代还是增加复杂性，这些新现象或者新事物的出现都具有稳定性和持久性，而不是那些转瞬即逝的新奇事物。

其次，在解释变迁时，国际关系理论研究者倾向于从宏观上寻找变迁的原因，而缺乏微观视角的理论与实证分析。单极稳定论、新自由制度主义者和主流建构主义者偏重于从体系内结构的功能来分析。经济因素是整个系统的一个组成部分，用国家间经济力量的变迁来解读结构变迁就体现了经济结构的功能主义，因为这种分析是建立在国家间经济力量的排序方

---

[1] K. J. Holsti, "The Problem of Change in International Relations Theory", Working Paper, No. 26, December 1998, pp. 7 - 8, www. iir. ubc. ca/site_ template/workingpapers/webwp26. pdf.

[2] Ibid., p. 9.

[3] K. J. Holsti, "The Institutions of International Politics: Continuity, Change, and Transformation", Paper presented at the Annual Meetings of the International Studies Association, New Orleans, Louisiana, March 23 - 27, 2002, http://www. leeds. ac. uk/polis/englishschool/holsti02. doc.

面的，如罗伯特·吉尔平的《世界政治中的战争与变革》。① 新自由制度主义从总体权力结构和问题领域里的权力结构来解释变迁，是用权力结构来解释国际制度或者国际机制的变迁，这也是一种功能主义的解释。而军事技术的革新，包括核武器在体系内的传播，这些分析也是在体系层次中寻找原因。按照美国建构主义学者戴维·德斯勒的说法，军事技术的革命很容易在体系内扩散和传播开来，因而成为一种结构层次的因素，这是一种结构的功能解释。② 北京大学教授张小明从战争的角度来分析国际体系的变迁，③ 这也是从结构的功能角度来分析，按照赫德利·布尔对国际制度的看法，战争也是国际行为体之间形成的一种制度，而制度是结构层面的。虽然经典现实主义理论、"历史终结论"和"民主和平演进论"从体系内行为体的变迁寻找结构变迁的原因，这是从微观层次上分析原因，然而经典现实主义假定国家会为更大的行为体所取代，这在研究上要涉及到国内政治的研究，在国际政治领域也无法进行详细探讨。"历史终结论"和"民主和平演进论"则带着冷战后极浓厚的西方意识形态获胜的色彩。这两种理论由于缺乏严密的论证，与其说是探讨体系变迁的原因，还不如说是一种西方在冷战中获胜时的喝彩。

第三，国际关系理论者鲜少研究国际体系变迁的动力。要分析结构变迁的动力，就要从行动者和结构（agent & structure）两者的关系入手。④ 在国际关系领域，学界对于行动者和结构的关系问题关注较晚。尽管沃尔兹的国际政治理论中引入了涂尔干的社会学理论，但其理论优先关注无政府状态问题，而不是"行动者和结构问题"。

"行动者和结构"是社会学领域的词汇。行动者和结构问题是近年来社会学领域争论激烈的问题，这个问题是由肯尼斯·沃尔兹、理查德·阿

---

① Robert Gilpin, *War and Change in World Politics*, Cambridge, Cambridge University Press, 1981.

② David Dessler, "What's at Stake in the Agent-Structure Debate?", *International Organization*, Vol. 43, No. 3, pp. 441–474.

③ 张小明："第二次世界大战与国际体系的变迁"，《世界经济与政治》2005年第9期，第7—12页。

④ 沈红：《结构与主体：激荡的文化社区石门坎》，社会科学文献出版社2007年版。

什利和亚历山大·温特等学者最先引入到国际关系领域的。由于国内许多翻译者受到的主要是政治学训练,不了解社会学领域的行动者内涵,对社会学领域的行动者概念欠熟悉,在翻译上参差不齐,把 agent 翻译成"行为体"或"代理国"。[①]

可以说,尽管 20 世纪 80 年代西方国际政治理论学者已经开始重视"行动者和结构"问题,但国内学者的很多不当翻译弱化了西方学术界对这些问题的重视程度。不过随着建构主义被引荐到国内,"行动者与结构"问题也受到了一些关注,如秦亚青先生在几本书的序言中都提到了该问题。[②] 2005 年,秦亚青与温特的信中也提到在国外对"行动者和结构"问题的研究向行动者层次"回落"的问题。中国人民大学的副教授方长平在对建构主义的评述中论述了建构主义关于行动者和结构之间相互建构的命题。[③] 相对而言,社科院的副研究员袁正清先生对"行动者和结构"问题的介绍比较全面,包括国际关系理论间对此的两次大争论。[④] 然而,国内对此问题研究的深度和广度都不够。到底什么是"行动者和结构"问题?"行动者和结构"问题与分析层次问题的区别是什么?这些都要进一步研究。

在国际关系学科,"行动者和结构"问题经常与"分析层次"问题相混。按照英国威尔士大学国际关系系讲师科林·怀特(Colin Wight)的解释,尽管两个问题相互关联,都是为了理解和解释社会中部分和整体的关系问题,但并不是同一个问题的不同命名。分析层次问题是指如何分析一个研究对象的问题。正如亚历山大·温特所言,分析层次问题是一个"解释的问题":在解释一个给定单元的行为时,从汇聚在一起的不同层次的

---

① 如信强译:《国际政治理论》,第 98—99 页,第 110、148、154 页;阎学通等译:《争论中的国际关系理论》,第 111 页;郭树勇译:《新现实主义及其批判》,第 65、99 页。
② 亚历山大·温特著,秦亚青译:《国际政治的社会理论》,上海人民出版社 2000 年版,译者前言,第 2 页;彼得·卡赞斯坦、罗伯特·O. 基欧汉、斯蒂芬·克拉斯纳等编,秦亚青译:《世界政治理论的探索与争鸣》,上海人民出版社 2006 年版,译者前言,第 4 页。
③ 方长平:"社会建构主义:一种研究国际政治的新范式",http://sis.ruc.edu.cn/;"英国学派与主流建构主义比较",《世界经济与政治》2004 年第 12 期,第 35—36 页。
④ 袁正清:"国际关系理论的行动者——结构之争",《世界经济与政治》2003 年第 6 期,第 39—44 页。

因果要素中衡量出哪一个更为重要。

"行动者和结构"问题来源于个人与社会这对框架关系的表述,虽然有些行动者不是个人,但他们也与结构发生关系,这才用"行动者和结构"问题来代替个人和社会问题。①"行动者和结构"问题是指在理解社会中的人们互动和解释社会现象时,行动者和结构是两个限定性的组件(defining components),也就是指行动者与行动者所置于其中的结构之间的关系问题。用马克思的名言通俗表述,即人们自己创造自己的历史,但是他们并不是随心所欲地创造,并不是在他们自己选定的条件下创造,而是在直接碰到的、既定的、从过去承继下来的条件下创造。②

"行动者和结构"问题一直是社会学领域里激烈争论的问题。围绕着行动者和结构到底哪一个在解释社会后果(包括结构变迁)时更有力的争论,使得社会学研究者分为两派:结构主义学派和个体主义学派。前者侧重研究社会整体结构功能,后者研究个人、小群体及行动,这就使得行动者和结构问题变成一种二元对立的问题。把行动者和结构看成二元对立的关系不利于分析体系变迁的动力,因此到了20世纪70年代,安东尼·吉登斯、皮埃尔·布迪厄、罗伊·巴斯卡等一批社会学学者主张打破行动者与结构的二元对立,给予行动者和结构以理论上平等的本体地位,并建立一种结构能动范式(structuration)。这些社会学家的思想被亚历山大·温特引介到国际关系这个学科。温特认为,行动者和结构是互相建构或者互相决定的。③ 结构对行动者的建构和决定体现于温特的名著《国际政治社会理论》一书中。行动者对结构的建构和决定作用进而推动了体系变迁,这是本书的研究主旨。正如戴维·德斯勒所说,"行动者和结构"问题的根源在于承认行动者的能动性是社会世界之行为、事件和结局(包含体系

---

① Wight, Colin, *Agents, Structures and International Relations: Politics as Ontology*, Cambridge University Press, 2006, p.104; Wendt Alexander, "Bridging the theory/meta-theory gap in international relations", *Review of International Studies*, 1991, Vol.17, p.387.

② 马克思:"路易·波拿巴的雾月十八日",《马克思恩格斯选集》第一卷,人民出版社1995年版,第585页。

③ Alexander Wendt, "The Agent-Structure Problem in International Relations Theory", *International Organization* (Summer, 1987), Vol.41, No.3. p.356.

变迁—笔者注）的唯一动力。①

第四，目前的研究者对于非国家行为体在体系变迁中的作用研究不够，更缺乏对这类行为体（行动者）与结构的互动研究。由于变迁的概念除了指体系的转型或替代外，还指代体系复杂性的增强和具有对立特征的变化，尤其是体系变迁的概念包含如下内容：原有结构不变，但行为体和行为的数量和任务在增加，结构变得更加复杂，新的形式（如外交上的多边会议）不断出现。自20世纪90年代以来，诸多非国家行为体介入到国际体系中，并对体系的发展产生作用。对于这些变化，基辛格、布热津斯基分别用"四百年未有之大变局"、"第四次历史巨变"来描述体系变迁的深刻性，他们指出，当前体系变迁是自威斯特伐利亚体系建构以来最重大的变革，需以宏大的时空视野来观察。从增强体系复杂性这个方面来理解，非国家行为体与体系变迁之间存在关联。反思"9·11"事件及其之后的连续恐怖袭击事件，国际关系研究者意识到以国家中心主义来思考国际体系变迁理论存在不足，因而建立一个涵盖非国家行为体相关的体系变迁理论具有必要性和紧迫性。

第三节　分析框架

为了建立一个把行动者看做体系变迁的动力的理论，建立一个解释非国家行为体与国际体系变迁的理论框架，笔者试图在以下几个问题上深入研究并提出自己的见解。

第一，要把非国家行为体看做国际体系变迁的动力，就要结合"行动者和结构"问题的相关理论，更具体地讲，把非国家行为体理解成行动者。换句话说，就是要把非国家行为体理论化。

要把非国家行为体理论化，就要分析非国家行为体的定义。非国家行

---

① David Dessler, "What's at Stake in the Agent-Structure Debate?", *International Organization*, Vol. 43, No. 3. (Summer, 1989), p. 452.

为体是近年来国际关系研究者的热门话题,但在界定非国家行为体的定义和分类方面,现有的研究成果不利于把非国家行为体看成是一个塑造结构的行动者。学者对非国家行为体的定义大致采取了两种态度:有一批学者,尤其是美国高校里设立非国家行为体研究课程的学者回避了定义问题,直接把一些类别的行为体统称为非国家行为体;[①] 另一批学者则试图判断非国家行为体的性质,在此基础上提出了限定严格的定义。这些定义虽然出自一些观察视角,但也给人们带来了许多困惑。如荷兰纳米根(Nijmegen)大学环境政策科学系教授冯·巴斯·阿茨(Von Bas Arts)的定义排除了一些不合法的行为体,2004年联合国安理会通过的第1540号决议则把非国家行为体局限于不合法的行为体。美国圣母玛丽亚大学教授玛利·爱伦·奥肯兰、伦敦经济和政治学院的国际关系学者达芙尼·乔塞林(Daphné Josselin)和伦敦经济学院的国际关系教授威廉·华莱士(William Wallace)则认为,非国家行为体的定义应涵盖任何行为体,既可指合法的非国家行为体,也应包含不合法的非国家行为体。如何来看这些观点?在跨国性方面,阿茨的观点强调行为体的成员须跨国,奥肯兰则不强调行为体的成员须跨国。到底非国家行为体是否需要其成员跨国呢?

在非国家行为体的单元属性方面,奥肯兰界定其为组织和个人。乔塞林和华莱士同认为非国家行为体只能是组织,不包括个人和非组织的实体。小查尔斯·凯格利(Charles W. Kegley. Jr.)和尤金·维特科普夫(Eugene R. Wittkopf)则认为非国家行为体的单位属性是团体。而联合国增进和保护人权小组委员会两位委员加什帕尔·比罗(Gáspár Bíró)和安托阿尼拉·尤利亚·莫托科则认为,从非国家行为体的单元属性来看,在国际体系中存在正式和非正式建立的行为体,有些行为体不能被看成组织或

[①] 如美国新泽西州特立华大学教授马特·霍夫曼(Matt Hoffmann)认为,非国家行为体包括联合国、多国公司、非政府组织、绿色和平组织、大赦国际、世界银行和天主教教会等,www.udel.edu/poscir/mjhoff/240_ f 04.html;美国北伊得诺斯州立大学政治科学教授Edward Kwon的课程提纲中把非国家行为体分为如下四类:国际组织(政府间)、非政府组织、多国公司、次国家行为体, http://polisci.niu.edu/fa05courses/285 - 2.htm;英国学派的赫德利·布尔也采用类似的办法,他认为非国家行为体包括:超国家行为体、次国家行为体(substate actor)和跨国行为体。*The Anarchical society*, foreword to the 2nd Edition (1995), p.17。

团体，如跨国倡议网络。此外，那些以国家或国家代表为成员的行为体、由国家合法授权的行为体，以及在资金和控制上很大程度受制于主权国家的行为体，是否属于非国家行为体？如何应对研究者在此问题上的不同观点？

第二，要建立非国家行为体塑造结构的理论，还要明确非国家行为体的分类。也就是说，能决定或建构结构的非国家行为体是哪些类别？最初，学者们把非国家行为体分成两类，一类是政府间国际组织（IGO），另一类是国际非政府组织（INGO），这两类组织被认为是除了传统主权国家外的主要非国家行为体。[1] 但如果以组织的成员属性来区别，政府间国际组织与国际非政府组织之间的区别并不总是很清晰。阿彻（Clive Archer）认为许多国际组织都同时允许政府的代表和非政府的代表出席。[2] 如以政府与组织的关系来区分，尤其是以政府对组织的控制程度来看，也无法区分政府间国际组织与国际非政府组织。哈罗德·雅各布森认为很多从事通讯和运输业务的国际组织很难进行分类，因为其成员极为复杂，并不同程度地受到政府控制。像国际劳工组织、国际电讯联盟等虽然主要是由政府的代表组成，但也允许劳联、雇主协会和电讯设备制造商团体这样的私人协会参加。[3]

因而，在对非国家行为体进行分类时，就要探讨如下问题：把非国家行为体直接划分为政府间国际组织和非政府间国际组织是否合理？界定政府间国际组织与非政府间国际组织之间区别的标准是什么？此外还有，如何对非国家行为体中的不同类别，例如跨国组织、非政府组织、政府间国际组织等进行界定？如何理顺跨国组织与政府间国际组织、非政府组织等其他非国家行为体的关系？跨国组织是否包括政府间国际组织？

---

[1] Harold K. Jacobson, *Networks of Interdependence: International Organizations and the Global Political System*. New York: Knopf. 1984, p. 4; Clive Archer, *International Organizations*. 1992, Second Edition. London: Routledge, pp. 38–39.

[2] Clive Archer, *International Organizations*. 1992, Second Edition. London: Routledge, p. 43.

[3] Harold K. Jacobson, *Networks of Interdependence: International Organizations and the Global Political System*. New York: Knopf. 1984, p. 4.

在研究了非国家行为体的定义和分类之后，需要解释行动者的概念和属性，行动者的属性即行动者的能动作用（agency）。进而，探讨如何在非国家行为体和行动者这两个定义之间建立联系。

第三，为了从动力的角度来解释体系变迁，还要探讨主流理论对行动者和结构问题的不同解决方案。毕竟，正如温特指出的那样，所有社会科学理论至少要内含对"行动者和结构"问题的解决方案。[①] 尽管主流理论偏重于结构层次，但也无法避开对行动者问题的讨论。这些讨论对于建立一个有关变迁的新理论来说具有启迪性，然而在国内研究来看，各主流理论对"行动者和结构"问题的解读并不是很深入。

第四，建立一个分析结构变迁的模型。要建立一个行动者与结构变迁相关的理论，就要弄明白与行动者或结构相关的一些问题。尽管霍尔斯梯对体系变迁的内涵做了详细的解释，也指出体系变迁主要是指结构的变迁，但到底什么是结构呢？对此，结构现实主义、新自由制度主义和建构主义都提出了不同的定义。如何看待建构主义学者如温特和德斯勒对沃尔兹结构定义的否定态度呢？

在国际关系理论界，把行为者作为体系变迁的动力来解读国际体系变迁已经形成一些成果，如戴维·德斯勒、巴斯·阿茨及德国法兰克福歌德大学讲师本杰明·赫布斯都做了尝试。德斯勒在解读沃尔兹的结构现实主义理论时，认为沃尔兹把结构看成是行动者意图之外的后果，试图构建一种理论以解读国际体系的和平变迁，试图揭示结构（规定性规则和构成性规则）是行动者有意图行动的后果。而且他倾向于把安东尼·吉登斯的结构定义（结构被理解为资源和规则）应用到自身的理论中。[②] 阿茨也赞同德斯勒的观点，不过阿茨与德斯勒的理论存在三个不同之处：第一，从非国家行为体的角度来解读国际体系变迁；第二，在探讨体系变迁时引入了

[①] Alexander E. Wendt, "The Agent-Structure Problem in International Relations Theory", *International Organization*, Vol. 41, 3. Summer, 1987, p. 337.

[②] David Dessler, "What's at Stake in the Agent-Structure Debate?", *International Organization*, Vol. 43, No. 3. Summer, 1989.

权力因素；第三，阿茨的结构局限于国际机制。① 但这两位学者没有建立一个有关国际体系变迁的理论模型，也没有详细论述行动者意图之外的能动作用与结构变迁之间的因果关联。本杰明·赫布斯则秉承其导师亚历山大·温特的研究思路，试图在行动者的主观（意图）革新与结构变迁之间建立起联系。这过于关注行动者的主观方面，但其结构也是偏重于理念结构。② 结构变迁只限于制度和理念吗？结构变迁只是与行动者的主观性因素相关吗？行动者的哪些属性会导致结构在其意图之外发生变迁呢？

第五，在案例研究中，笔者也试图对前人的研究有所突破。本书共采用了两个案例：政府间国际组织经社理事会和跨国社会运动"跨国保钓运动"。对于经社理事会，现有的成果主要从经社理事会的地位、作用和权力变化的角度来研究。有学者认为，经社理事会的地位仅仅是一个下属协调机构，只提供服务、做出决议和建议，仅在一定程度上对于督促各国履行国际义务有着积极的作用，但是它的决议和建议都存在缺乏强制性的特点，对各国并无法律约束力。另一些学者认为，建立经社理事会是为了建立一个全球性的政策协调框架（framework），③ 但从联合国宪章的内容来看，建立经社理事会并不是为了建立一个全球性的协调中心。还有一些作者认为经社理事会的影响日渐式微，④ 但也有学者以具体事例反驳这种观点。如沃尔特·肖普（Walter R. Sharp）就深入研究了经社理事会的 36 届（1963）和 43 届（1967）会议。他认为，不能轻易对经社理事会未来的效能持悲观的看法。⑤ 也有学者认为，经社理事会的权力在削弱，其权力在

---

① Bas Arts, "Regimes, Non-State Actors and the State System: A 'Structurational' Regime Model", *European Journal of International Relations*, 2000, Vol. 6, p. 513.

② Benjamin Herborth, *The System is under Construction*, M. A. Paper, University of Chicago, August 2003.

③ Erskine Childers and Brian Urquhart, *Renewing the United Nations System* (Uppsala, Sweden: Dag Hammarskjöld Foundation, 1994) p. 57.

④ One of the most respected observers of the United Nations' economic and social activities, Sidney Dell, wrotethe following: "There was a time when governments regularly sent ministers to meetings of the Economicand Social Council and it worked quite well", Sidney Dell, The Bertrand Critique, p. 736.

⑤ Walter R. Sharp, *The United Nations Economic and Social Council*, (New York: Columbia University Press, 1969). p. 245.

向着联合国大会及其下属委员会转移。① 本书则试图把经社理事会看做一个行动者，探讨经社理事会与非政府组织参与联合国事务的相关制度的变迁之间的联系。

有关保钓运动的研究存在着几种视角。一种视角来自20世纪70年代保钓人士自己的回忆和评价。这类成果侧重于衡量保钓运动对保钓人士个人的价值观、人生观的影响，或者评估保钓运动对参与者认同中国或后来全球华人从事中国统一运动的意义。② 有的研究视角反思海外和地区保钓运动对台湾地区局势的影响。如海外保钓和台湾岛内的保钓运动促使民众认同出现了不利于台湾当局而利于中华人民共和国的趋势，或者保钓运动抵制了台独。③ 还有一种视角着眼于保钓运动和中日关系，认为保钓运动是一种跨国运动，即非国家行为体，能体现中日两国政府和民间的双层博弈，认为保钓运动这样的跨国行为体有可能会恶化有争议国家之间在岛屿问题上的冲突。④ 本书把跨国保钓运动看做一个行动者，这个行动者跨越时空的社会性卷入中日美之间的关系，进而推动了中日在东海问题上观念结构的变迁。

---

① Simma, Bruno, Hermann Mosler, Albrecht Randelzhofer, Christian Tomuschat and Rudiger Wolfum (eds.), The Charter of the United Nations: A commentary. Second Edition, Volume II, (Oxford: Oxford University Press, 2002), pp. 984, 1009 – 1010, and 1010, paragraph 53. Tim Arnold, *Reforming the UN: Its Economic Role* (London: The Royal Institute of International Affairs Discussion Paper, No. 57. p. 26.

② 王晓波："天涯何处是神州"，《纵横月刊》1982年6月号；晓波著：《尚未完成的历史保钓二十五年》，海峡学术出版社1996年版，第100页；王拓：《台北，台北!》（序言），中国友谊出版公司1987年版，第1—7页；林盛中："从'保钓运动'到'台湾同学会'"，《海峡评论》第55期，第38—39页；林盛中："对保钓运动的回顾"，2008年1月8日，http://blog.people.com.cn/blog/msuploads/blogcontent/2008/66/site84/84933/wlog_ 1204782458828309. html。

③ 薛化元："保钓运动的回顾与反思"，http://www.twhistory.org.tw/20010423. htm；刘源俊著："我所知道的留美学生保钓运动"，邵玉铭主编：《风云的年代——保钓运动及留学生涯之回忆》，联经出版事业公司1991年版，第200页。

④ Chien-peng Chung, "Resolving China's Island Disputes: A Two-Level Game Analysis", *Journal of Chinese Political Science*, vol. 12, no. 1, 2007, pp. 49 – 69.

第一章 关于国际政治体系变迁动力的理论研究

国际政治理论的研究者把"描述、解释和预测国际后果"作为理论的三个功能，这同样适用于研究国际体系变迁的理论。本书的重点是从理论上解释变迁，而不是描述或预测变迁。那么什么是国际体系的变迁呢？世界上的变化无时无刻不在进行，有关变化的研究遍及各门学科，国际关系领域也不例外。变化存在着程度的差别：日常变化、重大变化、变迁。[①]日常变化体现为国家间领导人的互访、国家间关系的时冷时热等；重大变化指断交和建交、国家间宣战与媾和等；变迁则指构成国际体系结构的根本性改变。这里变迁有三个内涵：结构的复杂性增加、结构发生"替代"以及结构发生"转型"。自20世纪80年代末以来，国际政治结构发生了巨大的变迁，但国际关系的理论家和思想家对这种变迁的解释却相当乏力。

第一节 国际政治体系变迁的理论解释

第二次世界大战结束以来，国际体系发生了剧烈的变化，其中有两个事件最为突出。首先，出乎很多国际关系研究者的预料，冷战以和平的方

[①] R. J. Barry Jones, "Globalization and Change in the International Political Economy", *International Affairs*, Vol. 75, No. 2. (Apr., 1999), pp. 357–358; "Concepts and models of change", in Buzan and Jones, *Change and the study of international relations: The Evaded Dimension*, Edited by Barry Buzan and R. J. Barry Jones. London: Frances Pinter. 1981. pp. 11–29.

式结束。国际关系研究者普遍承认，冷战的国际体系终结了。其次，2001年9月11日，恐怖组织对唯一的超级大国——美国的袭击。这也使许多国际关系研究者意识到国际体系的变迁。因为恐怖袭击不仅迫使美国改变了全球战略，[1] 也使得更多国家把斗争的矛头指向了恐怖组织，而且由于恐怖袭击，美国及其盟国发动了对阿富汗和伊拉克的战争。正如赫德利·布尔所说，世界政治单单出现非国家行为体并不表明国际体系的转变，关键的问题在于，非国家行为体的兴起所招致的对国家主权或者对国家领土和公民的最高管辖权的侵蚀及私人使用国际暴力权利的恢复。[2] 基欧汉也认为，当非国家行为体的网络在跨大陆的基础上运行时，该暴力变得全球化了，地球的一个遥远角落发起或控制着某国国内的暴力行为。这不仅与正式的宣战形成鲜明对照，而且与国家或渴望成为国家的组织（其责任归属显然为人们所接受）所采取的其他暴力形式构成鲜明对照。[3] 美国外交学会会长理查德·哈斯认为，美国统治世界的时代正走向终结，今后的美国将丧失一部分财富和实力，资源也会流向其他国家，这些征兆已经开始显现了。他不认为中国会取代美国成为下一个统治世界的国家，新的时代或许将是更多的国家、企业、政府背景的基金、国际机构和恐怖组织群雄并起的复杂时代。[4] 笔者也持同样的观点，认为国际体系正在发生变迁。

　　从国际关系理论对变迁的解释来看，尽管经典现实主义、结构现实主义、新自由制度主义理论家都解释了国际政治的变迁，然而主流国际政治理论在解释这些变迁时仍不具说服力。

　　在现实主义的阵营里，以汉斯·摩根索为首的经典现实主义者继承欧洲大陆的现实主义传统，把现实主义和进化史观结合起来，认为国家必然会被更大的行为单位所代替。但该学派坚信国家之间强权政治和均势仍然

---

[1] Robert Keohane Interview, March 9, 2004, http://globetrotter.berkeley.edu/people4/Keohane/keohane-con5.html.

[2] 赫德利·布尔著，张小明译：《无政府社会——世界政治秩序研究》（第二版），世界知识出版社2003年版，第214—215页。

[3] 罗伯特·O.基欧汉、门洪华编，门洪华译：《局部全球化中的自由主义》，北京大学出版社2004年版，第310页。

[4] 《日本经济新闻》2007年12月12日。

是国际政治体系的长期特征，国际组织等非国家行为体仍不会起很大的作用。经典现实主义者从国内制度和国家间权力对比的视角考虑国际政治后果的变化，这派学者创建了国际关系理论界占优势地位的国家中心学说。经典现实主义理论是冷战时期国际关系理论界的主导研究范式，但它未能有效解释苏联解体和苏军从中欧撤走而未发一枪的原因。现实主义理论对苏联解体的解释基于一个假设：冷战的原因是苏联权力的增强，美国及其盟友认为自身受到了威胁。只要苏联领导人认为苏联能够维持权力竞争，竞争就会继续下去。戈尔巴乔夫上台后认为，苏联已不再具备与西方竞争的实力，于是冷战结束了。冷战时期，苏联企图挑战美国的霸权地位。它之所以失败，是因为在冷战结束之前，权力分配发生了有利于美国的变化。[1] 然而，学者们并不认同这种解释。"9·11"事件后，有学者进一步指出了这派理论的不足。斯坦利·霍夫曼明确指出，在国家的世界里，摩根索和雷蒙·阿隆的经典现实主义可能还有其生命力，但在面对恐怖主义的威胁时，该理论就变得越来越似是而非了，提供的选择也很勉强。全球恐怖主义不是国家和非国家之间战争的简单延续，因为它摒弃了传统的战争方式。它既不尊重敌国的主权，也不尊重保护盟国的主权，这使受害国在正当防卫的名义下，明目张胆地采取行动侵犯那些被指控为支持恐怖主义活动的国家的主权。[2]

以沃尔兹为代表的建基于英美哲学基础上的结构现实主义，把国际体系的结构看成是影响国家行为的原因。结构有三个组成部分：国际体系的无政府状态、国家间物质权力的排序和单元（国家）的功能。沃尔兹认为，这三个因素中最具影响力的是国家间物质权力的排序。这就便利了结构现实主义把均势作为其理论的核心内容。现实主义者坚持认为，自修昔底德（Thucydides）和马基雅维利（Machiavelli）以来国际关系的本质并没有变化：一个国家的命运是由其军事和经济力量决定的；相互依存和国际

---

[1] William C. Wohlforth, "Realism and the End of the Cold War", *International Security*, 19 (3), Winter 1994 – 1995, pp. 91 – 129.

[2] 周琪："萨缪尔·亨廷顿'9·11'之后谈'文明的冲突'"，《太平洋学报》2003 年第 3 期，第 33 页。

机构的作用是次要的和脆弱的；对生存和安全构成的威胁影响一个国家的目标。正如罗伯特·吉尔平所指出的：国际政治体系最大程度上是由国家行为体、帝国和民族国家等所决定的。① 结构现实主义的结构是国家之间的物质权力结构，在结构中排斥对非国家行为体的研究，如《大国政治的悲剧》的作者约翰·米尔斯海默坚信非国家行为体按照现实主义的逻辑在国家体系内运作，因而理解了国家间体系的运作方式，就能理解非国家行为体的行为。② 换句话说，国家间物质权力配置的变化将推动国际体系的变迁。沃尔兹的结论是，苏联的失败属于"结构内单元变化引起结构本身的变化，而单元的变化部分正是结构压力的结果"。对于冷战结束后的国际体系，沃尔兹相信，在不久的将来会出现新的均势。③ 其他结构现实主义理论家，如约翰·米尔斯海默④断言，大国政治仍处于悲剧式的历史循环之中。米尔斯海默认为 21 世纪前期中美冲突不可避免。《大国政治的悲剧》一书从历史的长时段出发，认定国际政治即大国政治。大国的生存意志是追求权力最大化，即地区霸权，因而大国间不可避免地会形成冲突。⑤ 然而，"9·11"事件后的历史进程表明这种解释是错误的。

新自由制度主义也是从结构的视角来理解国际体系的变迁。新自由制度主义的结构是制度结构。制度被定义为，规定行为的职责、限制行动，以及影响行为者期望的、持久的、互为联系的一组正式的或非正式的规

---

① Robert Gilpin, *War and change in world politics*, Cambridge: Cambridge University Press. 1981, p. 26.

② "Conversations in International Relations: Interview with John J. Mearsheimer (Part II)", *International Relations*, 2006. Vol. 20 (2), pp. 234 – 235.

③ Kenneth N. Waltz, "The Emerging Structure of International Politics", *International Security*, Vol. 18, No. 2. (Autumn, 1993), pp. 44 – 79; "Structural Realism After the Cold War," *International Security*, Vol. 25, No. 1 (Summer 2000), pp. 5 – 41.

④ 约翰·米尔斯海默也是结构现实主义理论者，因为他赞同以下观点，"国家最初的动机是防御性的，但国际体系的结构迫使国家去作进攻性的思考，有时则是采取进攻性的行动"。John Mearsheimer, "The False Promise of International Institutions", *International Security*, Vol. 19, No. 3 (Winter, 1994 – 1995), pp. 5 – 49。

⑤ 约翰·米尔斯海默，王义桅、唐小松译：《大国政治的悲剧》，上海人民出版社 2008 年版，第十章"21 世纪的大国政治"。

则。① 新自由制度主义重点探讨的是国际制度的服务功能，即国际制度对国家行为的制约，对促进国际合作的积极意义。在军事权力作用相对衰弱的假设前提下，随着国家间相互依赖的加深，国际制度的服务功能能够促进国家间合作。新自由制度主义认为，国际政治中出现了"复合相互依赖"和"冲突"两个区域，②而且随着相互依赖的加深，复合相互依赖区域会扩大。国家仍然是国际体系变迁的主要推动者。但新自由制度主义没有说明国际制度结构如何变迁，也没有分析非国家行为体对于国际政治制度结构变迁的推动作用。另一方面，基欧汉反复强调其重视权力在国际政治体系结构中的作用，他秉承了现实主义的权力观，也就是国家中心的权力观，权力结构也是国家间的权力配置，因而也无法解释"9·11"事件后的国际政治体系变迁。

此外，在冷战结束前后，一些重要的国际问题思想家对国际政治的变迁进行了解释，如轰动一时的弗朗西斯·福山的"历史终结论"。"历史终结论"把国际体系的变迁看成是国际政治合法性的变迁。福山认为，国际政治的本质是"为获得认可而进行的斗争"，国际政治体系经历了历史的（封建的）、帝国的、民族主义、意识形态的变迁，历史将会终结于西方式的自由民主制度。他的结论是，国际体系的转变是自由民主和平区的扩大，自由民主制度在世界范围内的获胜，最后实现全球的民主和平。这是一种单元层次的分析。福山认为，国家仍然是国际政治分析的核心单位，国际政治体系的变迁动力源自国家认识到历史的（封建的）、帝国的、民族主义、意识形态等方面的认同丧失合法性，源自落后国家向西方国家学习科技进步和民主制度。"历史终结论"是冷战结束之前被提出的理论，所以很多国际关系研究者拥护它对冷战结束的解释。但"9·11"恐怖袭击之后，福山不得不承认，这个理论不符合21世纪头几年国际政治体系的变化，"历史的终结"将会发生在遥远的未来。

---

① Robert O. Keohane, *International Institutions and State Power*, Boulder: WestviewPress, 1989, p. 3.
② 罗伯特·O. 基欧汉、门洪华编，门洪华译：《局部全球化中的自由主义》，北京大学出版社2004年版，第14页。

冷战结束后不久，哈佛大学教授塞缪尔·亨廷顿提出了"文明冲突论"，这吸引了众多学者的眼球。亨廷顿假设道：在这个新世界里，冲突的根源将不是意识形态和经济，人类之间最大的分野和冲突的主要原因将是文化，尤其是宗教对文化影响最大。民族国家仍将是世界事务中最强大的行为体，但是全球政治的基本冲突将出现在不同文明的国家和集团之间。[①] 换句话说，国际体系变迁的动因来自于国家之间核心文化的差异。"9·11"恐怖袭击发生后，很多人都钦佩于亨廷顿敏锐的洞察力，认为其理论准确地预测了国际政治体系的变迁。然而，亨廷顿否认这是"文明的冲突"：恐怖主义者并不代表伊斯兰文化，这不是一场真正的文明的冲突，它只是可能导致这样一场冲突。文明是由国家为载体的，他所说的文明的冲突，是指中国的儒家文明与伊斯兰（国家）文明结盟，同西方文明（美欧等国家）的冲突，[②] 因而亨廷顿的理论也不能解释"9·11"事件后的国际体系变迁。

第二节　理论解释存在的问题

上述理论之所以未能正确解释国际体系的变迁，在笔者看来，有两个重要原因：一方面，上述理论把国家置于其理论分析的核心单位；另一方面，这些理论缺少一个研究体系变迁动力的分析框架。

就国家中心论而言，正如约翰·鲁杰所指出的，《威斯特伐利亚和约》成为国际政治研究的分水岭，随着领土性统治者从宗教权威获得权力，独立外交政策日益法律化，在固定边界内建国成了比较完美的目标，国家成

[①] Samuel P. Huntington, "The Clash of Civilization", *Foreign affairs*, Vol. 72, (Summer 1993), p. 22.
[②] 周琪："萨缪尔·亨廷顿'9·11'之后谈'文明的冲突'"，《太平洋学报》2003年第3期，第30—35页。

了地区和全球政治的基本单位。① 此后，国家权力渐渐增强，并在宗教、文化、财政和战争相关事务上拥有绝对优势，国家成了社会发展的最基本的行为体。②

经典现实主义、结构现实主义和新自由制度主义都秉持这种国家中心论的观点。虽然经典现实主义立足于人性恶的假设，却着重于分析作为人的"集合体"的国家的行为。在结构现实主义理论中，肯尼斯·沃尔兹认为，国际体系的结构是由主要行为体（国家）决定的。③ 米尔斯海默认为，现实主义理论家的理论主要是关于国家之间尤其是大国之间关系的理论。④ 新自由制度主义理论是从研究跨国关系中发展而来的，这个结构理论模型中涵盖了很多非国家行为体。然而随着新自由制度主义与现实主义之间争论的深入，到 20 世纪 80 年代中期，非国家行为体在其理论解释中的地位逐渐降低，国家中心主义观再次被接受。

国家中心主义观存在着三个问题。首先，国家的能力并不像预先假定的那样全能。随着科技进步和武器更新、跨国公司和商务资本流动增强，炭疽类化学制剂极易传播，国家边界容易被渗透；其次，到 20 世纪 90 年代时，全球化带来的无数新问题崭露头角，如恐怖主义、环境污染、流行病、自然灾害等，任何单个主权国家都无法解决这些新问题；第三，当国家成为国际关系学科的焦点时，人们对非国家行为体相关的现象难以理解和识别，而国际关系理论对这些现象的解释力也削弱了。"国家中心论"的理论解释只有利于解释国家间关系，却不能解释非国家行为体与世界政治体系变迁之间的关联。"9·11"事件后，沃尔兹承认现实主义在理解国际体系变迁方面的不足，并提出了体系变迁后所出现新问题的对策。他

---

① John Ruggie, "Continuity and Transformation in the World Polity", *World Politics*, 1983, Vol. 35, pp. 261 – 285.

② Robert A. Denemark, "World System History: From Traditional International Politics to the Study of Global Relations", International Studies Review, Vol. 1, No. 2, Prospects for International Relations: Conjecturesabout the Next Millennium. (Summer, 1999), p. 45.

③ Kenneth N. Waltz, "Structural Realism After the Cold War", *International Security*, Vol. 25, No. 1 (Summer 2000), p. 5.

④ Mearsheimer's Interview in 2002, "Through the Realist Lens", April 8. 2002, http://globetrotter.berkeley.edu/people2/Mearsheimer/mearsheimer – con5.html.

说，国家是可以被遏制或报复的，但无法对恐怖组织进行遏制和报复，因为被袭击国家难以找到他们。因而，国家的当务之急就是要防止核原料包括核弹头落到恐怖组织之手。① 新自由制度学派的代表人基欧汉也承认，自己的理论不能解释"9·11"恐怖袭击，② 把非国家行为体纳入到国际体系研究中，则可以提高国际关系理论的解释力。要理解国际政治体系的新变迁，就需要拓展国际关系理论以涵盖非国家行为体。用詹姆斯·多尔蒂和小罗伯特·普法尔兹格拉夫的话来说，观察国际体系的视角要从国家转向多种行为体。③

然而，研究者仅仅扩大所解释行为体的范围未必能更好地解释体系变迁，因为非国家行为体并非新近才被列入国际政治理论家的研究范围。

对非国家行为体的理论研究最初体现为对跨国关系研究的兴趣，尤其是出于对跨国公司影响日盛的反应。20世纪70年代，跨国公司方兴未艾，吸引了大量学者的关注。雷蒙·弗农在其1971年出版的《困境中的主权》一书中断言，跨国公司在世界性生产结构中的地位将对国家主权形成巨大威胁，跨国公司的挑战使国家主权的作用日渐式微。④ 这种观点受到了很多人的批评，此后一些学者提供了一种替代性的标准，即把非国家行为体看成是一种制度。这些学者假定，如果这些非国家行为体不能挑战国家并替代它，那它们也在国际关系的实践中具有侵占国家主权的独立性和排他性。但由于跨国公司不同于国家，而且更不同于大赦国际和牛津饥荒救济委员会或者绿色和平组织，研究非国家行为体的理论兴趣也就日渐消退了。

到20世纪70年代末80年代初，对非国家行为体的研究集中于国际机制问题。借助国际机制的概念，约翰·鲁杰、罗伯特·O. 基欧汉、约瑟

---

① Kenneth Waltz interview, February 10, 2003, http://globetrotter.berkeley.edu/people3/Waltz/waltz-con6.html.

② 罗伯特·O. 基欧汉、门洪华编，门洪华译：《局部全球化中的自由主义》，北京大学出版社2004年版，第14页。

③ 詹姆斯·多尔蒂、小罗伯特·普法尔茨格拉夫著，阎学通等译：《争论中的国际关系理论》（第五版），世界知识出版社2003年版，第2页。

④ Vernon, Raymond, *Sovereignty at Bay*, New York: Basic Books, 1971.

夫·奈、克拉斯纳和克拉托契维尔等人对非国家行为体如何运作，其产生（emergence）模式、特征和演变进行了学术探讨。他们试图表明：非国家行为体（当时被称为跨国行为体），如环境机制方面的科学学术共同体、贸易谈判方面的工业联合会或公司、与货币关系相联的银行，在国际机制的框架下对政府或政府间的决策进程施加了影响。

在 20 世纪 90 年代，对非国家行为体的研究表现为对跨国市民社会组织研究的诸多成果，尤其是凯克（Margaret Keck）和斯金克（Kathryn Sikkink）的获奖作品——《跨越国界的活动家》一书出版了，这部作品详述了人权和环境领域中非国家行为体的行动路线和影响。同一时期，全球治理的概念也在国际关系研究中兴起，并引起很多关注。1992 年，罗斯诺等主编的《没有政府的治理》一书认为，尽管非国家行为体被排除在正式的政府间国际安排之外，但已经在全球治理中发挥了适当的作用，如市民社会行为体。大不列颠哥伦比亚大学副教授、国际关系研究中心副主任理查德·普赖斯（Richard Price）对一系列市民组织研究进行了综述，探讨了一些压力集团试图影响国家的行为、政府间的谈判和国际机构的决策。[①] 美国学者保罗·韦普纳（Paul Wapner）也是从市民社会的视角探讨一种世界市民政治的形成，他认为除了国家间体系，市民社会行为体也能产生真正的政治影响和后果。[②]

在这段时期，对于跨国公司的研究并没有太多累积的成果。当全球化成为一个热门话题时，大量的文献关注于迅速扩张的资本市场份额和不断增长的国家间资本流动，着眼于公司对独立的货币、财政和福利政策的追求。从贸易的角度来看，另一些研究则较少程度地关注了科技等因素对雇佣政策和工资水平所产生的冲击。也有学者对跨国公司中对离岸（offshore）产品和资源追求的"竞次"现象进行了研究。所谓"竞次"，是指公司间比的不是更好地为顾客服务，而是如何劝顾客高价买进产品。对跨

---

① Richard Price, "Transnational Civil Society and Advocacy in World Politics", *World Politics*, 2003, Vol. 55 (4), pp. 579–607.

② Paul Wapner, "Politics Beyond the State: Environmental Activism and World Civic Politics", *World Politics*, Vol. 47, No. 3 (Apr., 1995), pp. 311–340.

国公司的政治影响的研究在一些批判理论的著作里也开始有所复兴。早在20世纪80年代，斯蒂芬·海默（Stephen Hymer）、海因里希·福禄贝尔（Heinrichs Fröbel）等人就从国际分工的视角来探讨跨国公司。20世纪末期，格雷菲（Gary Gereffi）沿着这个思路，提供了详细的全球商品生产链之功能和产品给不同环境下的国家所带来的差异。[①] 同期，对国际组织的研究也有新的成果，如玛沙·费利莫就从国际组织这一具体的角度来揭示非国家行为体对国家的影响。

综合以上成果，当前对非国家行为体的研究进展主要表现在以下几个方面：

第一，非国家行为体的研究者不赞成现实主义把国家看成单一行为体的假定。20世纪80年代，非国家行为体研究者强调非国家行为体的重要性；到90年代，一批研究者则强调非国家行为体如何发挥重要作用。

第二，在研究的方法上，研究者的理论视角日趋多样化。以基欧汉为首的新自由制度主义者把非国家行为体放在制度/机制的框架里，强调国际组织所具有的服务功能，如提供信息、减少交易成本等。20世纪90年代后期以后，建构主义理论被学者们采用，以探讨国际组织对国家身份和偏好的建构作用，如玛沙·费利莫的《国际社会中的国家利益》和斯金克等人的《跨越国界的活动家》。

第三，一些非国家行为体的研究成果侧重于描述这些行为体兴起的原因、成员的组成、权力资源的来源、运作的方式、体现的模式及成果。

第四，理论和实证研究的主要对象是那些合法的、"好"的非国家行为体。研究者关注的问题领域主要集中于人道主义援助、多边贸易、外交、全球环境治理及大规模杀伤性武器相关的国际安全诸领域。[②] 不过，在"9·11"事件后，对一些敌对主权国家的、"坏"的非国家行为体的研

[①] John Gerard Ruggie, "Reconstituting the Global Public Domain-Issues, Actors, and Practices", *European Journal of International Relations* 2004; Vol. 10, pp. 500 – 503.

[②] Von Bas Arts, "Non-State Actors in Global Governance: Three Faces of Power", http://www.coll.mpg.de/pdf_dat/2003_4.pdf, p. 5; Bas Arts, International Policy Arrangements of State and Non-State Actors. In: B. Arts, M. Noortmann & B. Reinalda (eds.), *Non-state Actors in International Relations*. Aldershot: Ashgate, (2001), pp. 41 – 58.

究有所进展，尤其是对国际恐怖组织，如"基地"组织。

综上所述，研究者研究非国家行为体是出于与以国家为中心的主流理论对话的需要，侧重于解读非国家行为体对国家行为的影响。有关非国家行为体的研究成果主要体现了国家和非国家行为体之间的权力消涨关系。在实证研究中，学者们的视角侧重于行为体对国家的影响。尽管研究非国家行为体的成果颇丰，但对于非国家行为体的定义和分类还是众说纷纭，可以说，对其的相关研究并不成熟。

公允而论，与研究国家相比，学者们研究非国家行为体起步较晚，难以强求那些对非国家行为体的最初研究就涉及到体系变迁问题，但学者未能从体系变迁角度来研究非国家行为体还存在另一个原因。在某种程度上，研究者被主流理论的研究框架束缚，而没能有效地利用学者对主流理论的批判并从中吸收有利于研究非国家行为体的成分，以形成有说服力的研究范式，进而成功建立一个关于非国家行为体与世界政治体系变迁相关的理论。尽管以上有关非国家行为体的研究在一定程度上涉及到世界政治体系的变迁，但这种探讨往往只限于描述国际政治现象层面的变化，[①] 很少有研究者把非国家行为体与世界政治体系结构的变迁联系起来分析，系统地论证非国家行为体与世界政治体系变迁的成果仍未曾见到。

综上可见，主流理论和一些国际政治思想家对世界政治体系变迁解释的失败，其根源在于这些理论家未能够建立起一个有关国际体系变迁动力

---

① 重视非国家行为体作用的著作可谓汗牛充栋，这里主要列举一些代表性作品：Keohane, R. O. and J. S. Nye (eds), *Transnational Relations and World Politics*. Cambridge：Harvard University Press (1971); Huntington, S. P. "Transnational Organisation in World Politics", *World Politics* (1973), vol. 25; Rosenau, J. N. *Turbulence in World Politics*. New York：Harvester Wheatsheaf (1990); M. W. Zacher, "The Decaying Pillars of the Westphalian Temple：Implications for International Order and Governance", in J. N. Rosenau & E - O. Czempiel (eds) *Governance Without Government. Order and Change in World Poltics*, pp. 58 - 101. (Cambridge University Press. 1992); Badie and Smouts, 1992; V. Haufler, "Crossing the Boundary between Public and Private：International Regimes and Non-State Actors", in V. Rittberger (ed.) *Regime Theory and International Relations*, pp. 94 - 111. Oxford：Oxford University Press. 1993; 罗伯特·吉尔平著，杨宇光、杨炯译：《全球政治经济学》，上海人民出版社2003年版，第15—16页；Richard Langhorne, "The Diplomacy of Non-state Actors", *Diplomacy and Statecraft*, 2005, Vol. 16, pp. 331 - 339; M. 4Keck and K. Sikkink, *Activists beyond borders：Advocacy Network in International Politics*, Cornell University Press, 1998。

的理论。"历史终结论"、"文明冲突论"局限于行为体自身的属性（意识形态或文明），经典现实主义理论则局限于行为体的权力欲望，而结构现实主义和新自由制度主义则局限于结构对行为体的限制功能，前者着眼于行为体及其互动的方式，后者着眼于结构对行为体的互动提供某种框架。这两种方法都只强调了一个方面，或者结构，或者行为体（详见第三章）。但偏重行为体和结构的一端来建构理论，就削弱了理论的解释力。

要增强理论的解释力，就要引入建立在科学实证论和结构能动理论基础上的"行动者和结构"理论。结构和行为体同时存在于体系当中，都会对体系的变迁产生作用。结构既限制了行为体的行为方式和选择，又为行为体的创新提供了可能（enable）。行为体既有可能按照既定结构常规行事，也会在特定情形下创造出新的互动模式乃至宏观结构。换句话说，行为体塑造结构，而结构也通过一定的方式塑造行为体。进而在这些相关现有理论的基础上建立起一个非国家行为体推动结构变迁的理论（详见第四章）。

在探讨非国家行为体与国际体系变迁的关系之前，要对非国家行为体的定义和分类进行明确的界定，这对于研究世界政治体系变迁是不可缺少的。世界政治体系是由结构和国家与非国家行为体所组成，如果不能有更成熟的有关非国家行为体的定义和分类的相关研究，那么要建立一个非国家行为体与结构变迁之间联系的理论就会成为无源之水。因而，建立一个更为成熟的有关非国家行为体的定义和分类的理论则极为必要（参见第二章）。

小　结

冷战结束以来，国际体系在发生变迁。从国际关系理论对变迁的解释来看，尽管经典现实主义、结构现实主义、新自由制度主义理论家都解释了国际政治的变迁，然而这些理论在解释这些变迁时都面临困境。之所以没能正确解释国际体系的变迁，笔者认为有两个重要原因：一方面，以上理论把国家置于其理论分析的核心单位；另一方面，这些理论缺少一个研究体系变迁动力的分析框架。因而，本章提出，在扩大国际政治行为体的同时，还要建立一个分析框架。

第二章 /作为行动者的非国家行为体/

为了在非国家行为体与国际体系变迁之间建立关联,不可避免地要分析非国家行为体的定义和分类,目前理论界对此没有一致的观点。学者对非国家行为体的定义大致采取了两种态度。有一些学者,尤其是美国高校里设立非国家行为体研究课程的学者,回避了定义问题,而直接把一些类别的行为体统称为非国家行为体。另一些学者则试图判断非国家行为体的性质,在此基础上提出了限定严格的定义。这些定义虽然出自一些观察视角,但也给人们带来了许多困惑。本章试图梳理已有的定义和分类,并提出自己的定义和分类,进而引进社会理论中的"行动者"(agent)概念,使非国家行为体与世界政治体系的结构建立起联系。

第一节 非国家行为体的性质分析

从现有非国家行为体的定义来看,学者和决策者对非国家行为体的单元属性、非国家性、跨国性、合法性诸方面设立了不同的判断标准,并由此提出了各自的定义。

巴斯·阿茨认为,非国家行为体的单元属性是行为体;非国家性体现在它们不是国家或者国家的代表,也不是政府间国际组织;跨国性和合法性则指这些行为体在国际舞台上的活动与国际关系有潜在的关联。[1] 阿茨借用著名经济学家、世界发展问题研究专家艾略特·摩斯（Elliott R. Morss）的观点，进一步阐述了非国家行为体与国际关系相关联的含义。它应体现在非国家行为体的规模、支持者数量、受到的正式认可程度和产生的政治影响力四个方面，即非国家行为体应具有相当可观的规模，有大量的支持者和成员来自好几个国家，政府和政府间国际组织已经给予其正式参与国际事务的地位，它本身已经在国际政治中产生有结果的影响力。[2] 阿茨把非国家行为体的单元属性界定为行为体，合法性方面强调非国家行为体应拥有受到政府和政府间国际组织认可的地位，这就排除了一些不合法的行为体。因而，非国家行为体只包括国际非政府组织、跨国公司、认知共同体等行为体。

这个定义明显受到了现实主义判断行为体标准的影响。以国家为中心的现实主义理论认为，界定国际政治行为体的标准有三个，即主权、有受认可的国家地位、控制一定的领土和人口。[3] 然而，随着世界政治形势的发展，这种强调行为体的地位需要得到其他行为体认可的观点已经不符合实际。2004年联合国安理会通过的第1540号决议[4]就彰显了这种变化。按此决议，非国家行为体包括一些从事违禁活动的行为体，这些行为体的地位不可能获得政府和政府间国际组织的认可。按联合国的该决议推理，非国家行为体仅包含那些反社会的、影响国际或国内安全的实体或个人，如从事恐怖活动，国际洗赃钱，贩卖毒品、人口、器官、动物和制造假币等活动的个人或实体。该决议指出，非国家行为体的单元属性应为个人或实体；非国家性表现为这些行为体行动时未得到任何国家的合法授权。该决

---

[1] Von Bas Arts, "Non-State Actors in Global Governance: Three Faces of Power", http://www.coll.mpg.de/pdf_dat/2003_4.pdf, p.5; Bas Arts, "International Policy Arrangements of State and Non-State Actors". In: B. Arts, M. Noortmann & B. Reinalda (eds.), Non-state Actors in International Relations. Aldershot: Ashgate, (2001), pp.41–58.

[2] Elliott R. Morss, "The New Global Players: How They Compete and Collaborate", World Development, Vol.19, No.1, 1991, pp.55–64, http://www.coll.mpg.de/pdf_dat/2003_4.pdf.

[3] B. Hockingand M. Smith, World Politics. New York: Harvester Wheatsheaf. 1990, p.80.

[4] http://www.un.org/chinese/aboutun/prinorgs/sc/sres/04/s1540.htm.

议不认为非国家行为体的活动应具有跨国性，但是决议对非国家性的解释存在不足，其涵盖范围太窄。以被理论界公认的跨国公司为例，它行动时未必受到政府的授权。

研究跨国关系的国际法专家、美国圣母玛丽亚大学教授玛利·爱伦·奥肯兰（Mary Ellen O'Connell）不赞成以上两种极端的观点。她认为，在合法性方面，非国家行为体的定义应涵盖任何行为体，既可指合法的非国家行为体，也应包含不合法的非国家行为体；非国家性则指不是主权国家，也不是联合国成员；在跨国性方面，她不同意阿茨的观点，不强调行为体的成员须跨国，认为应指行为体在国际层面上活动。在奥肯兰看来，用行为体来界定非国家行为体的单元属性不太严密，非国家行为体的单元属性应当是组织和个人，如政府间国际组织、非政府组织、自然人和法人。[①] 按奥肯兰对非国家性的判断，非国家行为体也可包含其他一些代表政府的成员所组成的行为体，如跨政府同盟。[②] 同时，该观点排除了那些在国内活动或只具有国内影响的次国家行为体。这一排除具有重要意义，它廓清了行为体的国际活动与国内活动的界限。

伦敦经济和政治学院的国际关系学者达芙尼·乔塞林（Daphné Josselin）和国际关系教授威廉·华莱士（William Wallace）提出了另一套判断非国家行为体性质的标准：非国家行为体的单元属性为组织；非国家性指不具有国家的特征，即这些组织产生于市民社会、市场经济，或者产生于摆脱中央政府控制或指导的政治动力（impulse），在资金和控制两方面很大程度上或完全独立于中央政府；跨国性指这些组织参与跨国性活动并形成影响力，能跨越两个或两个以上国家边界，以网络模式运作或参加活动，联系着政治、经济、社会等体系，其活动能影响政治结果，无论其影响局限一国，或是涉及多国，还是在国际机构中；无论这种影响是故意造

[①] Mary Ellen O'Connell, "Enhancing the Status of Non-State Actors Through a Global War on Terror?", *Columbia Journal of Transnational Law*, 2005. Vol. 43. No. 2, pp. 437–438.

[②] 按罗伯特·基欧汉和小约瑟夫·奈伊的定义，跨政府同盟指政府的从属单位与其他政府中有共同想法的机构建立联盟以反对它们自己的行政机构中的某些成分。"跨政府关系和国际组织"，西里尔·E. 布莱克编，杨豫、陈祖洲译：《比较现代化》，上海译文出版社1996年版，第603—604页。

成的还是追求某一目标的副产物,也不论这种影响是该组织活动的首要目标还是一个方面;在合法性方面,他们的标准涵盖了由工具主义动机(主要出于经济目的,如公司和黑手党)推动而形成的所有行为体,以推广原则性理念为目的的行为体(如教会和倡议集团),受献身专业理念(professional values)和理性分析的动机驱使而形成的专家团队(如思想库和认知共同体),反映共同种族起源的行为体[如同种族散居世界各地的人的团体(diasporas)]。①

在这两位学者的标准中,非国家行为体的单元属性不包括个人和非组织的实体;非国家性体现在非国家行为体的产生领域和与主权国家的资金及控制关系方面,政府间国际组织的资金主要来自主权国家的中央政府,因此被排除在非国家行为体的范围之外;跨国性则不应限于行为体的成员跨国,而指活动跨国和影响跨国。在合法性方面,他们赞同奥肯兰的观点,认为应兼顾合法和不合法的组织。

小查尔斯·凯格利(Charles W. Kegley. Jr.)和尤金·维特科普夫(Eugene R. Wittkopf)认为,非国家行为体不包括个人,不限于组织,而指"所有从事跨国活动的非主权国家团体(groups),如以国家为成员的组织和来自一国以上的个人和私人团体组成的非政府组织",包括国际组织、跨国公司、与宗教和种族政治(ethnopolitical)相关的运动和以摆脱主权国家控制或颠覆国家为使命挑战主权国家的恐怖团体。② 也就是说,非国家性应体现为非主权国家,而不应体现在与主权国家的资金联系方面;在跨国性和合法性的解释上,他与奥肯兰、达芙尼·乔塞林和威廉·华莱士的观点一致。在研究非国家行为体的博士论文中,克林根史密斯·玛丽·卢(Klingensmith, Mary Lou)认为,非国家行为体的单元属性是实体,非国家行为体包括跨国公司、政府间国际组织、国际金融机构、倡议团体、

---

① Daphné Josselin & William Wallace, eds., *Non-State Actors in World Politics* (New York: Palgrave Macmillan, 2002), pp. 3 - 4.
② Charles W. Kegley. Jr. & Eugene R. Wittkopf, *World Politics: Trend and Transformation* (9th edition), Boston, New York, Bedford/St. Martin's, 2004, p. 19.

宗教组织和社会运动等等。①

　　从以上学者和决策者对非国家行为体的性质界定来看，他们的着眼点各不相同，而且标准多样。在单元属性方面，存在着行为体、个人和实体、组织②、实体及团体之分。单元属性方面的观点分歧反映了非国家行为体的复杂性和多样性。联合国增进和保护人权小组委员会两位委员加什帕尔·比罗（Gáspár Bíró）和安托阿尼拉·尤利亚·莫托科（Antoanella-Iulia Motoc）指出，在国际体系中存在正式和非正式建立的行为体。前者指按照预先确定的规则［predetermined rules（包括国际法习惯）］成立的行为体；后者指不需要程序和制度的行为体，但其活动（出于实践的需要）必须符合某些规则，无论是国际上的成文规则、非成文规则，还是行为体自己的规范。③ 有些行为体不能被看成组织或团体，如跨国倡议网络，又如国际禁止地雷运动（The International Campaign to Ban Landmines），它们都是由来自世界不同地区的无数非政府组织构成的松散跨国网络。它只是确定了一个电邮地址和银行账户（直到1997年其领导人获得了诺贝尔奖金后才有正式的组织）。④ 用实体作为非国家行为体的单元属性有两方面的局限性，它无法涵盖那些松散的网络，也不能解释个人是否为世界政治行为体。笔者倾向于把"行为体"默认为"非国家行为体"的单元属性，在此基础上界定"非国家行为体"的定义。

　　毋庸置疑，非国家行为体不是主权国家，但以国家或国家代表为成员的行为体、由国家合法授权的行为体，以及在资金和控制上很大程度受制于主权国家的行为体，是否为非国家行为体？换句话说，政府间国际组织、跨政府同盟在资金和控制方面很大程度上受限于主权国家的非政府组

---

　　① Klingensmith, Mary Lou, *Non-state actors in global political processes: A social systems approach*, University of Pennsylvania, 1999, p. 4.
　　② 国内也有学者认为，非国家行为体的单位属性是组织。见苏长和："非国家行为体与当代国际政治"，《欧洲》1998年第1期，第5页。
　　③ Gáspár Bíró & Antoanella-Iulia Motoc, "Working paper on human rights and non-State actors", www.ohchr.org/english/bodies/subcom/57/docs/E. CN. 4. Sub. 2. 2005. 40. doc.
　　④ Margaret P. Karns & Karen A. Mingst, *International Organizations: The Politics and Processes of Global Governance*, Lynne Rienner Publishers, 2004, p. 213.

织，界定其是否为非国家行为体时，还需要进一步探讨非国家性。

在合法性方面，世界政治的实践表明，不合法的行为体是研究非国家行为体的一个不可缺少的组成部分。因而，正如多数学者赞同的那样，笔者也认为，非国家行为体既应包括合法的行为体，也包括不合法的行为体。在定义非国家行为体时，不需要考虑合法性的问题。

在跨国性方面，有的学者强调成员的跨国性，有的强调活动的跨国性，还有的强调活动和影响都应有跨国性。联合国的决议不强调跨国性。也就是说，非国家行为体是否应当包括次国家行为体和成员仅来自一国的行为体？像分离组织和分裂势力这样的行为体，尽管它们参与到跨国性的活动中，但其目标是争取从所在国独立或分离出来，而不是与所在国以外的其他国家进行竞争，是否为非国家行为体？

笔者认为，为了解决界定单元属性方面的不足，明确判断非国家性、独立性和跨国性的标准，提出切合国际关系学科特点的规范性定义，就要结合国际关系的实践，从行为体和世界政治行为体[①]的视角来重新定义非国家行为体。

第二节　世界政治行为体视角的非国家行为体的定义

首先是关于行为体和政治行为体的定义。美国比较政治学的学者弗雷德里克·弗雷（Frederick W. Frey）把行为体定义为任何做事（act）或有所举措（behave）的实体，它是一个做事者（doer）。在分析政治现象时，行为体既可以是个人，也可以是一些集团，只要其显示出足够的行为内聚性（behavioral cohesion）从而能被看成是一个单一的实体。政治的分析角度是互动，即有关权力的配置和行为体的互动。政治行为体是指任何能对其他行为体的行为施加影响或者做出反应的实体，它能参与到权力关系

---

① 世界政治行为体的定义国内也有大量研究，代表性的观点见宋新宁、陈岳：《国际政治学概论》，中国人民大学出版社2000年版，第149—150页。本文采用不同的观点。

中。政治行为体定义必须包括权力关系中的影响力（influences）和影响者（influencer），尤为重要的是，这种动作既可体现为顺从也可以是试图产生影响力，因而完全受控制的傀儡政权仍是一个政治行为体。[1] 换句话说，政治行为体是指与其他实体发生权力关系（顺从或产生影响）的实体（个人或集团）。弗雷把做事的实体、参与到权力关系和具有影响力作为政治行为体的充分条件。弗雷所说的政治行为体具有宽广的内涵，囊括了国内政治行为体和世界政治行为体。此外，笔者认为，要给权力以明确的解释。按照肯尼斯·伯尔丁（Kenneth Boulding）对权力的解释，权力有三种形式：破坏性权力、生产性权力和整合性权力。破坏性权力指为达到目的使用武力或威胁使用武力。即 A 示意 B，除非 B 去做 A 要达成之事，否则 A 将引发 B 所不欲见之事；生产性权力指通过交换或经济活动的途径来达到目标，即 A 拥有经济上的资源以改变 B 之行为；整合性权力具有社会性，体现在相互影响之中，即若 B 察觉到与 A 具有共同性，则 A 的权力亦得以操作。这种整合性权力体现于如下机构或制度中：……基督教教会、宗教和慈善组织、国际非政府组织、艺术类组织以及革新主义者组织。[2]

其次，由于世界政治领域的社会环境、规模不同于国内政治领域，研究世界政治需要进一步限定世界政治行为体的定义。

第一，社会环境不同。产生国际关系的社会环境是非集中性的。在一国之内，最高政治权威有效地控制着较小的权力中心，虽然其程度容易被夸张，但这样的权威确实存在。国际范围内的情况就不一样了。国际关系的显著特点在于这样一个贯穿世界历史的事实，即权力分散在许多互相竞争而又独立的集团中。[3] 国际关系研究关注那些独立的实体。如何界定行为体的独立性？乔塞林和华莱士认为，独立性的标准是在资金和控制两方面很大程度上或完全独立于中央政府。在笔者看来，在实践中，以上观点难以得到检验。以被学界公认的国际劳工组织为例，其成员包括政府的代

---

[1] Frederick W. Frey, "The Problem of Actor Designation in Political Analysis", *Comparative Politics*, 1985, January, Vol. 17, No. 2. pp. 129, 148.
[2] Kenneth Boulding, *Three Faces of Power*, (Newbury Park, CA, 1989). p. 31.
[3] 斯坦利·霍夫曼：《当代国际关系理论》，中国社会科学出版社1990年版，第3页。

表，相关国家政府对其控制和影响不可低估。白里安·霍金和迈克尔·史密斯认为，独立性应体现为行为体在努力达到目标过程中具有的行动自由度。[①] 国内也有学者认为，独立性指独立地参与国际事务。[②] 然而，不但像冈比亚这样的袖珍小国，就是韩国这样的中等国家，在世界政治中也受到大国强权的影响，不可能实现完全的行动自由。本文采用奥兰·杨（Oran Young）的观点，世界政治行为体的独立性体现在行为体所具有的实在地位，它不完全从属于（subject to）其他任何一个实体。[③] 所谓不完全从属，是指不完全对其他任何一个实体具有服从（obedience）或效忠（allegiance）的关系。这种不完全从属的关系既是行为体自己所宣称，也需其他行为体所认可，尤其需要得到大部分主导行为体（国家）的认可，这就排除了那些完全受控制的傀儡政权。

第二，在规模上，世界政治体系是一个大型的体系。弗雷德里克·弗雷在同一篇文章中指出，在可能的情况下，任何对大型体系的综合分析都不得不重点关注集团行为体的研究。有时即使研究者关注的是个人，其关注的也并不是个人的全部性格（character），而更多地是关注这个人的社会角色（persona），研究者的注意力往往集中于该人的一些诸如公职或所处组织结构中的位置和扮演的角色。斐力普·泰勒指出，由于个人在国际关系中只偶然起作用，这种作用会随着时间逐渐淡化，[④] 因而个人不是世界政治行为体。

第三，世界政治研究者重点关注具有跨国性特征的行为体。跨国性体现在行为体能够直接参与到跨国性的权力关系中。一方面，世界政治行为体必须能跨越国界，在不同国家的个人、集团和组织之间建立起网络关

[①] B. Hocking & M. Smith, *World Politics*. New York: Harvester Wheatsheaf, 1990, p. 71.
[②] 俞正梁：《当代国际关系学导论》，复旦大学出版社1996年版，第104页。
[③] O. R. Young, "The Actors in World Politics", in J. N. Rosenau and M. A. East (eds) *The Analysis of International Politics*, New York: The Free Press. (1972) p. 140. 奥兰·杨的另两个标准如下：一是由人组成的，最起码是由人间接组成的任何有组织实体；二是参与其他行为体的权力关系。
[④] Frederick W. Frey, "The Problem of Actor Designation in Political Analysis", *Comparative Politics*, 1985, January, Vol. 17, No2. p. 129, p. 127; Philip Taylor, *Non-state Actors in International Politics: From Transregional to Substate Organizations*, Westview Press, 1984, p. 20.

系、联系和产生相互作用。另一方面,世界政治行为体必须具有跨国性的影响力。按照罗伯特·考克斯和哈罗德·雅各布森的解释,跨国性的影响力是指在跨国性的活动中所获得的真实成果。[1] 而且,世界政治行为体必须直接参与国际权力竞争。一国内的政党、传播媒介、游说团体及一些特殊利益集团虽然也符合政治行为体的定义,但由于其主要是通过影响主权国家政府从而间接影响国际政治,因此尽管其是对外政策的研究对象,但只是国内行为体,而不是世界政治行为体。此外,由于一些参与跨国互动的实体,如美国的劳联和产联,虽然其成员并不来自几个国家,却在国际舞台上活动并具有影响力,因而跨国性并不要求世界政治行为体的成员来自不同的国家。

有些行为体,如苏联时期的白俄罗斯和乌克兰、独立前的印度和菲律宾、中国的香港和澳门、加拿大的魁北克,尽管它们能参与到跨国性的权力关系中,但其不是世界政治行为体。因为这些行为体的跨国活动需要两个前提:一是要得到更高一级行为体(国家)的授权;二是需要得到这些跨国活动中其他世界政治行为体的认可,因此它们只是次国家行为体。[2]

世界政治行为体是指不完全隶属于其他实体的实体,但它必须能显示出足够的行为内聚性,从而能被看成是一个单一的实体。这些实体能进行跨国性权力互动并具有影响力。跨国性既指实体跨越国界的互动,又可指实体成员的多国性。其参与互动的权力可以是破坏性的,也可以是生产性或整合性的。世界政治行为体或者是合法性的行为体,亦或是不合法的行

---

[1] Anthony. G. McGrew, "Conceptualizing Global Politics", in A. G. McGrew et al. *Global Politics*, Oxford: Polity Press (1992). p. 7; Robert. W. Cox & Harold K. Jacobson, *The Anatomy of Influence*. New Haven: Yale University Press1973. quoted in Bas Arts, "Non-State Actors in Global Governance-Three Faces of Power", p. 18.

[2] Oliver J. Lissitzyn, *Territorial Entities in the Law of Treaties.* Hi Recueil Des Cours p. 84 (1968), quoted in Why State Consent Still Matters-Non-State Actors, Treaties, and the Changing Sources of International Law, By Duncan B. Hollis, *Berkeley Journal of International Law*, Vol. 23, 2005, p. 146. 次国家行为体是在法律上依赖或联系着独立主权国家的半自治的领土性实体。Oliver J. Lissitzyn, *Territorial Entities in the Law of Treaties.* Hi Recueil Des Cours 66 - 71 (1968), quoted in: Why State Consent Still Matters-Non-State Actors, Treaties, and the Changing Sources of International Law, By Duncan B. Hollis, *Berkeley Journal of International Law*, Vol. 23, 2005, p. 146.

为体。世界政治行为体不包括个人、受主导性强权控制的傀儡政权、国内行为体和次国家行为体。一些实体,如由政府资助的非政府组织(如美国国家民主基金会、完全独立于政府的国际红十字会组织)都是世界政治行为体。按以上标准,主权国家当然是世界政治行为体。此外,政府间国际组织也是世界政治行为体。联合国、国际货币基金组织、欧盟等政府间国际组织不完全隶属于任何其他行为体,也从事着跨国性的权力竞争。联合国对一些主权国家,尤其是对一些小国而言,在提供国际政治和体系问题的信息方面起着重要作用。国际货币基金组织(IMF)也易于将其规则强加于一些中小国家。非国家行为体则指不是主权国家的世界政治行为体。

第三节 非国家行为体的分类

在对非国家行为体进行分类时,学界遇到了一系列难题。比如,把非国家行为体直接划分为政府间国际组织和非政府间国际组织是否合理?界定政府间国际组织与非政府间国际组织之间区别的标准是什么?如何对非国家行为体中的不同类别,例如跨国组织、非政府组织、政府间国际组织等进行界定?如何理顺跨国组织与政府间国际组织、非政府组织等其他非国家行为体的关系?跨国组织是否包括政府间国际组织?

最初,学者把非国家行为体分成两类,一类是政府间国际组织(IGO),另一类是国际非政府组织(INGO),这两类组织被认为是除了传统主权国家之外的主要非国家行为体。[1] 但如果以组织的成员属性来区别,政府间国际组织与国际非政府组织之间的区别并不总是很清晰。阿彻(Clive Archer)认为许多国际组织都同时允许政府的代表和非政府的代表出席。[2] 如仅以政府与组织的关系来区分,或者以政府对组织的控制程度

---

[1] Harold K. Jacobson, *Networks of Interdependence: International Organizations and the Global Political System*. New York: Knopf, 1984, p. 4; Clive Archer, *International Organizations*. 1992, Second Edition. London: Routledge, pp. 38 – 39.

[2] Clive Archer, *International Organizations*. Second Edition. London: Routledge, 1992, p. 43.

来看，也无法区分政府间国际组织与国际非政府组织。哈罗德·雅各布森认为很多从事通讯和运输业务的国际组织很难进行分类，因为其成员极为复杂并不同程度地受到政府控制。像国际劳工组织、国际电讯联盟等虽然主要是由政府的代表组成，但也允许劳联、雇主协会和电讯设备制造商团体这样的私人协会参加。[1]

按照非国家行为体的定义，区分政府间国际组织和国际非政府组织可以不考虑政府对非国家行为体的控制程度，而只考虑非国家行为体是否完全从属于主权国家即可。因而看起来，联合国对政府间国际组织和国际非政府组织的定义是一个比较好的区分标准：政府间国际组织被定义为建立在国际条约基础之上的组织，而国际非政府组织则不是建立在政府间协议基础上的组织，包括那些接受政府代表或部长为成员的组织。[2]

然而，这种划分也有局限性，有学者提到，并不是所有的政府间国际组织都仅接受政府代表作为其成员，事实上许多国际非政府组织既接受政府代表也接受非政府代表；[3] 这种分类不能体现成员的属性，因而还要对于成员属性的差异提出新的标准；另外，把非国家行为体划分为政府间国际组织和国际非政府组织的方法还存在一个缺陷，即把跨国公司归于国际非政府组织一类，这就与广被接受的国际非政府组织的定义不一致，该定义认为国际非政府组织是由来自一个国家以上的代表组成的非营利组织。

比利时布鲁塞尔自由大学政经社会科学学院副院长古斯塔夫·盖拉茨（Gustaaf Geeraerts）认为，要给非国家行为体进行分类，就不能简单地分成两类，即政府间国际组织和国际非政府组织，还要引入跨国组织与政府

---

[1] Harold K. Jacobson, *Networks of Interdependence: International Organizations and the Global Political System*. New York: Knopf. 1984, p. 4.

[2] *Yearbook of International Organizations*. (Brussels: Union of International Associations), 1990, p. 1643.

[3] Kjell. Skjelsbaek, "The Growth of International Nongovernmental Organization in the twentieth Century", *International Organization*, 1971, Vol. 25 (3). p. 422.

间国际组织相并列。①

一、跨国组织作为非国家行为体分类之匙

跨国组织一定要进行跨国性的活动，发挥跨国性的影响，这是学者的共识，但对于什么是跨国组织，学者们却见仁见智，定义的视角存在差异，涵盖的非国家行为体的广度也极为不同。一些学者从组织中成员属性的角度来定义，另一些学者则从组织结构的特征来定义。对于跨国组织涵盖的行为体类别来说，存在四种观点：第一种观点认为，跨国组织包涵了一切含有一个非政府性质的实体为成员的组织；第二种观点认为，跨国组织是一个专门的类别，其地位与政府间国际组织和国际非政府组织并列；第三种观点认为，跨国组织囊括了一切非国家行为体且正式的组织；第四种观点认为，跨国组织除了包括那些具有一个非政府性质的实体的组织外，还应该包括进行跨国活动的政府部门的下属机构。

对跨国组织最通常的定义来自于基欧汉和奈的《跨国关系和世界政治》(1971) 一书。书中把跨国互动定义为有形或无形的跨国业务，业务参与者至少有一个不是政府或政府间国际组织的代表，② 跨国组织被定义为进行制度化跨国互动的组织。③ 按照这个广泛的定义，国际非政府组织、跨国公司和其他一些群体都被囊括其中，因为它们都最起码包含了一个非政府性质的实体。④ 基欧汉和奈侧重于成员的性质，尤其关注参与者是民间性的还是政府性的。该定义包含了一些具有非政府性质成员的政府间国际组织，如亚洲开发银行、亚太经合组织和世贸组织等。同样明确的是，

---

① Gustaaf Geeraerts, "Analyzing Non-State Actors in World Politics", *Pole Paper Series*, ISSN 1370 – 4508, Vol. 1, No. 4, October, 1995. http://poli.vub.ac.be/publi/pole-papers/pole0104.htm.

② Robert Keohane & Joseph Nye Jr., *Transnational Relations and World Politics*. Cambridge: Harvard University Press, 1971, pp. 332 – 334.

③ Kjell. Skjelsbaek, "The Growth of International Nongovernmental Organization in the twentieth Century", *International Organization*, 25 (3). 1971, p. 420.

④ Robert Keohane & Joseph Nye Jr., *Transnational Relations and World Politics*. Cambridge: Harvard University Press, 1971, p. 332.

由于政府间国际组织的成员仅为主权国家，它不是跨国组织。

与基欧汉和奈的视角不同，塞缪尔·亨廷顿从跨国组织的结构特征角度来定义跨国组织。在《世界政治中的跨国组织》一文中，亨廷顿把跨国组织定义为跨越一个或更多国家边界（甚至是漠视这些边界）而发挥相对有限而专业（在某种意义上说是技术方面）作用的官僚机构，它有一定规模，由总部成员指导，其组织划分实行科层管理。自二战以来，此类机构的数量日益增长，如福特基金、中央情报局、世界银行、法国航空、大通曼哈顿银行（Chase Manhattan）、空军战略司令部（Strategic Air Command）等。①

与基欧汉和奈的定义相比，亨廷顿的定义提出了更多的限定要素，强调组织的结构及其活动范围，而基欧汉和奈的跨国组织定义不关心这些组织日益增强的中央集权化倾向，也不强调其专门功能和跨越边界行动的官僚机构。在亨廷顿眼中，跨国组织既包括代表政府的组织，也包括代表非政府团体的组织。② 换言之，该定义也包含了政府间国际组织。另外，亨廷顿把进行跨国活动的政府下属部门（如中央情报局）列为跨国组织，这与非国家行为体不完全隶属于其他实体的独立性特征相悖。

在《相互依存的网络》一书中，哈罗德·雅各布森支持亨廷顿从组织结构特征角度来定义跨国组织的观点，但他从亨廷顿的定义中剔除了主权国家政府的下属部门，把跨国组织定义为组织等级化的、由其总部人员指导的非政府官僚机构，这些机构的相对专业化活动范围超出一国边界，而且宗教团体和商业企业（business enterprises）这两种类似国际非政府组织的行为体也被列为跨国组织。③ 跨国组织被看成区别于政府间国际组织和国际非政府组织的第三类组织，但这种把国际非政府组织排除于跨国组织范畴之外的观点没有说服力。

第三种定义跨国组织的视角是从行为体的类别出发，不考虑行为体的

---

① Samuel. P. Huntington, "Transnational Organisation in World Politics", *World Politics*, 1973, Vol. 25（3）. p. 333.

② Ibid., p. 335.

③ Harold K. Jacobson, *Networks of Interdependence: International Organizations and the Global Political System*. New York: Knopf. 1984, pp. 10 – 11, 17 – 18.

成员属性和结构特征。斐力浦·泰勒把跨国组织等同于所有非国家行为体（非国家行为体被定义为由两个及以上国家的个人或群体组成的跨国单位，它有正式的组织），他把这些组织又细分成政府间国际组织、国际非政府组织、地区内组织和地区间组织（地区内组织和地区间组织的划分是依据其成员所在地理位置的不同）。泰勒承认，这样的划分太过笼统，使得并不相同的许多组织被划分到某一类。进而，他按照组织所从事的不同领域再细分出四类：经济类、安全类、政治类和文化或意识形态类。他承认，可能有人对某一个具体组织的归类会存在异议，但他坚持16个类型的分类方式。[1] 然而，他把非国家行为体仅分成政府间国际组织和国际非政府组织两类，也就是说，在跨国组织的总类别内，跨国公司被归于国际非政府组织一类。

詹姆斯·罗斯诺也把跨国组织等同于所有的非国家行为体，但是他的定义并不明确。他列出了四类这样的行为体：联合国、联盟（如北约）、非政府协会（如国际政治科学联合会）和跨国组织名义下的私立银行（跨国组织因而包含了政府间国际组织、国际非政府组织和营利组织）。他指出，跨国组织的结构内部无等级之分，也没有中央结构（decentralized structures）指导，不过其成员采取行动时要一致同意。他进一步指出，由于这些组织没有中央结构，其在履行政策方面有一些困难。[2]

在笔者看来，从组织的结构特征来定义跨国组织是有缺陷的，强调有等级是不合理的，强调无等级同样不合理。毕竟，泰勒和罗斯诺的定义指出了伴随着20世纪90年代的信息革命而出现的很多新兴跨国行为体，如跨国倡议团体、跨国社会运动，这些行为体的出现表明了跨国组织未必有等级之分，也不一定有中央机构的指导，而包括了一些网络式的跨国社会运动。认为跨国组织没有等级也存在弱点，这不符合许多国际非政府组织和营利性组织的特征，也不适合用来描述跨国银行这样的组织。而且，从

---

[1] Philip Taylor, *Non-state Actors in International Politics: From Transregional to Substate Organizations*, 1974, pp. 20 – 21, 23.

[2] James Rosenau, *Turbulence In World Politics*, New York: Harvester Wheatsheaf, 1990, pp. 136 – 137.

组织的结构特征定义跨国组织也没考虑到组织成员的属性。

正如前面所提出的非国家行为体的定义一样，笔者坚持认为，非国家行为体不一定有正式的组织，因而与跨国组织相比，笔者更倾向使用跨国行为体这个术语。本书支持那种建立在行为体成员属性基础上的定义，按基欧汉和奈的说法，跨国性的互动机构或组织中最起码有一个非政府性质成员。[1] 跨国行为体是指在不同国家内建立起制度化联系的网络状组织、协会或相互作用，它能跨越一国社会与个人、群体、组织和社区发生相互作用。[2] 虽然它在社会性的领域内活动，但能有效越过政府的直接干预而行事，这是跨国组织的特点。至于跨国行为体中的政府机构，则被假定为只能在国界内行事并不受政府的直接控制。[3]

二、非国家行为体的分类

按照上文跨国行为体的定义和联合国关于政府间国际组织的定义，可以解决非国家行为体的分类问题，即可以把它们直接划分为政府间国际组织和跨国行为体两大类。

由于政府间国际组织是按照政府间协议建立起来的，尽管一些政府间国际组织会接收一些非主权国家的成员，但其主体成员是主权国家，因而笔者把政府间国际组织视为独立于跨国行为体的一个类别。政府间国际组织，即由两个以上的主权国家按照协议创建的制度架构，以便于定期的政治互动。在结构和持久性方面，政府间国际组织不同于传统的外交机构，其组织有定期的成员国代表会议、专门的决策程序和持久的秘书处或总部

---

[1] Robert Keohane & Joseph Nye Jr., *Transnational Relations and World Politics*. Cambridge: Harvard University Press, 1971, p. 332.

[2] Anthony G. McGrew, "Conceptualizing Global Politics", in: A. G. McGrew et al. *Global Politics*, Oxford: Polity. 1992, p. 7.

[3] Gustaaf Geeraerts, "Analyzing Non-State Actors in World Politics", *Pole Paper Series*, ISSN 1370 – 4508, Vol. 1, No. 4, October, 1995. http://poli.vub.ac.be/publi/pole-papers/pole0104.htm.

办事人员。这种组织保持了成员国之间的经常性联系。[1]

根据跨国行为体的定义,在成员属性上,跨国行为体至少包括一个非政府性质的实体,因而国际非政府组织也合理地成为跨国行为体的一个子类别。国际非政府组织被定义为外在于国家官方机构(中央或地方政府、警察和武装力量、立法和司法机构)的自愿和公开地从事跨国性活动的联合,它不是建立在政府间协议基础上的组织。考虑到这些联合的跨国性活动有可能带来政治或经济收益,非营利和非政治性不是这些联合的特征,而代之以下标准:营利和参与政治活动都不是其首要目标,[2] 其首要目标是追求跨国性的议程,如对战争、自然灾害、饥荒受害者提供国际人道主义救济,到国外创立学校和孤儿院,参与其他国家的教育文化交流,为应付污染和环境恶化等问题而展开跨国界的合作,为妇女、儿童、受压迫的少数民族维权等。[3]

在跨国行为体中,除了国际非政府组织外,还存在以下三类,即跨政府行为体、跨国公司组织和跨国非公司行为体。

按罗伯特·基欧汉和小约瑟夫·奈的定义,第一类跨政府行为体是指一国政府的下属单位与其他政府中有共同想法的机构所建立的联盟,这种联盟可以反对它们自己国家的行政机构中的某些成分,[4] 这些下属机构不受中央政府外交政策机构的控制,[5] 他们具有着相当浓厚的非政府色彩,因而可归为跨国行为体这一类。尽管这类组织之间联系的制度化尚未建立,但数目增长极大。[6] 一个典型的例子就是世界地方自治联盟〔the International Union of Local Authorities(IULA)〕,它是欧盟地方政府机关的联合会。

---

[1] Harold K. Jacobson, *Networks of Interdependence: International Organizations and the Global Political System.* New York: Knopf. 1984, p. 8.

[2] Akira Iriye, "A Century of NGOs", *Diplomatic History*, Summer 1999, Vol. 23, No. 3, p. 422.

[3] Ibid., p. 423.

[4] 罗伯特·O. 基欧汉、小约瑟夫·奈:"跨政府关系和国际组织",西里尔·E. 布莱克编,杨豫、陈祖洲译:《比较现代化》,上海译文出版社1996年版,第603—604页。

[5] Robert Keohane & Joseph Nye Jr., *Transnational Relations and World Politics.* Cambridge: Harvard University Press. 1971, p. 733.

[6] C. Archer, *International Organizations.* Second Edition. London: Routledge, 1992, p. 43.

第二类是跨国公司组织，跨国公司组织是指在两个以上国家控制资金，从事研发、生产、销售产品，并对重新投资进行评估的营利组织，而且具有非政府性。根据从事商业活动的类别，跨国公司可以分为获得资源型、农业生产类、工业生产类、运输类、银行类和旅游观光类。它是以营利为目的的私人公司组织，[1] 与非政府组织有明显的区别。

最后一类是跨国非公司行为体，包含了除去跨政府行为体、跨国公司和国际非政府组织以外的所有跨国行为体，是由私人自愿者的联合会组成的。这些行为体既与跨国公司有区别，又不同于国际非政府组织，如教会/教派（the churches）、跨国政党组织或政治运动（organized or political movements）、国际贸易秘书处（international trade secretariats）、跨国恐怖网络和有国际势力支持的起义团体。[2] 按这样的标准，"基地"等恐怖组织属于这一类。

由于政府间国际组织和国际非政府组织中会出现政府或非政府的代表，因而，也可以按照成员属性的不同再进行细分。本书采用阿彻的标准，做了混合型和单一型的区分。阿彻把国际非政府组织分成了单一国际非政府组织（the genuine INGO）和混合型国际非政府组织（the hybrid INGO）。单一非政府组织被定义为仅由非政府代表组成的组织，如国际奥林匹克委员会和世界宗教委员会；混合型非政府组织则指既包括政府也包括非政府代表的组织，如科技联盟委员会（the Council of Scientific Unions）、伯尔尼联合会。按照同样的分类标准，政府间国际组织也可以分成两类，即单一政府间国际组织和混合型国际组织，如联合国就属单一政府间国际组织，而国际劳工组织（ILO）就属混合型政府间国际组织。[3]

---

[1] Muhittin Ataman, "The Impact of Non-State Actors on World Politics: A Challenge to Nation-States", *Alternatives*: *Turkish Journal of International Relations*, Vol. 2, No. 1, Fall 2003, p. 48; Masao Miyoshi, "A Borderless World? From Colonialism to Transnationalism and the Decline of the Nation-State", *Critical Inquiry*, Vol. 19, No. 4. Summer, 1993, p. 746.

[2] Gustaaf Geeraerts, "Analyzing Non-State Actors in World Politics", *Pole Paper Series*, ISSN 1370-4508, Vol. 1, No. 4, October, 1995. http://poli.vub.ac.be/publi/pole-papers/pole0104.htm.

[3] Clive Archer, *International Organizations*. 1992, Second Edition. London: Routledge, pp. 42-43.

第四节 作为行动者的非国家行为体

非国家行为体的定义表明,非国家行为体首先必须是世界政治行为体,必须具备世界政治行为体的性质和特征。非国家行为体的分类明确了这一类别的谱系。对于解释世界政治体系的变迁来说,这是不可缺少的,但非国家行为体的定义和分类并不是解释世界政治体系变迁的充分条件。类别只是明确了研究的范畴,定义只是界定了行为体的特征。这些类别如何与体系变迁建立联系呢?这是非国家行为体的定义无法回答的。从非国家行为体的定义来看,跨国性、行为内聚性和参与权力竞争并产生影响是核心要素。定义一个行为体时,研究者会偏重于实体的意图特征,如有意图地参与跨国性活动、有意图地参与权力竞争,但这并不揭示行为体与结构变迁的联系。要建立一个解释体系变迁的理论,就必须引入行动者(agent)这个术语,以与结构建立联系。行动者和行为体的不同之处就在于,行为体强调做事者的主观意图;而行动者则不但强调做事者的意图,还强调它会与结构发生作用。

在理论研究中,行动者往往用来指涉个人。个人具有身份、利益、意图和能力等特征,进而才有相应的行动并对结构发生作用。亚历山大·温特认为,作为人类集合体的国家和非国家行为体也具有人的这些特征,也是行动者。

温特指出,国家被看成团体行动者,被看成是一种整体结构,即被理解为一种使个人能够从事制度化集体行动的共有知识或话语结构,这是学界的共识。但对于国家是否为行动者,学界存在争议。现实主义者宁可用拟人和暗喻的方法,把国家比做人或者行动者;罗伯特·吉尔平则认为"国家事实上是不存在的"。[①] 然而,把国家类比成人或者行动者,极其讲

---

① Gilpin Robert, "The richness of the tradition of political realism", in R. Keohane, ed., *Neorealism and it's Critics*, New York: Columbia University Press, 1986, p. 318.

得通，可以使人们对个人做出可靠的预测。在对战争进行解释时，如果没有把国家类比成人和行动者，就很难、甚至不可能预测和理解所发生的事情。这种类比如此有用，以至于成为不可或缺的解释概念。按照科学实在论（一种科学哲学）中有关涉及不可观察事物的现实的终极论断，如果一个概念能够如此成功地预测可观察行为，而其本身就表明是一个实在的事物，这就为解释国家就是人和行动者提供了依据。[1] 遵循同样的逻辑，在解释和理解"基地"组织、国际禁雷运动等非国家行为体的国际影响时，人们也不得不承认他们就是行动者。

承认非国家行为体是行动者，也就是说它具有对结构的能动作用。什么是能动作用呢？在国际关系理论界，学者对此进行了一些探索。巴瑞·布赞提供了一个字典中的定义，指行动（acting）或行使权力的能力（faculty）或者状态，[2] 但这样的定义存在问题。科林·怀特指出，对于自然科学而言，该定义没有疑问，因为它可以用来描述那种作用于物质的自然力或者效能（effect），像氧化剂这类的能动作用。但在把这种概念移用到社会领域时，布赞低估了社会领域的独特性。社会领域和自然界的界限在于，社会领域具有意义和意图的双重内涵。而且布赞的定义还使人产生这样的误解，结构也能成为行动者，因为结构也具有"行动（acting）的能力（faculty）或行使权力的状态"。[3]

温特认为行动者的能动作用有两个内涵：权力（power）和意图。[4] 意图即指规划、目标、欲念，指某一过程本质上是由目标指导或者有目的性的。人类行为的无意图结果不能衡量能动作用。如果没有意图，能动性将会漫无边际，相反，有了意图，就会使我们因自己行动的长期后果而累积

---

[1] 有关科学实在论和国家也是行动者的论述，参见亚历山大·温特著，秦亚青译：《国际政治的社会理论》，上海人民出版社 2000 年版，第二章和第 272—279 页。

[2] Barry Buzan, Charles Jones and Richard Little, *The Logic of Anarchy: Neorealism to Structural Realism*, Columbia University Press, 1993, p. 103.

[3] Colin Wight, "They Shoot Dead Horses Don't They? Locating Agency in the Agent-Structure Problematique", *European Journal of International Relations*, 1999, Vol. 5, p. 126.

[4] Alexander Wendt, "Agency, Teleology and the World state: A Reply to Shannon", *European Journal of International Relations*, Vol. 11 (4): pp. 590 – 592.

能动作用。

作为意图的能动作用体现三个维度上的不同。首先是意图朝向的对象（object）不同，或者是以他人为对象，或者以自己为对象（如戒烟或戒毒）。其次是意图顾及的范围不同，这又存在着时空和深度上的差别。在时间上，有长期和短期之别；在空间上，有地方和全球之分；在深度上，有改良还是革命之异。最后，在反思性方面也有区别。反思性来自于人们所展现出的对行动的持续监控过程，并期待他人也如此展现。这种对行动的反思性监控是以理性化为基础的。① 行动者的反思存在着程度之别。行动者是否审慎思考了自己的意图？还是有了意图就行事？尽管后者仍可以表示为能动作用，但审慎反思后的意图会涉及更强的能动作用。②

作为权力，能动作用也在三个维度上存在差异。首先，是自我控制能力，也就是说，某一行动者有控制其行为的强有力的体制能力（physical power）。温特以国家的能力为例，国家想要改变其外部的结构关系，但由于困于国内的部门之争，无能力如此而为。其次，行动者在做出选择时，具有多大法理上的自我统治权力（de jure sovereignty），换句话说，行动时无需得到别人的允许。最后，行为体事实上已经控制着成果（主要指物质必需品）数目。尽管现实中，在事实上和法理上，行动者彼此独立，但成果数目多而没有法理上的自我统治权力的行动者，与只拥有少量成果乃至没有成果但有自我统治权力的行动者相比，其能动作用孰强孰弱，也因不同情况而异。③

温特的权力定义着眼于行动者对结构的作用。与行为体定义中的权力界定有两点不同。首先，这种权力定义具有如下内涵，即缺乏自我统治权力的行动者也可能具备对结构的能动作用。缺乏自我统治权力的行动者不能改变对其他实体的依赖关系，这与世界政治行为体的定义相矛盾，因而这类行动者的能动作用应该排除在研究范围之外。其次，有关世界政治行

---

① 安东尼·吉登斯著：《社会的构成》，生活·读书·新知三联书店1998年版，第62页。
② Alexander Wendt, "Agency, Teleology and the World State: A Reply to Shannon", *European Journal of International Relations*, 2005, Vol. 11 (4), p. 592.
③ Ibid.

为体的权力定义主要来自肯尼斯·博尔丁,其与温特的权力定义既有联系又存在不同。温特的权力定义重点是行动者的本质属性,是一种本体论上的定义。换句话说,权力是行动者自身所具备的、内在地影响着行动者变迁结构的作用力。博尔丁的权力定义一方面界定了权力本身的性质,另一方面则强调行为体在互动中影响他者的能力,其着力点是他者,关注点是对他者的影响后果。这两个学者的定义都是从行动者的视角来定义权力,相比而言,博尔丁的权力定义更为严谨。下文主要采用博尔丁的权力定义,也吸收了温特有关行为体的"体制能力"的内核。

此外,虽然这两位理论家定义权力的视角不同,但博尔丁和温特都提到了一种非物质性权力。博尔丁提出了一种整合性权力,而温特则指缺乏物质必需品的行动者也会具有能动作用。然而这种权力的内涵到底是什么?温特和博尔丁的解释都有待补充。

笔者认为,巴斯·阿茨有关权力的定义可以弥补上文提及的不足。阿茨认为这种权力存在三类:决策性权力、选择话语的权力、制定规则的权力。决策性权力是影响政策制定和产生政治影响的能力。选择话语的权力是指行动者就某一领域确定对话框架的能力。制定规则的权力则指行动者制定相应规则和制度的能力。[①]

综上所述,行动者是有意图和权力并和结构发生作用的行为体。行动者可以指国家或者非国家行为体。在探索行动者与结构变迁之间的关系时,非国家行为体的意图和权力都是重要的变量。行动者的权力指破坏性权力、生产性权力、体制能力、决策性权力、选择话语的权力、制定规则的权力。非国家行为体的能动作用如何影响结构的变迁?国际体系变迁的标准是结构,那么结构是什么呢?这些问题的答案都要从"行动者和结构"问题相关的理论中去探究。"行动者和结构"问题是任何国际关系理论都需要回答的问题。主流的国际关系理论在论述体系变迁时,偏爱于从国内政治或者结构的功能来寻找原因,而且不同的理论家在解决"行动者

---

① Von Bas Arts, "Non-State Actors in Global Governance: Three Faces of Power", http://www.coll.mpg.de/pdf_dat/2003_4.pdf, p.16.

和结构"问题时,会依据不同的社会学和哲学的理论成果,可以说这些主流理论并不能为建立一个体系变迁的理论提供明确的路标。但对于建立一个国际体系变迁动力的理论而言,这些理论具有两个方面的重要意义:一方面,这些理论对"行动者和结构"问题的不同解决方案有助于厘清结构的内涵;另一方面,不同的解决方案或多或少地回答了行动者在结构形成过程中的作用,而体系变迁是新结构的形成过程。那么,提炼这些解决方案中有关行动者推动结构形成的论述,对建立新的理论具有启迪性。本书第三章和第四章重在考察主流国际关系理论对"行动者和结构"的不同方案。

小 结

本章探讨了非国家行为体的定义和分类,厘清了学术界对非国家行为体定义的一些混乱,并创造性地提出自己的定义和分类。非国家行为体的单位属性不是团体或者组织,而是行为体。非国家行为体指不是主权国家并不完全隶属于其他实体的实体,它必须能显示出足够的行为内聚性从而能被看成是一个单一的实体。这些实体能进行跨国性权力互动并具有影响力,跨国性既指实体跨越国界的互动,又可指实体成员的多国性。其参与互动的权力可以是破坏性的,也可以是生产性或整合性的。非国家行为体或者是合法性的行为体,或者是不合法的行为体。非国家行为体不包括个人、受主导性强权控制的傀儡政权、国内行为体和次国家行为体。非国家行为体可以分为政府间国际组织和跨国行为体两大类。跨国行为体又可以分为国际非政府组织、跨政府行为体、跨国公司组织和跨国非公司行为体。正如有学者所指出的,在过去的几十年中,随着各种与民族国家不同的异质性非国家行为体的出现,这本身就从单位层次上体现了现代国际体系的变迁。[①]

[①] 王传兴:"现代历时性/共时性国际体系变迁中的结构性权力变化分析",《欧洲研究》(双月刊) 2012 年第 1 期,第 127 页。

而且，这些非国家行为体的能动作用体现为其意图和权力。正如秦亚青先生所指出的，行动者……的战略选择是国际体系和国际秩序的重要成因和转型动力。尽管国家的战略选择和战略互动促成了国际体系的形态和国际秩序的特征，[1] 但非国家行为体的战略选择也会在国际议程设置、国际制度创设方面发挥作用，进而能对国际体系的变迁施加影响。这些权力能干扰到主导性大国对国际体系发展方向的建构。

---

[1] 秦亚青："国际体系秩序与国际社会秩序"，《现代国际关系》2005年第10期，第13页。

第三章 实证主义国际关系理论研究中的"行动者和结构"问题

亚历山大·温特指出，所有社会科学理论至少要内含对"行动者和结构"问题的解决方案。[①] 正因如此，詹姆斯·多尔蒂等人在《争论中的国际关系理论》一书第三章中重点论述了行动者和结构的问题。从国际关系理论的发展史来看，英国学派、一体化理论、决策理论、冲突理论（如博弈论）以及层次分析相关的理论，都包含对"行动者和结构"问题的回答。本章重点论述主流的实证主义国际关系理论——经典现实主义、结构现实主义、新自由制度主义理论对"行动者和结构"问题的解决方案。

第一节 经典现实主义：行动者为中心的研究纲领

在20世纪30—40年代，经典现实主义理论在国际政治理论界兴起，其代表人物有汉斯·摩根索、基辛格、莱因霍尔德·尼布尔、乔治·凯南以及雷蒙德·阿隆。这派理论中最杰出的代表是汉斯·摩根索及其相关著作。

摩根索的代表作是《国际纵横策论——争强权，求和平》（又译《国家间政治》）。从该书的副标题可以醒目地看出，在摩根索的理论中，国际关系的本质是国家追求权力与和平的斗争。就国家追求权力而言，国家行

[①] Alexander E. Wendt, "The Agent-Structure Problem in International Relations Theory", *International Organization*, Vol. 41, 3. Summer 1987, p. 337.

动者追求权力的意图出自人性的本质。摩根索指出,政治与整个社会相同,受客观规律的支配,这种规律不受人们好恶的影响,其根源存在于人性中,[①] 体现为人对权力根深蒂固的贪求。正是它才会招致人行为中的邪恶普遍存在,它"把教堂变为政治组织,……把革命变为独裁……把爱国变为帝国主义"。[②] 人的权力欲无时不在、无处不在。权力欲也是国家的属性。

摩根索理论的出发点是研究行动者的权力欲。摩根索认为,在一个主权国家争夺权力的世界里,政治领导人是以权力界定利益的角度进行思考和行动,并认为历史证明了这一假设。[③] 为了避免权力即国家利益的含糊性,摩根索指出,生存是每个国家对外政策的最低目标和国家利益的核心,每个国家被迫"保护自己自然的、政治的和文化的身份,使之不受其他国家的侵犯"。[④] 因而,国家的对外政策和行为被归结为国家追求权力的三类意图:保持权力、增加权力和显示权力。[⑤]

说经典现实主义理论是行动者取向的研究纲领,并不是说该理论中不包含结构研究的因子。摩根索试图表明,诸多国家的权力欲使国家处于一个权力竞争的世界里。这使摩根索和温特的见解一致,即国家间形成了一个竞争性的(文化)结构。也就是说,这种结构形成的根源是国家追求权力的意图。

由于国际体系中不存在最高仲裁者——即无政府状态,若干国家追求权力必然会导致一种均势的结构及旨在维持这种结构的政策。无政府状态的国际体系有两个特征:一是多样性,国家数量多,且各国权力水平也呈现多样性;二是各国之间的对抗性。在一个各国多样性的体系中,国家间

[①] 汉斯·摩根索著,卢明华译:《国际纵横策论》,上海译文出版社1995年版,第3页。摩根索认为政治现实主义的人性是多元的;现实的人是"政治人"、"经济人"、"道德人"、"宗教人"的综合。

[②] Hans J. Morgenthau, *Scientific man vs. power politics*, The University of Chicago press, 1946, pp. 194–195.

[③] 汉斯·摩根索著,卢明华译:《国际纵横策论》,上海译文出版社1995年版,第3页。

[④] Hans J. Morgenthau, "Another 'Great Debate': The national Interest of the United States", *American Political Science Review*, LXVI (December 1952). p. 961.

[⑤] 汉斯·摩根索著,卢明华译:《国际纵横策论》,上海译文出版社1995年版,第64页。

会因为追逐权力而呈现对抗或者竞争的形式。当甲国谋求对乙国的控制以增强自己的权力时,乙国可能会抵制或默认甲国的控制;第三国反对甲国的政策,或者出于也想控制乙国,或者出于想维持乙国的现状,这时第三国和乙国会通过模仿甲国的先进技术增强军备或者结盟以增强自己的权力。① 这样,均势就会产生。这是一种自动实现的均势结构。

这种结构对行动者具有哪些约束作用呢?无政府状态和均势结构不但使国家间因军备竞争、相互模仿而类似,还会使得国家对体系内其他国家的态度相似,这主要表现在摩根索所谓的"智慧的国家"这一点上。智慧包括使敌国的外交政策去神秘化(demystification),并以自己的外交政策意图和国家力量来吓唬对手,以及评估敌国的力量基础。

首先,国家要面对评估敌国外交政策意图的相同任务。国家要理解或弄清楚其他国家的外交行政管理,并在三种外交政策的类型上加以区别:帝国主义的、维持现状的与追求声望的。尽管帝国主义的政策表现形式多样,但这种政策都谋求改变体系内的力量分布,以有利于单一特定国家的外交政策。维持现状的外交政策,是指国家没有欲望去改变有利于己的体系内的力量分布。追求声望的政策,是透过外交仪式(炫耀与排场)以及国内的军力来对其他国家展现力量。因而,摩根索确定了无政府状态和均势结构对国家行动者的限制和约束功能,尤其是结构约束着国家的权力欲。其次,国家要能为其外交政策披上一套意识形态的外衣,以吓唬敌国。在国际体系中,所有国家都在寻求吓唬对手,以及解读对手所做的吓唬行为。但过度吓唬对手并不可取,毕竟实力在战场上会受到检验。② 第三,国家要结合他国的地理状况、自然资源、工业能力、战备水平、人口分布和国民性等来评估他国的实力,并通过模仿他国行为使自己的国家实力赶上强国。

因而,摩根索认为:一方面,国家在权力欲的驱使下相互竞争,进而产生了均势,均势结构是国家权力竞争的后果;另一方面,均势结构一旦

---

① 汉斯·摩根索著,卢明华译:《国际纵横策论》,上海译文出版社1995年版,第3页,第237页。

② 同上书,第104—121页。

产生，它便限制着国家的权力欲，约束着国家的行为选择。

国家追求和平的努力也是出于人性。人性不但具有追求权力欲、操纵他人的一面，还具有不屈从于他人操纵的一面，也就是道德人的一面。①人性追求权力的欲望尽管可能会形成均势结构，但这种均势结构未必会带来和平。而且均势并不是自我维持的，这是因为均势结构存在着不充足性。②在这里，摩根索使用"均势"一词时，类似于赫德利·布尔，他把均势看成了一种制度。他认为，在均势形成过程中，行动者的能动作用是关键。摩根索对两个历史时期的均势结构进行了比较，即欧洲 17、18 世纪盛行的贵族统治国际时期和第一次大战后民族国家普世化时期。

在贵族国际时期，欧洲在各国君主的统治下，民众疏离外交事务，而国家的外交事务则被安好地隔离在国内民间活动之外。国家具有高度地削弱国家间竞争强度的能力，用温特的术语来表示，国家表现出强有力的体制能力。当时，某一特定国家的君主和贵族统治集团同其他国家的君主和贵族统治集团保持着经常的密切联系，他们通过家族纽带、共同的语言（法语）、共同的文化价值观、共同的生活方式、共同的道德信念而联结在一起。争夺强权的君主们把自己看做竞赛中的一名角逐者，竞赛的规则是所有其他角逐者都接受的，③ 这就形成了一个外交的小社会，它能使各国君主影响国际政治并创造出一个相对和平的国际局势（稳定的均势结构）。摩根索着眼于国际道德和规范与稳定均势的关联，他说"如果没有国际道德，均势的运作将是不可能的"。在建立均势之前，国家间必须要有共同的道德和规范架构来克制他们自己的权力欲，如果没有这些，那均势就不能稳定国家间的和平状态和相互依赖。④ 但这些国际道德和规范能起作用的前提是：在当时君主国中，国家与社会关系的疏离，这使得欧洲的君主国能拥有一个强有力的体制能力。

---

① Hans J. Morgenthau, *Scientific Man vs. Power Politics*, Chicago: University of Chicago Press; 1946. pp. 8 – 9.
② 汉斯·摩根索著，卢明华译：《国际纵横策论》，上海译文出版社 1995 年版，第 278—279 页。
③ 同上书，第 310—311 页。
④ 同上书，第 290—299 页。

在 19 世纪结束前，在欧洲大多数国家里，贵族统治集团负责指导对外事务的进行。然而，在 19 世纪的整个历史进程中，民主选举与政府官员的责任取代了贵族统治。国际社会的结构，以及与此相联系的国际道德的结构发生了根本性变化。[①] 这时，国家行动者的体制能力受到了削弱，国内的民众和不同阶层的人都开始关心和影响对外政策，国际政治体系结构随着行动者能动作用的改变而变化。国家体制能力的削弱，使得国家间建立均势制度来维持和平越来越困难。

由上可见，尽管经典现实主义的理论中包含了结构的因子，如无政府状态下的竞争文化和均势结构以及结构对行动者的约束和限制功能，但由于该派理论没有对结构的定义进行理论化，其多数分析建立在行动者层次的变量上，如追求强权的欲望和追求和平的欲望以及行动者的体制能力，因而其理论重心是以行动者为取向的。摩根索在论述国家间外交与和平的关系时认为，为了弱化国家的竞争，就要复兴外交，为此他提出了九项原则，其中最重要的为第九点，即国家必须去引导民意而非成为民意的奴隶。[②] 实际上，摩根索试图增强国家的体制能力以改变结构。虽然经典现实主义理论无法包容一种有关体系变迁的理念，不过在该理论中暗含了行动者与结构变迁的联系，即：行动者的军事强权（用博尔丁的术语就是破坏性权力）和体制能力会自发生成新的结构；行动者追求和平的意图会引发结构的变化。经典现实主义理论中的这些因素为本书建立一个较为全面的结构变迁理论提供了理论来源。

第二节　沃尔兹偏重结构的新现实主义

沃尔兹的结构现实主义批评了经典现实主义的主观主义以及摩根索等人研究外交小社会（diplomatic community）的倾向。沃尔兹认为，传统方

[①] 汉斯·摩根索著，卢明华译：《国际纵横策论》，上海译文出版社 1995 年版，第 315 页。
[②] 同上书，第 680 页。

法的分析者将其注意力集中于互动的行动者，却没有认识到系统结构原因的作用，他们通过将这些原因武断地加之于互动的行动者层次，并分配给不同的行为体，以此来弥补这一缺失，在实际操作和理论层面都是。如此，国内政治成了国际政治的直接关注，行动者的属性及彼此间的互动被认为是产生国际后果的原因。沃尔兹进一步指出，尽管行为者的属性和互动方式千差万别，但是国际结果的相似性和重复性却始终存在，从而一再证明低层次解释的不足。[1] 沃尔兹理论的观察重点是国家间的冲突领域。在历史上，不管国家（如小公国、帝国、民族国家）具有什么类型的经济制度、社会习俗和政治意识形态，它们都曾参与过战争。沃尔兹试图解释，在行为体发生变化的情况下，为何类似的国际结果会一再出现。

与经典现实主义的观点相反，沃尔兹竭力探索一种系统方法，以将结构视为一个具有因果影响的、系统层次的概念。他力求通过政治结构指明因果关系，并揭示出这些结果如何随着结构的变化而各异，从而建立一种成功的国际政治理论。[2] 沃尔兹从三个方面来定义结构，即排序原则、单元的功能差异、体系内的权力分配。

首先，国际体系的排序原则。受托马斯·霍布斯哲学思想的影响，沃尔兹采用一种与国内类比的方法，认为国际体系的排序原则是无政府状态。在其经典著作《利维坦》中，霍布斯认为，在现代国家出现之前，人类处于一种自然状态，即"众人相交战"的状态，人类虽然自由，但缺少安全感，其根源是无政府状态，即没有一个更高的权威能防止人们彼此残杀。沃尔兹认为，由于国际体系中没有一个更高的权威，国家与霍布斯自然状态中的个人一样，国家彼此竞争以追求各自的利益，这就是暴力出现的原因。沃尔兹进而论证了无政府状态下国家间合作的困境。以卢梭猎鹿的典故为例，与个人一样，在无政府状态下，对国家而言，合作是危险的，因为这会降低其防卫能力，使其无法抵抗侵略行为。国家为了生存，就必须放弃合作而采取自助的行为。

---

[1] 肯尼思·沃尔兹著，信强等译：《国际政治理论》，上海人民出版社2003年版，第83、90页。

[2] 同上书，第66、93、98—99页。

那么无政府状态的排序原则如何约束国家行为呢？沃尔兹借用亚当·斯密的微观经济学原理，认为与市场中存在着看不见的手一样（个人与工厂为了自身利益互相竞争而自动形成市场），国际政治中的国家也因无政府状态的看不见的手（国家出于追求自我利益的需要互相竞争）会确保国际体系无政府状态的再生。无政府状态的排序原则会自动对国家行动者产生约束，即奖励某些行为并惩罚另一些行为。符合无政府状态原则的国家得以生存和繁荣，而不符合者将会被削弱或灭亡。

其次，体系中单元的功能差异。沃尔兹承认，国家从来不是唯一的行为体，但结构是根据系统中的主要行为体而非活跃于其中的所有行为体来加以定义的。沃尔兹用类比法和排除法来断定国际体系结构中的主要行为体。一方面，在把寡头垄断公司与较小公司、非公司行为体（如国家）类比之后，沃尔兹得出结论：小国和非国家行为体不是主要行为体；另一方面，沃尔兹认为非国家行为体的力量比较小，只有非国家行为体的力量发展到足以与大国相匹敌、甚至超越大国的时候，国际政治理论家才需要一个否认国家中心主义观的理论。因而，国际体系结构中的主要行为体只能是一些大国。

与国内政治结构中不同部门拥有各自专门的功能相比，在国际政治体系内，每个国家都面临相似的任务：维持国内秩序和实施对外防御。每个国家至少在很大程度上是重复其他国家的行为，因而在无政府状态下，系统单元在功能上不存在差别。①

第三，体系内的权力分配。在定义结构时，一个系统理论需要部分地根据单元能力的分配来加以界定，国家并不因为它们在某一方面的能力出众而成为一流强国。国家的能力取决于以下所有方面的综合：人口和领土规模、资源禀赋、经济实力、军事实力、政治稳定及竞争力（competence）。② 处于一流地位的国家总在以上实力方面比其他国家稍胜一筹，这

---

① 肯尼思·沃尔兹著，信强等译：《国际政治理论》，上海人民出版社2003年版，第122、124、129页。
② Kenneth Waltz, *Theory of International Politics*，北京大学出版社2004年版（影印版），第131页。

些一流大国被称为"极",各"极"间的权力分配就界定了结构。尽管能力属于单元属性,但单元间的能力分配则不是,它是一个系统概念。①

在沃尔兹看来,由于在无政府状态下,系统单元的功能体现在国内结构而不是国际结构,在国际体系的结构中,单元的功能不存在差别。沃尔兹的结构只有两个部分组成,即排序原则(无政府状态)和单元间能力的分配(国家权力的位置)。约翰·鲁杰指出,前一部分指系统的深层结构,而后者则是系统的浅层结构。②

对于行动者和结构之间的关系,沃尔兹认为,结构产生于国家的共存,系统的结构随着系统内单元能力分配的变化而变化,并且结构的变化导致对系统单元的行为以及它们互动结果的预期也随之变化。在无政府状态下,单元主要依据其实现类似任务的能力大小来加以区别。

在处理"行动者和结构问题"上,沃尔兹认为,单位层次的原因和结构的原因是相互作用的。沃尔兹的解释重点在于结构,他认为,结构是解释国际结果的决定性因素,结构可以影响和推动行为和结果,但并不决定行为和结果。③换句话说,结构现实主义用国际政治结构来解释国家行为和国际事件。结构一旦形成,就是一个有生命力的概念。结构限制和塑造了行为体及其能动作用。结构的限制和塑造功能体现于:尽管行动者的目的和努力存在着差异,但结构却使其运作趋向产生同质的结果。结构通过两种方式间接发挥作用。社会化进程限制和形塑行为,是结构借以施加影响的第一种方式;第二种方式则是通过竞争。社会化导致行动者的属性与行为具有相似性,而竞争亦然。竞争缔造一种秩序,秩序内的行动者通过其自主的决定和行为调节彼此的关系。④

---

① 肯尼思·沃尔兹著,信强等译:《国际政治理论》,上海人民出版社2003年版,第130页。
② 约翰·鲁杰:"世界政治体制中的继承与转换:走向新现实主义综合",罗伯特·O.基欧汉编,郭树勇译:《新现实主义及其批判》,北京大学出版社2002年版,第125页。
③ 肯尼思·沃尔兹:"反思《国际政治理论》——对我的批评者们的答复",罗伯特·O.基欧汉编、郭树勇译:《新现实主义及其批判》,北京大学出版社2002年版,第314页。
④ 肯尼思·沃尔兹著,信强等译:《国际政治理论》,上海人民出版社2003年版,第96—97、101页。

结构对行为体作用的两种方式所产生的后果如下：在一个自助的系统中，每个国家都要花费部分精力来发展自卫的手段，而非用来促进自身福利。那些不实行自助或者自助效率低的行为体就无法实现繁荣，将面临危险和苦难。[1] 为了摆脱这种恐惧，国家可采用两类手段。一是内部手段，即增强经济能力和军事力量，实行明智的战略，国家必须模仿或尽力赶上实力最强大的国家（们）的成功作为，否则，国家就会处于一个相对脆弱的位置或者灭亡。通过内部手段来模仿最强大国家的手段，只能相对缩小大国间的力量落差。二是外部手段，即加强和扩大同盟，或是削弱和缩小敌对同盟的力量。弱国为了生存，就必须维持均势，通过弱国之间的联盟来平衡强国。在沃尔兹看来，联盟只是一种权宜之计，而且均势不是一种行动者一致同意的制度。[2]（在这点上，他与摩根索不同），从而均势结构得以形成。

　　考虑到结构不能解释体系内发生的所有事情，[3] 沃尔兹没有避开行动者来建构理论。亚历山大·温特指出，虽然沃尔兹在其理论中没有给单位层次的变量以重要的地位，但是他明确地做出了关于行动者的假定。没有这样的假定，他的理论是不成立的。[4] 沃尔兹承认，在解决"行动者和结构"问题时有两种方案：一种是追循不同国际系统发展的可能进程，例如，指出不同体系可能具有持久性与不变性；另一种是表明系统的结构如何影响互动单元以及后者又是如何影响结构的。沃尔兹同意以下观点，国际政治体系是由关注自我的单元的共同行为形成的，在本源上是个体主义的；结构自发形成，而非人为地有意创建，即没有哪个国家想要参与对结构的塑造；另外，结构的影响和推动作用可能受到（行动者）有效的抵制。[5] 如果单位层

---

[1] 肯尼思·沃尔兹著，信强等译：《国际政治理论》，上海人民出版社2003年版，第135、139、157页。

[2] 同上书，第156页。

[3] 肯尼思·沃尔兹："反思《国际政治理论》——对我的批评者们的答复"，罗伯特·O.基欧汉编，郭树勇译：《新现实主义及其批判》，北京大学出版社2002年版，第299页。

[4] 亚历山大·温特著，秦亚青译：《国际政治的社会理论》，上海人民出版社2000年版，第127、129页。

[5] 肯尼思·沃尔兹著，信强等译：《国际政治理论》，上海人民出版社2003年版，第54、122页。

次上的许多属性发生了变化,体系结构难免不会发生变化。①

但为了避免滑向还原主义,即从行动者及行动者间互动的层次来解释国际后果,沃尔兹明显偏重于第一种方案,因而在建构理论时,他极力避免深入探讨行动者问题。除了行动者的理性和自私这两个属性外,行动者的其他属性、行为和行动者之间的互动被置于一旁或是被抽象掉,行动者之间在文化、经济、政治军事等方面的互动被抽象掉。他坚持认为,行动者间的互动发生于单元层次。② 在削弱行动者层次意义的同时,他强化了对结构的功能性解释。结构通过竞争和社会化间接地塑造和限制行动者,使得行动者的行为类似。

因此,从以上对结构现实主义的梳理来看,沃尔兹为解决"行动者和结构"问题提供了一个较具说服力的方案,但这种方案本身也存在极大的弱点。

首先,沃尔兹的结构具有物质特性。在当时科学行为主义和传统主义学派(国际关系理论第二次大论战)的背景下,物质性结构的界定和体系理论的确立的确推动了国际关系这个学科的发展。沃尔兹明确了国际政治结构的内涵。结构是国际体系变迁的标志,这对于解释体系变迁来说是不可缺少的。

然而,以物质性能力(破坏性权力)的分配来界定结构存在着两个方面的不足。第一,物质性权力的两种效应。在不同的历史背景下,物质性能力的分配与国际体系结构的关联度存在差异。在常规武器居主导地位、国际间信息交流和人员往来费用昂贵的时代,物质性能力与国际体系的结构可以被用来考察国际后果,因为物质性权力分配着眼于主要行为体,即大国。但在核、生物、化学等大规模杀伤性武器技术在体系内被更多国家掌握的情况下,大国担心常规武器的战争会升级为大规模杀伤性武器的对抗,这样武器就制约着国家(尤其大国)间发动战争的冲动,这在某种程

---

① 肯尼思·沃尔兹:"反思《国际政治理论》——对我的批评者们的答复",罗伯特·O.基欧汉编,郭树勇译:《新现实主义及其批判》,北京大学出版社2002年版,第298页。
② 肯尼思·沃尔兹著,信强等译:《国际政治理论》,上海人民出版社2003年版,第107页。

度上削弱了物质结构对国际后果的解释力。换句话说，这些大规模杀伤性武器仍在物质性结构的界定中具有重要地位，但却无法现实地加以使用。随着科技进步，国际间通信电子网络交流变得简便，跨国间人员往来费用降低，便利了弱小国家和某些非国家行为体（如恐怖组织）获得这类武器和技术。有学者曾经指出，战争反而成了弱国才能享受的奢侈品，这句话也同样适用于一些进行暴力活动的非国家行为体。一些弱小的行为体，尤其是一些敌对国家的非国家行为体却借全球化背景下的先进科技，来消费这种破坏性权力。因而，在探讨这种物质性结构时，不能再局限于大国，把大国看成是这种物质性结构中的主要行为体。第二，这种物质性权力在国际政治中的地位变化为一些非物质性权力地位的上升打开了通道，这类权力包括话语权力、制定规则的权力、决策性权力和生产性权力。可以说，在全球化的今天，物质性权力结构的解释本身就存在着缺陷。

其次，沃尔兹极力压抑行动者层次的变量。沃尔兹的理论中虽然包括了极低成分的行动者和过程的相关论述，其中构建了一种行动者意图之外的结构形成过程，但由于他过于重视从体系层次来构建理论而贬低行动者层次的理论，不能有力地解释结构变迁。他声称，结构变迁不是大多数体系理论家思考的问题。[①] 理查德·阿什利和约翰·鲁杰激进地指出，沃尔兹把行动者看成是结构的奴隶，单纯从结构层次来考察国际后果的结构现实主义，是一个静态的、缺少变化的理论，[②] 故而在相关体系变迁（如从中世纪国际体系向现代国际体系的转换）的问题上，沃尔兹不能提供解释。约翰·鲁杰指出，沃尔兹立场的问题在于，在任何社会体系中结构变化本身最终的来源不外乎单元互动的进程，沃尔兹却把这些从体系理论中驱除出去，也就是将体系变化的最终来源视为外生的。[③] 在鲁杰试图借用

---

① 肯尼思·沃尔兹："反思《国际政治理论》——对我的批评者们的答复"，罗伯特·O. 基欧汉编，郭树勇译：《新现实主义及其批判》，北京大学出版社2002年版，第298页。
② 理查德·阿什利："新现实主义的贫困"；约翰·鲁杰："世界政治体制中的继承与转换：走向新现实主义综合"，罗伯特·O. 基欧汉编，郭树勇译：《新现实主义及其批判》，北京大学出版社2002年版，第131、265页。
③ 约翰·鲁杰："世界政治体制中的继承与转换：趋向新现实主义综合"，罗伯特·O. 基欧汉编，郭树译：《新现实主义及其批判》，北京大学出版社2002年版，第143页。

涂尔干的"交往力度"和"分异"论点来增强结构现实主义的说服力时，沃尔兹表现出了强烈的反对态度，他说，这是滑向了还原主义并否认国际体系变迁的存在。① 沃尔兹建立理论的态度是，寻找一个在理论上站得住脚，在实践中最为有用的理论范式，但他对还原主义的敌视却使其理论违背了初衷。

第三，在处理行动者和结构两者关系时，沃尔兹的理论有待完善。沃尔兹的结构具有深浅两层，但他偏爱的仅仅是浅层的结构。浅层结构是会发生变化的，对行动者也具有限制功能。一国实力的变化会引起体系内权力分配的变化，如两极变多极，结构会限制行动者并使其变得行为类似。而行动者与深层结构（无政府状态）之间的关系被忽略了。换句话说，行动者是否会增强或者削弱国际政治中的无政府状态？

第四，沃尔兹的理论局限于国际政治冲突领域的结构，其理论不包括国际制度/机制、规范和观念等结构，从而不能解释国家之间的合作，这成了沃尔兹理论的罩门。这是新自由制度主义和建构主义批评沃尔兹理论的着力点。

此后，尽管罗伯特·吉尔平采取了从行动者层次（霸权国国内的经济、社会与技术因素）来研究国际政治变迁，然而其《世界政治中的战争与变革》仍未脱离结构现实主义的大框架，这主要表现在三个方面。首先，吉尔平与沃尔兹都坚持世界政治中延续性的一面，试图找出国际政治中不变的本质，吉尔平声称："在根本上，今天的国际政治同修昔底德所描述的情况并没有什么区别。"② 其次，在变迁方面，吉尔平与沃尔兹的变迁观念是一致的，都是指力量分配的变化，是体系表层的变化，而体系的深层原则（无政府状态）不会发生变化。第三，两位学者都认为，无政府状态的排序原则是限制国家行动者行为的主要因果变量，③ 因而在解决变迁问题上，被誉为"霸权稳定论"的吉尔平方案仍未涉及到体系深层结构。

---

① 约翰·鲁杰："世界政治体制中的继承与转换：趋向新现实主义综合"；罗伯特·O. 基欧汉编，郭树勇译：《新现实主义及其批判》，北京大学出版社 2002 年版，第 143 页。

② Robert Gilpin, *War and Change in World Politics*, Cambridge, Cambridge University Press, 1981, p. 228.

③ 约翰·M. 霍布森著，周邵颜译：《国家与国际关系》，台湾弘智文化事业有限公司 2003 年版，第 45 页。

第三节　新自由制度主义：改造的结构研究纲领

　　新自由制度主义建立于反思经典现实主义和结构现实主义理论及批判"霸权稳定论"的基础之上。新自由制度主义者最重要的代表人物应为罗伯特·O. 基欧汉。在基欧汉看来，经典现实主义和结构现实主义在处理"行动者和结构"问题时都存在着问题：它们很少重视国际规则和国际制度，但人们创制出国际规则与国际制度，以求减少世界事务中的冒险行为和不确定性，希望改善安全困境。经典现实主义的代表人摩根索寄希望用外交（行动者之间的互动）来改善人类生存境况，但经典现实主义忽视了外交互动的环境，即国际规则、制度。结构现实主义在进行理论抽象时偏重于国际体系内的权力分配，而将外交远远抛掉。由于外交互动发生于一定的国际规则、制度实践的环境中，国际规则、制度和实践对行为体的动机产生着影响，[①] 基欧汉的代表作《霸权之后》对结构现实主义的纲领进行了改造，建立了新自由制度主义学派。新自由制度主义者既保留了现实主义的一些前提，又对现实主义理论进行了改造。

　　从行动者层次来看，基欧汉做了如下改造。首先，基欧汉仍然把国家确定为世界政治的主要行动者。不过，与现实主义理论相比，基欧汉更加强调非国家行为体、政府间国际组织以及跨国家的和跨政府的关系，前提是非国家行动者"仍臣服于国家之下"。其次，行为者的理性假定得以保留。国家是理性的自我主义者，试图实现其收益的极大化。与现实主义关注国家的相对收益不同，新自由制度者强调国家关注绝对收益。第三，就行动者的意图来看，基欧汉对国家追求权力和测算利益的假定做出严格限定。无论是作为目的或作为必要的手段，权力和影响仍将被视为重要的国家利益。但基欧汉不同意现实主义理论的如下假定：追求权力构成了所有

[①] 罗伯特·O. 基欧汉、门洪华编，门洪华译：《局部全球化中的自由主义》，北京大学出版社2004年版，第53页。

情况下压倒一切的利益,或者说,追求权力的形式长期以来差别不大。他认为,在不同的体系条件下,国家将对其自身利益进行不同的界定。例如,当生存受到严重威胁时,维持独立的努力优先于其他一切活动,而在生存环境相对良好的情况下,国家也将把精力指向实现其他目标。①

自我理性的行动者出于对未来影响的考虑,透过三种方式借国际制度和机制促进合作。首先,行动者对冲突的恐惧和互惠的期望。对于行动者间的冲突,基欧汉采用了博弈论中的囚徒困境来解释国际政治。在囚徒困境中,互动中的行动者可以采取合作或欺骗(即弃对方于不顾)方式。在一个只玩一次的囚徒困境中,难免会出现结构现实主义所描绘的局面,即行动者的主要策略是欺骗或者背叛。但基欧汉认为,国际关系是重复出现的囚徒困境,在这种重复赛局中,通过报复与互惠,透过以牙还牙的方式,两个行动者期望国际制度和机制给双方带来好处,以减少冲突和促进合作,因而冲突引发了建立国际制度的需要,"没有对冲突的畏惧,就没有合作的需要"。② 第二,相互依赖的加深推动了行动者对国际制度的需求。基欧汉指出,国际制度的建立不仅仅是霸权国为维护国际体系而单方供应给国际社会的规则,在相互依赖加深的情势下,国际制度也是国际社会成员需求的结果。③ 第三,出于长远利益的考虑,国家需要以国际制度和机制来累积互信,维持好名声。如国家只有不好的名誉,则会危害国家的长远利益。④

---

① Keohane, Robert, "Neoliberal Institutionalism: A perspective on World Politics", In *International Institutions and State Power: Essays In International Relations Theory*, Edited by Robert O. Keohane, Boulder, Colo.: Westview Press. 1989. p. 8; 罗伯特·O. 基欧汉、门洪华编,门洪华译:《局部全球化中的自由主义》,北京大学出版社 2004 年版,第 65 页。

② Robert Axelrod and Robert Keohane, "Achieving Cooperation Under Anarchy: Strategies and Institutions", in David Baldwin, ed. *Neorealism and Neoliberalism*. New York: Columbia University Press, 1993, p. 91. Robert O. Keohane, *After Hegemony: Cooperation and Discord in the World political Economy*, Princeton University Press 1984, p. 54.

③ Keohane, Robert, *International Institutions and State Power*, Boulder: Westview Press, 1989, pp. 101 – 131; 罗伯特·O. 基欧汉著,苏长和等译:《霸权之后》,上海人民出版社 2003 年版,第 95 页。

④ 罗伯特·O. 基欧汉著,苏长和等译:《霸权之后》,上海人民出版社 2003 年版,第 95、116—128 页。

从结构层面来看，基欧汉把国际制度和国际机制看做国际体系结构的组成部分。国际制度指规定行动者的职责、限制行动以及塑造行为者期望的一系列持久和相互关联的正式或非正式的规则。国际制度有三个组成部分：第一，正式的政府间组织或跨国非政府间组织；第二，国际机制，它是各国政府为管理国际关系中的特定问题而制定的明确的规则；第三，协约或习惯（convention）。国际机制则指关于国际关系特定问题领域内政府同意建立的有明确规则的制度。[1]

类似于结构现实主义，基欧汉也赋予这种制度结构以生命。制度结构对行动者具有约束和促进功能。制度结构可以汇聚各国政府的行为预期，提供信息沟通的渠道，改善信息质量和减少信息的不对称性，降低交易成本，赋予行动和政策合法性，改变行动者的利益偏好，协调和调整国家行动者的政策和行动，减少不确定性。[2] 因此，机制结构减少了行动之间相互监督的需要，从而促进了行动者之间的信任和合作。

到底如何看待基欧汉的结构纲领？基欧汉自己声称，他要从相同动机的前提出发，试图显示出结构现实主义过分夸大了关于合作无法带来利益最大化的悲观看法，着重于说明规则与制度格局的变化，以利于人们深刻地理解和平变迁的进程。[3] 由于基欧汉的结构纲领采用了现实主义的前提，许多国际关系理论家都把其描绘成一位新现实主义者或者一个现实主义的修正派，但从"行动者和结构"关系的视角来看，基欧汉其实创立了一个与现实主义理论极其不同的结构纲领。

首先，在现实主义的视野里，无政府状态让国家放弃或背叛合作，在竞争的环境中国家只能实行自助，即使有合作也不会是自愿或自发进行，而是在强权大国（如霸权国）的压力下短暂出现。如罗伯特·吉尔平和斯蒂芬·克拉斯纳等现实主义者学派的理论家都承认国际制度结构的存在，

---

[1] Robert O. Keohane, *International Institutions and State Power*, Boulder: Westview Press, 1989, pp. 3 – 4.

[2] Ibid., 第六章。

[3] Robert O. Keohane, *After Hegemony: Cooperation and Discord in the World political Economy*, Princeton University Press 1984, p. 29；罗伯特·O. 基欧汉、门洪华编，门洪华译：《局部全球化中的自由主义》，北京大学出版社2004年版，第67页。

但他们认为，制度结构只是屈从于国家间力量分配结构的干预变量。① 基欧汉则对霸权国是国际机制形成的必要条件提出怀疑，他认为，霸权国家的存在可能有助于国际机制的创立，但行为者之间紧密的互动也有助于国际机制的创立。② 这样，尽管国际机制在国家之外只有相对的独立性，但基欧汉从概念上切断了国际制度与霸权国之间的联系，作为结构的国际机制和制度完全独立于无政府状态与力量分布之外。在基欧汉的理论里，国际机制是一个独立变量。

其次，按照约翰·鲁杰的说法，基欧汉的制度结构也是国际政治的表层结构，对应于沃尔兹的权力分配结构。在基欧汉的结构纲领中，无政府状态的深层结构也极为重要。基欧汉把无政府状态定义为世界政治中缺乏一个共同的政府。该定义相比沃尔兹的无政府状态定义具有不同的内涵，在沃尔兹看来，无政府状态是缺乏全体系范畴的权威机构。③ 可以说，沃尔兹从权力和权威角度来定义无政府状态，而基欧汉则是从没有共同政府来提供信息这个角度来定义。造成无政府状态下国家间的竞争和困境的原因，不是体系内的力量分配不平均，而是因为信息分配的不对称。由于信息缺乏，国家不清楚对方的意图，国家间无法相互信任，这才产生困境。国家建立国际机制，正是出于国际机制能够强化信息交流密度，促进合作，减少无政府状态的困境。因而，通过对国际制度的功能分析，基欧汉事实上认定了国际体系中的表层结构可以削弱深层结构（无政府状态）中的困境。④ 这就在表层结构和深层结构之间建立了关联，也要比结构现实主义进步。

第三，在结构现实主义的理论里，尽管国家可以通过自助改变表层结

---

① Stephen D. Krasner, "Structural causes and regime consequences: regimes as intervening variables", *International Regimes*, edited by Stephen D. Krasner, Peking University Press, 2005, pp. 1–22; Robert Gilpin, *War and Change in World Politics*, Cambridge, Cambridge University Press, 1981.

② 罗伯特·O. 基欧汉著，苏长和等译：《霸权之后》，上海人民出版社 2003 年版，第 95 页。

③ Robert O. Keohane, *International Institutions and State Power*, Boulder: Westview Press, 1989, p. 1; Kenneth Waltz, *Theory of International Politics*, 北京大学出版社 2004 年版（影印版），第 131 页。

④ 约翰·M. 霍布森著，周邵颜译：《国家与国际关系》，台湾弘智文化事业有限公司 2003 年版，第 142 页。

构,推动均势格局的变迁,但行动者只是体系深层结构的奴隶,没有任何改造深层结构的能动作用,基欧汉则赋予国家行动者以能动作用去减轻无政府状态的困境。制度结构是由国家建立的,以增强世界政治中的信息交流密度,行动者并不仅仅受限于无政府状态的困境,而且能缓和这种困境。同时,基欧汉指出,制度结构是国家所建,是为了拥有独立性的国家所创造的,目的是增加其在无政府状态下的力量。[1] 国际制度是要赋予行动者权力,而非束缚它们。[2] 因而,无论从浅层结构还是深层结构来看,基欧汉都提升了国家的能动作用,并降低了国际结构的重要性。不过,从总体来看,基欧汉的纲领仍偏重于体系层次,正如苏长和博士所指出的,基欧汉偏重于从国际机制的功能理论对结构现实主义进行修正:与其说霸权国家,还不如说是霸权国家所倡导下的国际机制确保着世界政治中的合作与和平,……霸权的衰弱并不必然意味着既有的霸权国家领导下创立的机制也会发生衰弱,机制维持的惯性使其对确保霸权之后世界中的合作与和平仍然起着独立的作用。[3] 国家的能动作用是什么?能动作用与国家的哪些属性有关联?基欧汉没有给出答案。可以说,对行动者能动作用的提升也只是新自由制度理论所暗含的。

小　结

从以上主流国际关系对"行动者和结构"问题的处理来看,沃尔兹区分了浅层结构和深层结构。浅层结构指国家间的权力分配,而深层结构是无政府状态的竞争;基欧汉也承认无政府状态的重要性,并提出了国际制

---

[1] Robert O. Keohane, *After the Cold War: International Institutions and State Strategies in Europe 1989－1991*, Cambridge: Harvard University Press, 1993, pp. 273－274.

[2] 罗伯特·O. 基欧汉著,苏长和等译:《霸权之后》,上海人民出版社2003年版,第13页。

[3] 苏长和:"解读《霸权之后》——基欧汉与国际关系理中的新自由制度";罗伯特·O. 基欧汉著,苏长和等译:《霸权之后》,上海人民出版社2003年版,第2—3页。

度结构；在摩根索的理论中，无政府状态虽然偶尔被提及，无政府状态对国家行为的限制功能也得到确认，但其理论重心在于行动者对结构的影响。沃尔兹提出的结构是物质结构，而基欧汉提出的结构是制度，摩根索提供了行动者自身的体制权力改变与国际政治结构变化的关联解释。因而，这三种实证主义国际关系理论表明：就深层结构来看，在探讨国际政治现象与后果时，无政府状态被给予重要地位；就浅层结构来看，在国际政治体系中，并非只存在一种结构，而且物质性结构本身也存在着两个弱点；就行动者来看，行动者的能动作用与结构变迁存在着必然性关联，因而行动者及其能动作用在理论中的地位需要进一步提升。

现实主义和新自由制度主义都强调国家中心论。新自由制度主义虽然承认非国家行为体在理论中的地位，但国际组织这样的非国家行为体被看成是一种制度。这种观点欠合理性。笔者认为，制度是结构的组成部分，但不包括国际组织这样的非国家行为体。制度结构包括行动者为管理国际关系中的特定问题而制定的明确或暗含的规则、协约或惯例，这样国际组织就被恢复了行动者的地位。

摩根索从行动者的体制能力来解释国际后果，为研究非国家行为体的能动作用提供了空间。面对各国国内民众对外交领域影响的增强，摩根索提出了一种解决方案。出于国家中心论的考虑，他极力想通过恢复和提高外交的作用，从而在《国际纵横策论》一书最后一章，提出了提升外交作用的九项规定。摩根索的九项规定其实质就是谋求提高国家的体制能力和弱化民间力量对国家外交的影响，换句话说，就是要提高国家的能动作用。但在全球化和信息技术发展的今天，这种提高外交的方案难以实行。而民众的国际影响也并不仅仅局限于外交领域，还表现在宗教和经济领域。

当政府在宗教领域居于主导地位时，依靠国家力量推广自己的宗教被视为理所当然。在16、17世纪，教派冲突曾引起国家内部、国家间乃至地区性的战争，如1618年到1648年的欧洲"三十年战争"。随着科技的发展，世俗力量地位不断上升，宗教势力影响日渐式微，最终世俗力量赢得了对政权的控制，宗教从国家政治领域下降到了私人领域。① 宗教从国家政治领域退出后，其必须通过自己的机构、团体、组织进行活动，如罗马天主教会。全球化便利了跨国宗教行为体网络的活动和数量的增长及相互间的理念传输和资金往来。② 尽管不能排除一些宗教行为体是专心于传教事业，但也有一些在传教的同时，宣传不符合当地国的西方自由民主价值观，影响教众对国家利益的判断，引起国内的教派分争，削弱当地国的国家权威和宗教事务的独立性。如罗马天主教会就经常借宗教干涉第三世界国家的内政。在中亚一些国家发生的"颜色革命"中，宗教类的非国家行为体表现了很大的活动能量。③

在受全球化波及的广大第三世界，宗教类非国家行为体力量的增强则与这些国家的失败有关。在这些国家，宗教的世俗化程度较低。尽管宗教和国家政权的关系极为密切，但由于国家无法解决经济上的贫困、民众的高失业率、社会的极度贫富不均等问题，宗教的原教旨主义倾向增强。④ 许多宗教团体和组织把国内问题的根源归于国际势力的干预，如"基地"组织，原教旨主义倾向的宗教行为体把矛头指向了西方国家，最典型的例子是"9·11"事件。可以说，由宗教类非国家行为体支持的宗教战争，不仅影响着地区的稳定，还影响着主导大国的权力投射。

国家所控制的经济领域也发生了变化。在18世纪以前，很少有国王、政治家或政治哲学家认为国家应当为其人民的经济福利负起责任，或两者是必然相联系的，因而在经济领域国家采取重商主义政策。到18世纪时，一方面，新兴的商人和银行家等商业阶层希望保住他们的财产，进行自由贸易和结束贵族的特权；另一方面，被压迫民族为了击退或推翻外国压迫者，经济民族主义取代了重商主义政策，国家的经济职能从扩大君主的权

---

① Francis Fukuyama: *The End of History and the Last Man*, (New York: the free press, 1992, pp. 270 - 271.

② Jeff Haynes, "Transnational religious actors and international politics", *Third World Quarterly*, 2001, Vol. 22, No 2, pp. 143 - 158.

③ 张西明："美国发动'颜色革命'的十大手法"，《瞭望》2005年第51期，第56页；赵龙庚："'颜色革命'对独联体的冲击和影响"，《和平与发展》2006年第2期，第27页。

④ 蔡佳禾著：《当代伊斯兰原教旨主义运动》，宁夏人民出版社2003年版，第10—14页。

力转变成增进人民的福利。[1] 从 19 世纪经济民族主义在欧洲确立开始，到 20 世纪经济民族主义在世界各地扎根，在进行大型工业体系建设和确立关税政策方面，国家处于强势地位。第二次世界大战后，尤其是 20 世纪 70 年代，随着大型公司力量的壮大，国家逐渐退出经济领域，只是进行一些宏观的管理，让市场在经济领域发挥更强劲的作用，[2] 因而由公司演变过来的非国家行为体（跨国公司）的地位和作用由此水涨船高。许多公司发现，与其以高昂的代价来打通关税壁垒和非关税壁垒，占领外国市场，还不如在这些国家内部建立生产和销售设施来直接获得市场更有利可图。不仅如此，许多欠发达国家可以提供廉价的劳力、优惠的税收待遇、宽松的反污染法律和其他种种好处，使得发达国家的公司更乐于在那里建厂，甚至利润丰厚地向它们的母国返销产品。[3] 东道国也需要通过吸引外资，引进先进的技术和管理经验，以实现本国的发展目标，这就便利了一些经济性的行动者卷入到国际事务中。

再则，当主权国家不能建立一个可行的国际秩序时，一些民间力量就积极寻求建立一种替代议案——全球共同体，其可行性并不依赖于现存的政府和武装力量，而在于个人或组织相关的行为体进行跨国性社会运动。[4] 在处理与国家的关系问题上，这些民间力量对于建立怎样的替代方案具有不同的意见，这表现为三种类型：自由主义主张公民社会制约国家与政府，激进主义主张公民社会对抗现在的国家与政府，而较为理性的观点则主张公民社会与国家、政府"合作互补、共生共强"。[5]

然而，民间力量试图通过非国家的途径进行跨国性社会运动（即第一

---

[1] 罗伯特·赖克：《国家的作用——21世纪的资本主义前景》，上海译文出版社 1994 年版，第 11—13 页。

[2] Yale H. Ferguson & Richard W. Mansbach, "What Is the Polity?", *International Studies Review*, Jun 2000 Volume 2, Issue 1, p. 4；罗伯特·赖克：《国家的作用——21世纪的资本主义前景》，上海译文出版社 1994 年版，第 57 页。

[3] 时殷弘："全球性交往互相依赖和非国家行为体"，《欧洲》2001 年第 5 期，第 6 页。

[4] Akira Iriye, "Beyond Imperialism: The New Internationalism", *Dædalus* (Spring 2005), http://hnn.us/articles/13625.html.

[5] 蔡拓："NGO：评判美国国际影响力的一个新向度"，《现代国际关系》2004 年第 3 期，第 25 页。

和第三类主张）的最初努力并没有引起太多支持。虽然早在 19 世纪初，美欧就出现了这样的团体，如泛英反奴协会（The British and Foreign Anti-Slavery Society）。按照沃勒斯坦的解释，以对抗和夺取国家政权为目标的革命行动最初在国际范围内赢得了广泛支持，社会运动被认为首先是社会主义政党和工会的运动，它们似应在各国国内进行反对资产阶级和雇主的阶级斗争。这种运动被认为是争取建立一个民族国家的运动，其方式或者是把被认为属于同一民族的独立政治单位聚合在一起（例如意大利的独立），或者是从被认为是帝国和压迫该民族的国家中独立出来（例如亚洲或非洲的殖民地独立运动）。

到 20 世纪 60 年代，这种运动却使大众支持者产生了极大的失望，原因是这些运动的组织、领导者在执政之后的表现使其大失所望。所在国家的确实行了一定数量的改革，通常教育和医疗设备增加了，就业有了保障，但生活中存在大量的不平等现象。异化的劳动不但没有消失，而且比例在扩大；无论是在政府层面还是工作场所，真正的民主参与或者不存在，或者没有扩大，情况还常常相反；在世界范围内，国家在世界体系中发挥的作用常常与其从前发挥的作用没有多少两样。因此，大众开始撤回对这些运动合法性的认定，他们不再相信夺取政权将会不可避免和确定无疑地带来一个更平等的世界。对这些运动失去信仰之后，他们也撤回了对国家作为变迁动力的信仰。虽然如此，1968 年以来，人们重新选择了跨国性民间社会运动——绿党和其他生态运动、女权运动、种族和"少数"民族运动。在 20 世纪 70 年代，这些运动以复兴和战斗性更强的形式出现在全世界。到 20 世纪 80 年代，赢得了胜利的务实主义者越来越具有各类社会民主运动的面貌，他们与传统社会民主运动差别不大，但更多地关注生态或性别、种族歧视、人权诸如此类问题。[①] 与此同时，主张"公民社会

[①] 19 世纪最后 30 来年，依赖于个人或组织相关的行为体进行跨国性社会运动和以国家为导向的民族运动同时开展了关于战略问题的大辩论。一部分人持"国家导向"观点，另一部分人把国家看作一个固有的敌人，从而转向强调个人的改造。这些辩论的历史后果是那些持"国家导向"立场的运动终于获得成功。伊曼纽尔·沃勒斯坦著，路爱国译："反体系运动在今天意味着什么"，《世界经济与政治》2003 年第 1 期，第 26—27 页。

与国家、政府合作互补、共生共强"以及希望用公民社会制约国家的主张开始得到更多的认同。[①]

在全球化不断深入的情形下，民众对国际关系各领域的权力和影响不断增强，摩根索设想的国家不成为民众和公众舆论奴隶的设想越来越难以实现。国家体制权力的降低体现了权力向民间力量的转移，而非国家行为体也在争取着对国际事务的影响。因而，要重视非国家行为体在国际体系中的地位所发生的变化，增强对非国家行为体与国际结构变迁两者关系的研究。

要研究非国家行为体与国际结构变迁两者的关系，是否只要综合本章三种国际关系理论对"行动者和结构"问题的研究就能实现？这三种理论并没有给予行动者和结构以平等的地位，或者只强调行动者对结构的塑造功能，行动者对结构变迁的能动作用仅限于自身权力（体制能力）的变迁，而忽视行动者在互动中权力对结构的影响；或者只强调结构对行动者行为的限制作用或增强行动者之间的合作，忽视了结构对行动者自身属性（如身份）的塑造。这三种理论把行动者和结构两者人为地分离开来，这招致了一批国际政治学者的批评，并引起了一次有关"行动者和结构"问题的理论论争。这次争论的理论成果就是国际社会理论学派的兴起以及生成性"行动者和结构"概念在国际关系这个学科中得到更多学者的认可。

---

① 蔡拓："NGO：评判美国国际影响力的一个新向度"，《现代国际关系》2004 年第 3 期，第 25 页。

第四章 结构能动范式中的"行动者和结构"问题

经典现实主义、结构现实主义和新自由制度主义都把行动者和结构分离开来解释国际后果。此外,除了新自由制度主义理论外,其他两种理论中有关行动者的部分又局限于国家。这就降低了理论的解释力,更不能解释国际体系的变迁。一批国际关系研究者反对把行动者和结构分离开来的做法,如亚历山大·温特、约翰·鲁杰、戴维·德斯勒、约翰·M. 霍布森、巴斯·阿茨、本杰明·赫布斯等人强调,在解释国际政治时要赋予行动者和结构以平等地位,从而建立一种结构能动范式(又译作结构化)。[①] 其中重视跨国关系研究的学者,如约翰·鲁杰、约翰·M. 霍布森、巴斯·阿茨等人则主张要把非国家行为体放到国际体系变迁的视角中去考虑。结构能动范式的理论家和跨国关系派的主张为建立一种更具解释力的新理论提供了沃土,它能解释相关的国际政治变迁。要理解这种新理论,就要追溯到亚历山大·温特在 1987 年发表的题为《国际关系中的行动者和结构问题》的文章以及该文所引起的理论争论。在这场争论中,马丁·霍利斯、斯蒂夫·史密斯、雅布里和陈(Jabri, Vivienne, and Stephen Chan)等学者曾论及与"行动者和结构"相关的本体论、方法论和认识论

[①] 结构能动(structruration)一词是由安东尼·吉登斯所发明,但奈杰尔·思瑞夫特(Nigel Thrift)认为,结构能动范式不仅仅限于吉登斯的理论,应当包括那些把行动者和结构置于平等本体地位的理论,如皮艾尔·布迪厄、罗伊·巴斯卡(Royal Bhaskar)、斐力浦·阿布拉姆斯(Philip Abrams)、德莱克·雷德(Derek Layder)等社会学家的理论,因而本书中所指的结构能动理论也并不仅仅指吉登斯的理论。Nigel Thrift, "On the Determination of Social Action in Space and time", *Environment and Planning D: Society and Space*, 1983, Vol. 1, Iss. 1, p. 30。

哪一个更优先的问题。① 由于这些论题与结构能动范式的实例研究之间的关系欠紧密,因而下文将略过这方面的争论内容。

第一节 有关"行动者和结构"理论争论

尽管温特1987年发表的《国际关系中的行动者和结构问题》的主旨不是研究国际体系变迁,但这篇文章为建立一种结构能动的范式以研究国际体系变迁打下了基础。

温特主要借鉴吉登斯和巴斯卡的理论,建立一种结构能动的范式,以改变国际关系主流理论把行动者和结构相分离的做法。在1987年的文章中,温特结合吉登斯的结构能动理论和罗伊·巴斯卡的科学实在论及社会活动之转型模式(transformational model of social activity)(简称TMSA),提出了行动者与结构互相构建的基本论断。这主要表现在以下方面:结构能动范式的研究思路、行动者和结构的本质、行动者和结构问题的本质。

温特的结构能动范式的研究思路包括以下四点:第一,与个体主义学者相反,结构能动理论学者接受现实,也认可形成行为体的不可还原的和潜在的无法被观察到的社会结构所具有的解释重要性;第二,与结构主义学说相反,结构能动理论反对功能主义观点,并强调"有必要基于现实原因和意识而创立相应的理论以解释人的目的性和动机";第三,通过将行为体和结构合并纳入某种"辩证综合体系"(该体系克服了个体主义和结构主义的习惯倾向,即将这两者中的某一种置于从属于对方的做法),上述这些对立之处因此得到了化解;第四,结构能动理论主张社会结构与空

---

① Hollis, Martin and Steve Smith, "Structure and Action: Further Comment", *Review of International Studies*, 1992, Vol. 18 (April), pp. 187 – 188; "Two Stories About Structure and Agency", *Review of International Studies*, 1994, 20 (July), pp. 241 – 251; "A Response: Why Epistemology Matters in International Theory", *Review of International Studies*, 1996. Vol. 22 (January), pp. 111 – 116; Jabri, Vivienne, and Stephen Chan, "The Ontologist Always Rings Twice: Two More Stories About Structure and Agency in Reply to Hollis and Smith", *Review of International Studies*, 1996, Vol. 22 (January), pp. 107 – 110.

间和时间结构不可分割,时间和空间因素因此必须被直接和明确地纳入理论化和具体化的社会研究范畴。① 这个研究思路中的第一点、第二点和第四点来自于巴斯卡的科学实在论和社会活动之转型模式。对巴斯卡而言,人总是透过种种有效的行动,将先前已有之自然的或社会的素材加以转化,因此社会本身就是社会性的产物,这与物理或化学的标准概念有着存在论上的差异。其中最为明显的是,"社会结构"这一概念的内涵受制于人的活动、概念、时空与社会关系。在这样的条件下,一方面,人类活动依赖于其所处的既有物质环境(如手段、媒介、资源和规则);另一方面,它也受制于人的意图和与他人的关系,即现存的社会结构既是行动者活动的既存外部条件,同时又是人作为行动者连续不断再造的结果,这就是结构的二元性。② 第三点则根源于吉登斯的结构能动理论。

英国国际政治经济学家约翰·M. 霍布森支持温特用结构能动范式来解决"行动者和结构"问题的做法。他认为,主流理论偏向于行动者和结构这两者中的任何一方的做法存在着弱点,这导致理论解释不平衡,而结构能动范式可以克服这种弱点,寻找一条中间道路。③

对于行动者和结构这两者的本质,温特偏爱英国科学哲学理论家罗伊·巴斯卡对结构的定义,结构被解释为社会关系。温特指出,和结构主义一样,结构能动范式的理论家从生成性的角度把结构界定为一套有着内在联系的要素(行为体、单元)。④ 结构又存在着两种,即内部关系和外部关系。内部关系指要素或行动者自身的组织和构造;外部关系则指要素或

---

① Alexander Wendt, "The Agent-Structure Problem in International Relations Theory", *International Organization* (1987). p. 356.

② Roy Bhaskar, 1987, *Scientific Realism and Human Emancipation*, London: Verso. 1987, pp. 122–123.

③ John M. Hobson &M. Ramesh, "Globalisation Makes of States What States Make of It: Between Agency and Structure in the State/Globalisation Debate", *New Political Economy*, Vol. 7, No. 1, 2002, p. 8.

④ R. Bhaskar, *The Possibility of Naturalism*, pp. 47–56; Alexander Wendt, "The Agent-Structure Problem in International Relations Theory", *International Organization* (1987). p. 357.

行动者所处的社会背景和环境。①

对于行动者，在 1987 年发表的《国际关系中的行动者和结构问题》的文章中，温特偏重于从主观层次来解读行动者的组成要素。他认为行动者由三个方面的要素组成：意识，它可以为行动提供理由；有关于决策的意图；对这些决策和结果进行监控的反思性。很显然，温特此时还没有关注到第二章中所提及的权力要素。②

关于行动者和结构两者之间的关系，温特极力主张给予行动者和结构以本体论上的平等地位。在确定行动者和结构的基本要素之后，结构能动范式就可以使行动者和结构的关系概念化。这种概念化可以理解为：使用行动者和结构中的任何一方来解释另一方的重要属性，并把行动者和结构看成是"互相决定"（codetermined）或者互相建构的。③ 因此，在个体化的和具有相互渗透性的政治权威所导致的全球性结构中看待国家这个行动者时，国家不能被看做是与其所处地位相脱节的孤立要素。离开了在国际体系中所处的地位，国家就成了不可想象的事物。④

从结构能动范式来看沃尔兹的结构现实主义理论，温特认为，沃尔兹事实上根本不是他自己所声称的结构主义学者；相反，他是一个本体论上的个体主义学者。就沃尔兹所隐含的个体主义倾向而言，温特认为，体系及其结构都是国家所创造的产物；尽管结构对国家产生了影响，但按照沃尔兹的逻辑，国家必须先于（即从本体论角度上讲）体系及其结构而存在。温特从两个方面断定沃尔兹的理论是个体主义理论。其一，尽管沃尔兹把结构视为约束预设行动者的能动作用的因素，但他没有使结构拥有对国家行动者的生成性作用。生成性作用指结构理论可以用来解释行动者的行为和属性。其二，沃尔兹的结构还原于国家的属性，因此单元对结构发生了控制性的影响。⑤ 简言之，沃尔兹的学说里面没有国家理论。戴维·

---

① Alexander Wendt, "The Agent-Structure Problem in International Relations Theory", *International Organization* 1987, p. 359.
② Ibid.
③ Ibid., p. 359.
④ Ibid., p. 357.
⑤ Ibid., pp. 341–342.

德斯勒也认为,沃尔兹的结构在本体论上是个体主义的。[1]

的确,尽管沃尔兹的结构现实主义中含有国家理论,沃尔兹认为国家是理性、自私和单一的行动者,但这不是将国家理论化,而是有关于国家的假设。沃尔兹声称所有的理论必须有相关的假设,但理论假设并不见得符合现实,[2] 因而从使国家理论化这个角度来看,沃尔兹的理论中没有国家理论。沃尔兹自己也承认,他的理论不需要有关国家的理论。[3] 由于沃尔兹的理论中没有国家理论,而行动者又先于体系及其结构存在,是否研究者就可以像温特一样,断言沃尔兹的理论不是结构主义理论,而是个体主义理论?

在马丁·霍利斯、斯蒂夫·史密斯、约翰·M. 霍布森和科林·怀特看来,沃尔兹的理论是结构主义理论。霍利斯和史密斯两人认为,沃尔兹的理论是一种从结构层次解释国际关系的较为简约的理论。[4] 与温特同属科学实在论阵营的科林·怀特也不同意温特对沃尔兹结构理论的指责,他指出,沃尔兹早就预料到有人会指责他的结构定义是个体主义理论。沃尔兹认为,一国的能力是那个国家的属性,体系内的能力分配则不是国家的属性,而是体系的要素。[5] 因而,温特说沃尔茨的理论不是结构理论,该理论中单元对结构产生了控制性的影响,这难以说得通。

至于温特指责的第一个方面,即结构对行动者没有生成性作用,怀特指出,即使是温特也没有指明行动者的所有属性和行为都可以借助体系结构来解释。在温特1987年的文章里,存在着两种理论化国家属性的途径,第一种途径采取从内部(国内)组织化的结构;第二种途径是依据国家内

---

[1] David Dessler, "What's at Stake in the Agent-Structure Debate?", *International Organization*, Vol. 43, No. 3. (Summer, 1989), p. 449.
[2] 肯尼思·沃尔兹:"反思《国际政治理论》——对我的批评者们的答复";罗伯特·O. 基欧汉编,郭树勇译:《新现实主义及其批判》,北京大学出版社2002年版,第310页。
[3] 肯尼思·沃尔兹著,信强等译:《国际政治理论》,上海人民出版社2003年版,第95页。
[4] Martin Hollis and Steve Smith, *Explaining and Understanding International relations*, Oxford: Clarendon Press, 1990, p. 36.
[5] 肯尼思·沃尔茨著,信强等译:《国际政治理论》,上海人民出版社2003年版,第130页。

嵌于其中的外部（国际层面）和社会关系。① 沃尔兹也接受国内结构会建构国家，只不过他表明这个方面不是他的理论所关心的内容。② 而且，沃尔兹接受如下的可能性：即随着时间的推移，国家的属性会变化；结构也会影响行动者的属性，如社会化和竞争。③ 因而可以说，沃尔兹的理论是结构理论，只不过是不完善的结构理论。用科林·怀特的话来说，它只是一个"薄"结构理论，试图解释结构对国家行为的影响，而不解释结构对国家属性的建构。怀特为沃尔兹辩护道：理论不能总是面面俱到。④

科林·怀特认为，沃尔兹把结构定义为体系内的能力分配，这有着欧洲大陆社会学理论（如艾米尔·涂尔干、塔尔科特·帕森斯和罗伯特·莫顿等人的理论）的根源。以社会学家涂尔干为例，其理论从社会形态学（如人口规模和密度、出生率和死亡等）来定义结构。⑤ 这是一种物质层面的结构定义，而沃尔兹也是从物质层面——国家间的物质能力分配来定义结构，因而体系内行动者间的能力分配是结构的组成部分。

约翰·M. 霍布森也认为沃尔兹的理论是结构理论，并沿着约翰·鲁杰的思路对沃尔兹的理论进行了改造。霍布森试图在沃尔兹理论的框架内建立起一种结构能动范式，他认为，沃尔兹的结构定义的第二个组成部分——行动者间的功能分异——应当被保留下来，而不是排除在外。由于国家的不同政体，国家与非国家行为体的关系紧密程度不同，国家—社会的复合体对国际体系结构的塑造能力也存在着差异，这就使得行动者对结构的能动作用也存在着差异。⑥ 从而，一方面，霍布森保留了沃尔兹的功

---

① Colin Wight, *Agents, Structure and International Relations: Politics as Ontology*, Cambridge University Press, 2006, p. 96.
② 肯尼思·沃尔兹："反思《国际政治理论》——对我的批评者们的答复"，罗伯特·O. 基欧汉编，郭树勇译：《新现实主义及其批判》，北京大学出版社2002年版，第309—310页。
③ 肯尼思·沃尔兹著，信强等译：《国际政治理论》，上海人民出版社2003年版，第99页。
④ Colin Wight, *Agents, Structure and International Relations: Politics as Ontology*, Cambridge University Press, 2006, p. 96.
⑤ Durkheim, Emile, *The Rules of Sociological Method*. London: Free Press, 1964, pp. 50 – 59; Colin Wight, *Agents, Structure and International Relations: Politics as Ontology*, Cambridge University Press, 2006, p. 96.
⑥ 约翰·M. 霍布森著，周劭彦译：《国家与国际关系》，台湾弘智文化事业有限公司2003年版，第312—315页。

能主义解释,即结构约束着行动者的行为;另一方面,强调行动者可以摆脱结构的约束,塑造结构(即无政府状态的行为体的竞争关系)。在霍布森的理论里,国家通过适应战略来顺从无政府状态下的竞争(即结构对行动者的限制);国家也通过退出(retreat)战略来摆脱结构的约束,以缓和无政府状态(即深层结构)下的国际竞争。①

与温特和霍布森对结构的理解以及两人所提出的结构能动范式不同,戴维·德斯勒则偏重于采用另一种结构的定义,以建立一种结构能动范式。德斯勒的结构定义来自于安东尼·吉登斯。吉登斯把结构定义为资源和规则,② 资源是指物质能力,规则被界定为某种媒介。"有关的行为正是通过这种媒介才成为可能,而且也是通过这种媒介,这些行为本身才得以被复制和转换。"③ 德斯勒进而确定出了两类规则:规定性规则和建构性规则。对于行动者和结构之间的关系,德斯勒提出的转型的本体论思想包含以下两个核心论点:其一,结构既帮助促成了行动者行为的发生,同时也制约了其行为的可能性;其二,结构既是行动者行为的中介,也是行动者行为的结果。④

尽管德斯勒采用了吉登斯的结构定义,但对于结构在理论中的本体地位,德斯勒与吉登斯持不同观点,这体现于德斯勒对"行动者和结构"问题的解答。在吉登斯看来,结构是行动者相关活动的一种附带现象。他认为,结构只有一种虚拟的地位(virtual status),而只有行动者的实践活动才使结构呈现出来(instantiate)。在德斯勒的转换模型里,结构是行为的素材(materials);行动者占有相关要素(如规则),而且通过这些要素才能复制和转化有关行为。因而,结构被理解为行为中介,这使结构成为实实在在的现象。此外,从结构变迁来看,德斯勒认为,从理论上讲,作为

---

① 约翰·M. 霍布森著,周劭彦译:《国家与国际关系》,台湾弘智文化事业有限公司2003年版,第322—330页。

② Anthony Giddens, *Profiles and Critiques in Social theory*, Berkeley: University of California Press, 1983 chap. 3.

③ David Dessler, "What's at Stake in the Agent-Structure Debate?", *International Organization*, Vol. 43, No. 3. (Summer, 1989), p. 467.

④ Ibid., pp. 453–456.

一种行为中介,真实存在的结构可以通过行为而改变,任何特定的行为都会复制或者改变社会结构的某些部分。社会行为既是行动者的意图所主导的产物,也是行动者的意图之外的某种附带产物,同时也提供了一种有关规则在行动者和结构关系中存在方式的有用模式,由此,它也奠定了规则理念的基础。① 从这方面来看,虽然德斯勒采用了吉登斯的结构定义,但在结构的本体地位上,德斯勒和温特一样,都坚持巴斯卡的科学实在论和社会活动之转型模式。相比而言,巴斯卡比吉登斯赋予了结构更强的本体地位,结构是实实在在的(actual),并不是虚拟的。②

这种建立在吉登斯和巴斯卡的结构能动理论基础上的结构定义与沃尔兹的结构存在两点不同。第一,它强调结构是行为的媒介和后果,国家通过互动而形成的后果就是结构的组成部分,如通过两国间的结盟行为,形成了联盟的结构;另一方面,结构是行动者后续行为的媒介和手段,两国结盟后就把联盟当成了一种手段,这是结构的组成部分。第二,在把结构定义为行动者的行为后果时,德斯勒扩大了结构的内容。德斯勒通过批判沃尔兹的理论来实现这个目的。他认为,由于沃尔兹主张体系的结构源于对那些在本体论意义上既有的单元的定位(position),所以沃尔兹结构现实主义的本体论可以说具有某种"着眼于定位"的性质,体系是彼此间互动的单元意料之外之后果的产物。对此,德斯勒与基欧汉取得了共鸣,他也认为要在结构中加入制度的成分。德斯勒指出,沃尔兹的结构定义中也包含了规则(无政府状态下的竞争规则)的内容。规则是通过竞争和社会化而实现的,如果行动者抵抗这些规则就要受得惩罚。规则是行动者的行为环境。沃尔兹的规则仅限制和制约着行动者的行为。在转换的本体论模型中,制度是行动者凭借意图而建立的一种结构。规则不但决定着行动者的行为,还内在地体现了行动者的身份。就像主权是国际战争双方内嵌的规则,它决定着双方的身份和行为。尤为重要的是,德斯勒指出,制度是

---

① David Dessler, "What's at Stake in the Agent-Structure Debate?", *International Organization*, Vol. 43, No. 3. (Summer, 1989), pp. 458 – 466.
② Bhaskar, Roy, "Beef Structure and Place: Notes from a Critical Naturalist Perspective", *Journal for the Theory of Social Behaviour*, Vol. 13 (1), pp. 82 – 95.

行动者在互动基础之上的产物。但与基欧汉不同,德斯勒认为,不能在沃尔兹的结构定义中加入规则,以进行一种修补式的理论建构。因为在沃尔兹的结构定义中,排斥行动者的互动。因而,把制度加到结构中,与沃尔兹的结构本体论不相容。[1]

德斯勒有力地论证了规则在结构中的本体地位,也构建了一种行动者和结构互相建构的范式,但他对行动者的相关论述仍是语焉不详,貌似德斯勒试图要提高行动者在结构—行动者问题中的理论地位。行动者可以生成结构,结构作为行动的后果,结构或者是行动者按意图行动的后果,或者是行动者意图之外的产物。意图性是行动者能动作用的体现,因为意图是行动者的属性,这比较好理解,但结构是行动者意图之外的产物如何理解?这与行动者的属性是否有关系,意图之外产生的结构与行动者的能动作用是否有联系?德斯勒对此没有回答。而对该问题的解答是本章第三节将要讨论的问题。

虽然理论界有待增强对行动者的理论化,但有关"行动者和结构"问题的争论加深了学界对行动者和结构两者之间互相建构的认识,推动了对结构的理论化,增强了研究者对结构的理解,使得生成性结构概念的提出和建构主义的兴起成为可能。

第二节 建构主义理论中的生成性结构概念

这里所说的建构主义是温特的主流建构主义。在《国际政治的社会理论》一书和其他相关作品中,温特进一步界定了结构的内涵;创造性地提出了结构的层次性;用生成性结构的概念探讨行动者和结构的关系;使行动者理论化,增强了行动者在理论中的地位;也探讨了结构变迁的可能性。

---

[1] David Dessler, "What's at Stake in the Agent-Structure Debate?", *International Organization*, Vol. 43, No. 3. (Summer, 1989), pp. 458–466.

首先，温特从两个方面界定了结构的内涵。一方面，在批驳了结构现实主义和新自由制度主义有关无政府状态的假设的基础上，鉴定了结构的定义；另一方面，温特还给结构进行了分层，分为宏观结构和微观结构。从第三章的内容可以看出，结构现实主义和新自由制度主义都把无政府状态下的竞争看成结构的先天属性，并由此派生出体系内的自助和权力政治。温特认为，这种假设不具有真实性，原因如下：

第一，无政府性是否必然派生自助性。新现实主义认为，自身安全是行为体的第一考虑。在无政府状态下，没有一个中央权力机构能够保证行为体的安全，行为体只好自行保护自身安全。所以，无政府性必然派生自助性体系。温特的驳论是：即使是在无政府状态下，即使行为体的第一考虑是自身安全，体系也不是必然呈自助性质。当体系呈无政府状态的时候，至少有着两种可能的体系特性：一是如果体系成员相互之间是敌人，那么行为体势必担心自我安全，并且需要依靠自助的方式保证自己的安全，在这种无政府状态下，体系呈现自助性；二是如果体系中的成员相互之间是朋友，行为体就没有必要担心自己的安全受到威胁——行为体相互之间不会形成安全威胁，并且即使受到其他非体系行为体的威胁，也会相互维护安全。在这种无政府状态下，体系不呈现自助性，而呈现助他性。据此，体系是否呈现自助性不在于它是否处于无政府状态，而在于体系内行动者之间的身份关系。①

第二，无政府性未必导致权力政治。权力政治是现实主义对国际关系的一种基本理解，即：国际政治体系结构的无政府特征使国家之间出现不可避免的安全困境，由于体系的自助特征，没有一个权威机构能够保证国家的安全，国家只有通过推行以权力政治为基本内容的对外政策。这是结构的选择，是无政府性自助体系的必然结果。② 针对这一观点，温特指出，

---

① 亚力山大·温特著，秦亚青译：《国际政治的社会理论》，上海人民出版社2000年版，第191—193、318—328页；秦亚青："国际体系的无政府性"，《美国研究》2001年第2期，第138—139页。

② 亚力山大·温特著，秦亚青译：《国际政治的社会理论》，上海人民出版社2000年版，第328—332页。

权力政治是社会建构，不是无政府性必然派生出来的结果。任何促成行动的意义产生于社会互动，权力政治也不例外。为了说明无政府性不可能必然造就权力政治，温特使用了"符号互动论"中第一次相遇的假定：假定自我和他者是两个行动者，没有预先的互动经验，那么他们在第一次相遇时发出的友好或敌意的信息在互动中建立起了朋友还是敌人的关系。[1]

温特认为，既然体系的性质和权力政治的形成取决于国家行为体的互动实践，那么就没有单一的无政府性，也没有单一的无政府逻辑。行为体的互动实践可以造就多种无政府逻辑，建构多种无政府性。无政府性的内涵要放到结构中去理解。

其次，温特详细论述了他对结构的理解。他对结构的理解包括三个要点。其一，他认为，任何结构都包含三个主要因素：物质条件、利益、观念。虽然这三个因素是有联系的，但从某种意义上讲，又是分立的，并起到不同的解释作用。物质的重要意义部分是由利益建构的，但两者又不能等同起来。同样，利益部分地是由观念建构的，但利益和观念也不能等同起来。温特认为，这三个因素可以被剥离开来，作为分立的三种结构：物质结构、利益结构和观念结构。[2] 虽然物质条件是社会结构的重要组成部分，但是一般来说，单凭物质条件能做的解释是很少的，因而温特主张一种理念结构——共有知识或文化。这种结构在本质上就成了一种"观念"或"社会性"结构，国际体系结构的本质是"观念的分配"。最根本的因素是共有知识。共有知识指行动者在一个特定社会环境中共同具有的理解和期望。知识或文化结构在分析意义上对于社会关系的内容是中性的，互为敌人和互为朋友同样都是文化事实。文化有许多具体形式，包括规范、规则、制度、意识形态、组织、威胁体系等，这多种形式有一个共同点，即这些形式表明：存在共同知识的地方都有文化。[3] 其二，物质性因素的作用。温特认为，结构包含物质性因素，如坦克和石油等，这些物质性因

---

[1] 亚力山大·温特著，秦亚青译：《国际政治的社会理论》，上海人民出版社2000年版，第318—328页。

[2] 同上书，第178页。

[3] 同上书，第181页。

素是不可还原为观念性因素的。但在温特眼中,物质性因素本身的意义十分有限,它只有通过社会性结构才能对行动者的行为起到有意义的影响。"如果物质力量的意义不是共有意义的话,那么国际体系的结构仍然不具备文化向度。"① 其三,社会结构存在的条件。温特认为,社会结构不是行动者大脑中的东西,也不是物质性因素造就的东西。社会结构的形成和存在是行动者社会实践的结果。②

从温特对结构的理解来看,结构是文化或者共同知识;物质因素是结构的组成部分,但必须具备共有的意义;结构只能存在于行动者的互动实践之中。那这种文化结构到底是什么?文化结构与行动者的关系又是怎样的呢?在这里温特创造性地提出了两种结构层次的观点。

温特指出,国际政治理论存在着三个分析层次,不是两个层次,这三个层次是单位分析层次、互动分析层次、体系分析层次。世界政治理论研究中有两个结构,一个是宏观结构,另一个是微观结构。宏观结构是指体系层次的结构,而微观结构则指互动层次结构。新现实主义是整体主义的体系理论,沃尔兹明确地说,"通过把国际政治体系的结构和这一体系中相互作用的单位区分开,我们就能够建立国际政治的独立体系"。单位层次和互动层次被认为是个体主义的对外政策研究范畴,不属于结构主义的体系范畴。沃尔兹否定国家间互动结构理论,因互动被划为单位层次而不属于体系层次,沃尔兹理论只讨论体系层次的宏观结构。温特指出,与单位层次上的理论不同,互动层次上的微观结构理论参照体系中各部分之间的互动关系来解释结果。有目的的行动者在作行动选择的时候把"其他国际行动者考虑进来",这就产生了行动者之间的互动。在单位分析层次中行动者独来独往,而在互动分析层次中行动者是社会行为体;一种以由内及外的方式解释行动者的行为,另一种则以由外及内的方式解释行动者行为。进而,温特指出,国家间互动理论与沃尔兹的结构理论有一点相同之

---

① 亚力山大·温特著,秦亚青译:《国际政治的社会理论》,上海人民出版社 2000 年版,第 199—200 页。
② Alexander Wendt, "Constructing International Politics", *International Security*, Vol. 20, No. 1, 1995, pp. 71 – 81.

处：关心国际体系的逻辑。正因如此,这两种理论在这个层次上同样可以被称为"结构"理论。为了避免与沃尔兹理论混淆,温特把互动结构称为"微观"结构。互动层次上的微观结构理论参照体系部分之间的互动关系来解释结果。[1]

那么宏观结构和微观结构有什么区别和联系？相对于文化结构,这两者又有什么意义？温特认为,单元分析层次和微观结构可以解释社会生活中的很多现象,但也有不少现象是这两者不能解释的,宏观结构层次则具备解释力。

那么,宏观层次的解释如何成为可能呢？温特指出,从宏观结构和微观结构的关系来看,宏观结构的产生和再产生只能是微观层次上实践和互动结构的结果。[2] 宏观结构不能被还原为微观结构,但同时又在某种程度上依赖微观结构而存在。这种关系体现宏观结构对微观结构的本体性依附,但是一种非因果、非还原的关系。尽管这种关系体现为不同的形式,但无论呈什么形式,当微观层次状态的同一性导致宏观状态的同一性时,就体现了宏观对微观的依附。这种依附关系体现的不是因果性质的关系,而是建构性质的关系。[3] 因果性质关系的成立须具备三个条件：甲和乙是两个独立的变量；甲发生于乙之前；没有甲,乙就不会发生。建构关系的成立则与因果关系不同,它破坏了因果关系中的两个假设,即独立性和时间上的不对称性（无时间先后）。建构关系体现了两个事物之间的共时存在的关系。如果没有甲,也就不会有乙。微观结构和宏观结构是同时存在的,如果没有微观结构,也就没有宏观结构；[4] 宏观结构的产生和再产生只能是微观层次上行动者的实践和互动结构的结果。宏观结构又不能还原为微观结构,因为许多微观状态可以导致同样一种宏观状态,因而建立相

---

[1] 亚力山大·温特著,秦亚青译：《国际政治的社会理论》,上海人民出版社 2000 年版,第 188 页。

[2] 同上书,第 190—191 页。

[3] 同上书,第 197 页。

[4] 亚历山大·温特："国际关系中的建构关系和因果关系"；提莫·邓恩等主编,周丕启译：《八十年危机：1919—1999 年的国际关系》,新华出版社 2003 年版,第 164—166 页；亚历山大·温特：《国际政治的社会理论》,第 191 页。

对独立的宏观层次理论是可能的。

把结构分为宏观和微观两个层次,对文化结构有何意义呢?温特认为,文化结构中的共同知识对应于微观结构,而集体知识对应于宏观结构。共同知识的存在必须依据以下条件:一个群体中的成员都相信某一命题的真实性;每个成员也认为群体中的其他成员也相信该命题是真的。集体知识不同于共同知识,集体知识指群体所持有的,假以时日可以产生个体行为的宏观层次模式的知识。群体中的成员可能不单独持有那种集体知识,但由于该成员接受集体决定的合法性,承认应该依照集体决定的结果采取行动。[①] 在理论研究方面,共同知识解释具体行动(如沃尔兹的"对外政策"),集体知识解释体系发展趋势(如沃尔兹的"国际政治")。正像一般意义上的宏观/微观关系一样,集体知识依附于共同知识,但不能还原为共同知识,集体知识是独立的客观事实。[②]

对于行动者,同现实主义和新自由制度主义者一样,温特关注的行动者是国家。一方面,温特从国内建构的角度定义国家的概念赋予国家以"躯体";区分两种事物(国家的行为和国家的属性即身份和利益)、四种身份(团体/个体身份、类属身份、角色身份、集体身份)和两种利益(客观利益和主观利益)使国家具有能动作用,并把其比拟为人赋予其"生命";进而证明国家先于国际体系存在的假定。这样,在温特笔下,国家就成为具有"制度法律秩序、有组织暴力、主权和领土的国家—社会复合体",被假定为真实的、单一的、有意图的行为体。[③]

第三,行动者和结构之间的关系。温特认为行动者和结构既是因果关系,也是建构关系。因果关系指行动者和结构之间的"互动"和"相互决定"的关系;建构关系则指行动者和结构两者在"概念上的依赖"或"相互构成"。[④]

[①] 亚力山大·温特著,秦亚青译:《国际政治的社会理论》,上海人民出版社2000年版,第204—205页。温特认为,由于分析的层次不同,共有知识既可能是共同知识,也可能是集体知识。
[②] 同上书,第201页。
[③] 同上书,第247—303页。
[④] 同上书,第207页。

一方面,行动者的互动导致了结构的形成。两个国家在从来没有交往的情况下是没有共有知识的,因此也就没有结构。共有观念的形成取决于行动者之间的互动,是行动者的信念造就了共有知识,而共有知识却要被行动者的实践活动逐渐确认或否定。[①] 温特基于国家行动者的互动实践提出,行动者的互动实践可能造就多种无政府文化。温特概括了三种无政府文化的理想类型,即霍布斯文化、洛克文化和康德文化,这三种体系文化的构成是由行动者之间的互动实践及角色结果决定的。国际体系中存在三种角色结构:敌人、对手和朋友,敌人角色建构霍布斯文化,竞争对手角色建构洛克文化,朋友角色建构康德文化。只有霍布斯文化才是真正的自助体系,在这种敌对的文化中,如果不自助,国家的死亡率很高,古代国际关系体系结构的本质是霍布斯文化。洛克文化的逻辑和霍布斯文化不同,因为洛克文化的角色结构是竞争而不是敌对,竞争的基础是主权。在洛克文化中,国家间彼此尊重主权,遵循"生存和允许他国生存"的原则。竞争对手可能会使用暴力解决争端,但它们使用暴力是有限度的。竞争对手的身份使国家的基本利益成为寻求安全而不是寻求权力和征服。威斯特伐利亚体系是洛克文化。康德文化的基础是友谊的角色结构。朋友之间遵循着非暴力原则和互助原则,不使用战争和战争威胁的暴力方式解决问题,在朋友受到威胁时出手相助。康德文化中的国家利益是共同安全。随着这种文化的内化,利他主义成为国家利益的一部分。康德文化与"北约"之类的多元安全共同体或集体安全相似,而"国际时间会朝康德文化方向发展"。[②]

另一方面,建构主义认为,结构对行动者也有两种作用,一种是因果作用,另一种是建构作用。因果作用是文化结构对行动者行为的限制和影响,而建构作用指文化结构对行动者身份和利益的建构。因果作用是结构现实主义和新自由制度主义理论的核心,然而这两种理论都假定行动者具

[①] Alexander Wendt, "Anarchy is What States Make of It: The social construction of power politics", *International Organization*, 1992, Vol. 46, pp. 391–425.
[②] 亚力山大·温特著,秦亚青译:《国际政治的社会理论》,上海人民出版社2000年版,第六章。

有先验给定的身份和利益。换句话说，行动者的身份是外生给定的，也不会发生变化。温特认为，行动者的再造，行动者身份和利益的再造，来自于结构，尤其来自于互动层次的共同知识（微观结构）。行动者本身也是进行中的互动的后果，是因互动而产生并由互动而建构的。[1]

结构通过自然选择和文化选择两条途径实现对行动者身份和利益的建构。自然选择是指，相对来说，行动者不能很好地适应在资源匮乏的环境中展开竞争，因而不能再造自身，而被具有较好适应性的行动者所代替。自然选择并不是指所有人反对所有人的战争，而是指不同的再造能力。自然选择可以解释文化结构对行动者身份和利益的建构。依据自然选择的逻辑，在霍布斯文化里，利己的和玩弄权力政治的行动者才能得以生存，而如果一些行动者（如国家）没有能够实现成功再造的话，大概是因为这些国家没像那些生存的国家那样玩弄权力政治，因而国家为了生存和再造，就必须服从自然选择的逻辑。由于霍布斯文化决定了行动者之间是敌对的关系，敌人间没有什么相互尊重权力可言，使用暴力没有限度，行动者间拥有敌人的身份。这种文化决定着行动者的利益是消灭对方，以侵占领土、吞并国家为目的战争就是这种文化塑造了国家基本行为方式。

文化选择则指"通过社会习得、模仿或者其他类似的进程，将决定行为的因素从个体到个体，因之也从一代人向另一代人的传播"。无论是在霍布斯文化、洛克文化还是康德文化里，当行动者自我意识到他们认为是"成功"的行动者时，就会模仿在互动中形成的（成功的）身份和利益。所谓成功，包括两个方面：一个是"物质"成功，标志是获得权力和财富；另一个是"地位"成功，标志是获得声望。[2] 在不同的文化结构下，国家可以通过模仿来使自己成为一个利己主义者或利他主义者。在霍布斯文化中，没有面临灭亡之险的国家看到，利他主义者成为利己主义者的牺牲品，进而可能会认定唯一的生存之路是模仿那种以血还血，获得权力政治的身份。依照同样的逻辑，在康德文化里，行动者也会模仿朋友的身

---

[1] 亚力山大·温特著，秦亚青译：《国际政治的社会理论》，上海人民出版社2000年版，第400页。

[2] 同上书，第410页。

份，进而身份决定着采取敌对还是友好的行为。

那么，社会习得如何在结构塑造身份中起作用呢？社会习得就是行为体在国际社会中通过与其他国家的互动实践而相互学习的过程。在特定的文化结构中，行动者通过互动后习得此信息，而行动者的身份和利益也是社会习得的后果。社会习得又分为简单习得和复杂习得。简单习得就是把身份和力量当做给定因素，只强调习得对行为的因果作用；行为体在新的环境下利用新学习的信息更好地实现自己的利益。而复杂习得指随着互动而内化了的共有文化，最终建构了行为体的身份和利益。假定在一个霍布斯文化环境中，如果一个国家把自己定位为他国的朋友，而同时也把他国的反角色定位为朋友，最终会产生什么样的互动结果？从理论上来说，国家在与其他国家互动之前，有着相当大的自由来选择再现自我的方式，但实际上，假定在一个霍布斯文化为主导的国际社会里，一国以朋友的身份与他国互动，但主导文化决定着他国的认知，最后他国可能会把这个国家的友善行为视为一种"伪善"，会认为该国是为了不可告人的目的伪装成这样来欺骗它。这样，它的反馈很可能就会是采取正好相反的行动。[1] 这就体现了主导文化对行动者的身份和利益的建构作用。

最后，温特有关结构变迁的观点。温特认为，国际体系的结构变迁依据于四个主要变量：相互依存、共同命运、同质性、自我约束。前三个主变量是结构变迁的主动或有效原因，第四个（自我约束）是助然或许可原因。也就是说，温特认为当国家相互依存或拥有共同命运或具有同质性时，有利于结构变迁，但是必须得到自我约束变量的配合，因此"自我约束起到了至关重要的作用"。[2]

就"行动者和结构"问题，建构主义的解决方案深化了理论界对该问题的理解。一方面，温特拓展了结构的内涵。与理性主义的结构内涵不同，建构主义赋予了宏观结构以理念主义本体论。结构现实主义从物质主义的视角，把国际体系结构看做物质力量的分配；新自由主义在物质力量

---

[1] 李慧明："国际关系中的国家身份"，《学术论坛》2007年第12期，第69页。
[2] 亚力山大·温特著，秦亚青译：《国际政治的社会理论》，上海人民出版社2000年版，第430—451页。

基础上加入了国际制度，把国际体系看做物质力量加国际制度；而建构主义把结构看做共有知识（观念）的分配。

通过对宏观结构和微观结构的区分，建构主义理论加强了结构对行动者的解释力。在理性主义的结构理论中，对于造就或再造构的解释脱离了行动者及其实践活动，从而"物化"了结构，这使得理性主义结构理论的关注点局限于结构对行动者行为的约束作用。而温特通过引入微观结构—"共同知识"，构建了一个生成性的结构理论。结构对行动者不仅具有约束作用（因果作用），还具有建构作用。文化结构还具有建构行动者的身份和利益的作用（建构性作用）。这增强了理论对行动者的理论化。

对于"行动者和结构"问题，建构主义的解决方案仍然存在着缺陷。尽管建构主义质疑了结构现实主义和新自由主义等理性主义理论对深层结构（无政府状态）的假设，这使得结构变迁成为可能。然而在思考宏观结构的集体知识的变革时，温特认为，文化作为结构的总体，其本身能引起适应新变化的文化调节。在把构成性作用限制于宏观层次之后，温特又转向因果性作用，提出了四个推动结构变迁的主变量，即相互依存、共同命运、同质性和自我约束。可是，正如温特的学生、现为德国法兰克福歌德大学讲师的本杰明·赫布斯（Benjamin Herborth）所指出的，这四个变量中的任何一个都没提到行动者在变迁进程中的创造潜力。前三个条件只是提供了变迁条件，而没有提到行动者自身的能力。自我约束作为一个许可的因素则提到了相关能力，它直接与行动者的属性联系。事实上，自我约束包含着如下假设，更广意义上的集体认同与我们自己抑制本身的意愿有关联，从而能使别人向前跨出（step forward）并认同我们，进而有助于我们能认同他们。如此，集体身份就不是来自预先给定的同质规范或利益，而来自于社会进程中对相互不同的承认。但自制只体现行动者的被动作用，行动者依靠自制可以适应变迁。如果随着相互依赖的长期增长，在共同经历中，就可能产生对共同命运和均质化的理解。这些不是单元层次的因素，而是国际体系的功能。这些只是国际体系的功能。温特解释社会变迁的模型因而也只是表现了一种自由进步主义，而没有给行动者留下空间以利用其现有的可能条件促成变迁,① 这就与温特提出的行动者和结构具有平等本体地位的观点相悖。温特的理论现在变成了"一路到底尽文化"。② 虽然结构和行动在本体上仍是独立的,并相互复杂地纠缠在一起,但它们在本体论上并不平等。相反,在概念上,两者的地位极不对称,生成性结构概念为行动者提供了很多对结构变迁的可能性,但该理论中却缺少了"生成性的行动者概念"。互动层次的微观结构成了一个封闭的结构,而不是生成性的。

赫布斯进一步指出,如果不是经由行动者的互动——如实践(praxis)来产生作用,而只在给定的宏观结构框架里根据宏观结构本身的变化,不依据行动者可供选择的无政府文化进行挑选,以此来探讨结构变迁是不可能实现的。身份和利益是由文化为中介来影响行为,虽然这有可能,但并不是个体行动者所必然能自我意识到的。从一种无政府文化向另一种无政府文化的变迁,就有可能是出自微观层次上的国家间互动。③ 宏观结构、微观结构和依附关系只是揭示行动者为结构提供了微不足道的微观基础,而行动者的作用不会超过在宏观结构所提供的可能性选择。按照因果性逻辑,行动者的确能对结构变迁起作用,但这里缺少了行动者(通过实践praxis)对结构变迁的构成性分析视角。④

建构主义理论的解决方案还存在着另一个缺陷,那就是温特仅关注国家间(inter-state)关系所组成的体系结构。温特是一个坚定的国家中心主义者。他认为,非国家行为体在世界政治中的作用越来越大,但是在仍然

---

① Benjamin Herborth, "The system is under construction: A theoretical exploration of the creativity of social action in International Relations", M. A. Paper, University of Chicago Master of Arts Program in the Social Sciences, August 2003, p. 22.

② John M. Hobson, "Alexander Wendt: Social Theory of International Politics (Review)", American Journal of Sociology, 2000, Vol. 106: 2, p. 521.

③ Drulák, Petr, "The Problem of Structural Change in Alexander Wendt's Social Theory of International Politics", Journal of International Relations and Development, 2001, vol. 4: 4, pp. 363 – 379.

④ Benjamin Herborth, "The system is under construction: A theoretical exploration of the creativity of social action in International Relations", M. A. Paper, University of Chicago Master of Arts Program in the Social Sciences, August 2003, p. 22.

以国家为中心的"国际"体系中,非国家行为体的地位是脆弱的。[①] 在温特看来,尽管在20世纪后期西方国家在市民社会和经济生活中都受到非国家行为体的高度制约,然而国家仍然是最主要的中介体,通过这个中介体,其他行为体对于控制暴力的影响得以输入世界体系。可能非国家行为体正在成为比国家更为重要的变革发起者,但是体系变化最终要通过国家得以完成,人们以国家中心论为由批评国际政治理论是没有任何意义的。他进一步指出,考虑国际政治中控制暴力问题的时候,最终要控制的正是国家。因为国家是现代世界政治中占主导地位的主体形式,所以国家应该是研究全球范围内控制暴力的首要分析单位。[②]

很明显,温特为"国家中心"论辩护的理由有两个要点:一是体系变迁最终要通过国家得以完成;二是国家占主导地位是由问题领域所决定,即控制暴力问题。就第一个要点而言,正如沃尔兹所说的,国家是体系中的主要行动者,因而体系的变迁最终要通过国家来完成。但国家完成体系变迁与非国家行动者推动体系变迁这两者没有矛盾;国家完成体系的变迁并不见得是国家自愿进行的,有可能是在压力集团和倡议集团的组织者和支持者的推动下被迫进行的体系变迁。"9·11"事件和国际反恐战争的发生削弱了温特的第二个辩护理由。"9·11"事件表明,在国际舞台上,私有暴力在恢复其历史上曾经出现过的面貌。反恐战争是一场发生在主权国家(美国)和动用私有暴力的恐怖组织("基地"组织)之间的一场战争。在控制暴力的问题上,美国的目标从主权国家转向了非国家行为体。在全球范围内,对于美国针对恐怖组织的战争,其他主权国家也提供了空前的支持。况且,在世界政治舞台上有很多问题领域,除了控制暴力问题,还有经济合作、环境保护、人道主义救济等问题,这些问题的解决并非要把国家作为首要考虑的对象,与这些问题相关的制度和理念变迁和更新也不能仅靠国家来完成。相反,执著于国家中心论则会使理论对于结构变迁解释乏力。

---

① 亚力山大·温特著,秦亚青译:《国际政治的社会理论》,上海人民出版社2000年版,第441页。
② 同上书,第10—11页。

因而，要更有效地解释国际体系结构的变迁，建立一种更成功的结构能动范式，不但要进一步增强结构能动范式中的行动者理论，还要突破国家中心论的约束，重视非国家行动者在国际体系结构变迁中的能动作用。

第三节 建立一种生成性行动者理论和结构变迁模型

理论界有关"行动者和结构"问题的辩论，为建立一种生成性行动者理论和结构变迁模型提供了可能。从使结构理论化这方面来看，国际关系学者们有五个视角。沃尔兹把结构定义为无政府状态下国家能力的分配。基欧汉则把结构定义为国际制度和国际机制。戴维·德斯勒采用吉登斯的定义，把结构定义为资源和规则。温特在1987年把结构定义为外部和内部关系的总和。在1999年的《国际政治的社会理论》中，他把结构定义为文化。那作为体系变迁标准的结构到底是什么呢？

以上几种结构定义表现了理论建构者的不同侧重点。罗伊·巴斯卡指出，社会生活所发生的领域有多个相互依赖的维度或者活动层面，不同的活动层面上会有不同的结构。[1] 学者们有关结构定义的争论从很多方面来看，只是赋予了某个层面高于其他层面的地位。[2]

从国际关系理论界对相关结构定义的接受度来看，把结构定义为社会关系并不利于建构理论，这可能也正是温特后来改变结构定义的原因。把结构定义为资源和规则，这在国际关系理论界被许多学者接受。如奥诺夫（Nicholas Onuf）坚持这样的定义，克拉托齐尔（Friedrich V. Kratochwil）

---

[1] Bhaskar, R. Plato Etc. *The Problems of Philosophy and Their Resolution*, London: Verso. 1994, p. 96.

[2] Colin Wight, Agents, *Structure and International Relations: Politics as Ontology*, Cambridge University Press, 2006, p. 175.

广泛地支持该定义，而温特也偶尔接受这样的定义。[1] 在1987年的文章中，温特认为，国家体系结构只能借助于某些规则和国家间实践的形式而存在。[2]

在科林·怀特看来，吉登斯的结构理论存在着弱点，这个弱点就是对结构中的物质性因素的忽视。吉登斯在1981年的文章中明确指出，"结构仅当牵连到社会体系的循环生产与再生产的环节（moment）才存在于时空中。结构只有虚拟的存在"。[3] 吉登斯所谓的"虚拟的存在"就体现了一种理念主义的结构概念。温特结合科学实在论，进一步发展了这种理念主义的结构定义，认为结构是一种真实的存在，而不是虚拟的存在。因而，在给结构理论化时，要保留其中理念主义的成分——规则，还要增强其中的物质性因素。

科林·怀特指出，新自由制度主义的结构定义与吉登斯的定义有相通之处。基欧汉提出国际制度和国际机制也是结构，这就便于保留结构中的规则部分。国际机制和国际制度就特指一些正式或非正式的规则。温特把结构定义为文化或共有知识（即主观间意义）。尽管温特试图表明他要建立一种弱势物质主义的结构理论，是为了建立一种相对于沃尔兹物质主义结构概念的理念主义结构，但很明显，温特也受了吉登斯的影响。[4] 因而，结构中的理念主义成分就指制度、规则和文化。

而对结构的物质性因素方面，沃尔兹提供了一种解决方案。结构现实主义的结构指体系内的物质权力分配，这种结构定义有着欧洲大陆社会学的理论根源。因而，从物质力量的分配来定义结构具有合理性。

---

[1] Kubálková, Vendulka, "Foreign policy, International Politics and Constructivism", In *Foreign Policy in a Constructed World*, edited by Vendulka Kubálková, London: M. E. Sharpe, 2001, p. 64.

[2] Alexander E. Wendt, "The Agent-Structure Problem in International Relations Theory", *International Organization*, Vol. 41, 3. Summer1987, p. 359.

[3] Giddens, A. *A Contemporary Critique of Historical materialism*, Berkeley: University of California Press. 1981, p. 26.

[4] Colin Wight, *Agents, Structure and International Relations: Politics as Ontology*, Cambridge University Press, 2006, p. 138；温特采用吉登斯的结构概念还可参见于：Wendt A., "Bridging the Theory/Meta-Theory Gap in International Relations", *Rview of International Studies*, 1991, Vol. 17 (October), pp. 383–392。

不过，为了使结构的定义中能包含非国家行为体的内容，还要对沃尔兹的物质结构定义进行改造，沃尔兹的结构定义也为这种改造留下了空间。沃尔兹的结构定义明显受到材料科学的影响，这可以从沃尔兹的结构现实主义理论中找到两个证据。沃尔兹采用了材料科学中的术语——"织构"（texture）一词。沃尔兹指出，国际政治的"织构"保持着高度的恒定，模式不断重现，相同的事件无休止地重复出现。[1] 另一个证据是，沃尔兹的结构理论中包含了"择优取向"的概念。材料科学中织构的内涵指多晶集合体中的各晶粒会沿着某些方向排列，呈现出统计学上所说的或多或少的不均匀分布，即出现在某些方向上聚集排列，因而在这些方向上出现取向概率增大的现象，这种现象叫做择优取向。[2] 依这种概念，沃尔兹把国家列为国际政治体系中的主要行为体，并择优那些大国的物质性权力的排序来界定国际政治结构。然而，自20世纪末以来，在全球化的背景下，通讯、交通尤其是信息技术的革命，造成了资本、商品、信息以及人的全球范围的空前流动，加之大规模杀伤性武器的存在，大国间以破坏性权力来追求国家利益的机会减少了，更加上通信和运输成本的降低，一些弱小的行为体可以消费这种破坏性权力，因而在国际政治体系的物质性权力结构的排序中，要增加对一些包括非国家行为体在内的弱小行为体的地位，而不能再局限于主要大国。

另一方面，在行动者的物质性权力受限的同时，生产性权力、制定规则的权力、话语权力和影响决策的权力等非物质性权力的作用则有所上升。与军事和经济领域的物质性权力不同，非物质性权力不建立在领土和使用武力的基础之上，而是建基于实施权力的环境（如专业知识、公众意识等）。[3] 由于非国家行为体比国家更方便与草根阶层接触，其在动用这些非物质权力方面比国家更占有优势。生产性权力是对那些大型的跨国公司而言的。显著的例子是，20世纪90年代中期，波音、麦道、可口

---

[1] Kenneth N Waltz, *Theory of International Politics*, New York: Random House, 1979, p. 66.
[2] 丘利、胡玉和编著：《X射线衍射技术及设备》，冶金工业出版社1999年版，第188页。
[3] Anna Holzscheiter, "Discourse as Capability: Non-State Actors' Capital in Global Governance", *Millennium-Journal of International Studies*, 2005; Vol. 33; pp. 725 – 735.

可乐、IBM 等跨国公司推动美国政府把人权和中国最惠国待遇问题相脱钩。"禁止使用地雷国际运动"、"禧年 2000 减免债务倡议"、"公民反对多边投资协定"等非国家行为体，将人权、社会正义或环境等领域内的问题提到全球政治议程，或提高这些问题在议程中的重要性。而在 1992 年里约会议、1993 年维也纳会议、1995 年北京会议等联合国召开的会议中，非政府组织表现了制定规则的权力。到了 20 世纪末，非国家行为体的数量和种类剧增。从数量和种类来看，世界上有 3.8 万多个重要的跨国公司，约 1 万个国际性非政府组织，300 个类似于联合国的政府间国际组织。[①] 按照材料科学中的"择优取向"来理解，在非物质性权力地位上升以及非政府组织数量和种类增多的背景下，在把结构界定为行动者的权力分配时，结构理论也应该包括非国家行为体，还要考虑这些非物质性权力。

　　因而，结构既可以是非物质权力和物质性权力的分配，也可以是体系内的制度或者国际机制，还可以是体系内的文化分配。此外，这种综合的结构理论还要加入温特对宏观结构和微观结构所做的区分。

　　要建立起一个生成性行动者的理论，主流理论能提供多少理论支持呢？从严格意义上讲，结构现实主义和新自由制度主义缺乏有关行动者的理论。温特批判结构现实主义理论和新自由制度主义把行动者的身份和利益看成是外生给定、固定不变的。他认为，不同的无政府文化可以建构行动者不同的身份和利益，因而建构主义理论从结构角度使行动者理论化。尽管温特提升了行动者在理论中的地位，但更精确地讲，这种理论化的方法只体现了结构对行动者的生成关系，是对结构现实主义和新自由制度主义对行动者和结构问题的解决方案的发展，把结构对行动者的作用从功能性发展到生成性，从结构对行动者行为的约束作用发展到结构对行动者身

[①] Peter Willetts, "Transnational Actors and International Organization in Global Politics", In John Baylis and Steve Smith, eds., *The Globalization of World Politics: An Introduction to International Relations*. Oxford: Oxford University Press, 1999, p. 288. 对非国家行为体的数量，学者们见仁见智，如斯蒂芬·克拉斯纳认为，非政府组织只有 17000 个，参见 "Sovereignty", *Foreign Policy*, No. 122. (Jan.-Feb 2001), p. 26。

份和利益的建构作用。尽管温特的理论中暗含了行动者的实践会生成结构，但他的理论无法回答行动者是如何通过实践生成结构的。温特只是建构了一种生成性结构的理论，却压抑了有关行动者的理论。对此，温特自己也予以承认。[①]

经典现实主义理论在行动者的体制能力等属性和均势结构之间建立了联系。一方面，没有一个最高权威作为仲裁者的国际体系使国家间因竞争和模仿而相互类似，这体现了结构对行动者的约束作用。另一方面，由于均势结构的形成存在不充足性，稳定的体系结构与行动者的体制能力密切相关，在民众日益卷入到外交事务的情形下，行动者要有意图地利用外交能力才能建构起均势结构该行动者理论强调行动者的意图性和能力。该行动者理论暗含了一种生成性的行动者理论。经典现实主义也没有提出一个明确的生成行动者理论。

在笔者来看，要在行动者的能动作用和制度结构与文化结构之间建立起生成关系，并建立起一个结构变迁模型，则需要解决如下几个问题：行动者和结构之间的关系是二重性（duality）的还是二元性（dualism）的？如何结合摩根索和本书第二章有关行动者的定义发展出包含非国家行为体的能动者理论？如何结合行动者与结构之间的关系和能动者理论以建立一个解释结构变迁的模型？

要搞清楚行动者和结构之间的关系，就要涉及到行动者和结构两者关系的二元对立。行动者和结构的二元对立指行动者和结构是两个独立的现象，在解释现象中彼此对立。行动者和结构的二元对立有两种典型情形：一种是强行动者而弱结构的理论，这类理论把行为体看做是有目的的行动者，这些行动者知道他们自己是这样的，而且有很多理由可以解释他们所做的一切；但是，它们几乎没有什么方法来应对功能主义者和结构方法所面临的大量的相当正确的问题——强制性问题（即结构对行动者的约束力或胁迫性力量）、大规模的社会组织问题等。如摩根索的理论的经典现实

[①] 秦亚青、亚历山大·温特："建构主义的发展空间"，《世界经济与政治》2005年第1期，第2页。

主义理论。第二种是"强结构而弱行动",如沃尔兹和基欧汉的功能主义和结构主义理论。行动者往往被看做是惰性的、无能的——受外在力量的召唤而非自身的支配。

吉登斯和巴斯卡的理论就是要超越以上理论中的行动者和结构的二元对立。吉登斯试图借助所谓的"结构二重性"解决这种对立。"结构二重性"是指行动者和结构是完全融合在一起的,用温特的比喻,就是行动者和结构是一个硬币的正反两面,而不是时间范畴内互相作用的两个独立现象。[①]

巴斯卡则认为,行动者和结构的关系是二元性(下文简称结构二元性)的。[②] 结构二元性保持了行动者和结构是两个独立的现象这一观点,但行动者和结构是相互联系而并不是完全对立的关系,结构对行动者的作用既具有约束性又具有助然性(enabling)。巴斯卡指出,社会结构的存在是任何行动者行为时不可缺少的条件,结构为行动者的行为提供了手段(means)、媒介、规则和资源。[③] 而且,在行动者所做的每一件事中,结构约束力不会在脱离行动者的意图和理由的情况下独立发挥作用。[④]

结构二重性和结构二元性都试图使行动者和结构这两个要素在解释社会现象时具有平等的本体地位,那么行动者和结构的关系到底是二元性还是二重性的呢? 在温特看来,行动者的内在力量对行动者的行为具有解释力。行动者自身在社会理论的解释中起到了不可还原到结构的作用。进而,温特又区分了个体性本身和个体性所处的条件这两个因素。个体性本身指个体行动者自身的属性,而个体性条件则指个体行动者构成属性中从本质上依赖于结构、依赖于普遍化的他者的那部分。个体性本身和个体性所处的条件这两者的区别可以表明个体行动者和结构之间的关系是既相互独立又相互依赖的。温特认为,行动者和结构的关系既是二重性的,也是

[①] 亚力山大·温特著,秦亚青译:《国际政治的社会理论》,上海人民出版社 2000 年版,第 224 页。

[②] Bhaskar, Roy, *Dialectic The Pulse of Freedom*, London: verso, 1993, p. 160.

[③] Bhaskar, Roy, *Reclaiming Reality: a Critical Introduction to Contemporary Philosophy*. London: Verso, 1989. pp. 3 – 4.

[④] Ibid., p. 4.

二元性的。[1] 英国伦敦经济学院的著名社会学家穆泽利斯（Nicos mouzelis）又进一步明确了结构二重性和二元性存在的条件，他认为在社会系统中，行动者和结构的二重性和二元性都存在：二重性发生在行动者照常复制以往的结构；二元性则指行动者出于战略或者监控自己行为的需要而远离结构。[2] 因而，行动者和结构的关系既是二重性的，也是二元性的。要解释结构变迁，既要考虑结构二重性，也要顾及结构二元性。

结构二重性和二元性体现了行动者和结构之间既相互独立又相互依赖的关系。根据科学实在论，结构是真实的存在。按穆泽利斯的解释，在结构二重性和二元性的解释中，任何行动者都要面临现存的结构。在结构二重性的理论中，行动者是复制既存结构；而在结构二元性理论中，行动者则远离结构。由于行动者对结构的对策不同，结构二重性和二元性理论对结构变迁的解释也有差异。

第一，当结构具有二元性特征时，变迁是如何实现的呢？英国社会学家玛格丽特·阿彻（Margaret Archer）认为，结构二元性的理论分析意味着：社会结构所呈现出的必然特征暗示了初始互动与这种互动的结果（比初始体系更复杂的体系）两者之间存在不连续性。阿彻所谓的比初始体系更复杂的体系其实是指一种新生的结构体系。阿彻进一步指出，行为自然具有永不间断性，而且它对体系的延续和进一步饰化（elaboration）来说都是必要的；由此，在新生的结构中，行动者的互动因受到所处结构的制约而呈现出了与先前行为不同的特点。因此，阿彻提出了结构变迁的大概模式，这种模式具有新旧结构更替的时序性，它涉及到无穷无尽的循环（即结构性状态—社会互动—结构饰化之循环），也展示出了行动者和结构之间的辩证互动关系。上述理论是以两个本体论假设为前提的，其一是"结构从逻辑上讲先于使其发生变化的行为"；其二是"结构饰化从逻辑上

---

[1] 亚力山大·温特著，秦亚青译：《国际政治的社会理论》，上海人民出版社2000年版，第226—229页。

[2] Mouzelis, Nicos, *Sociological Theory: What Went Wrong?* London & New York: Routledge. 1995, p. 56.

讲后于那些行为"。①

尽管阿彻提供了一种结构变迁模型,但他没有回答新旧结构变更的临界点,也就是说,没有回答行动者是在何时,又是如何发挥能动作用来推动结构变迁这个问题,因而其理论很难有说服力。要回答这个问题,就要回到行动者的属性和行动者的互动上。本书第二章把行动者的属性界定为权力和意图。那么行动者的互动有什么意义呢?行动者的属性和互动如何共同作用推动结构变迁呢?本杰明·赫布斯认为,实用主义哲学家、符号互动论的代表人赫伯特·米德的社会学理论有助于回答以上问题。②

米德的符号互动论有两个论点回答了上面的问题。首先,米德探讨了互动的进程,尤其是初次遭遇后形成的风格化互动方式。无论是不同文明背景下的人们的初次接触,还是前语言时期的动物之间的初次接触(借助于姿势语言),互动使得人们的行为(conduct)具有社会意义。早期的互动为行动提供了一系列的假定可能,在这些可能选项中,行动的意义不在于行动者做了什么,而在于行动者为什么没有选择其他的可能做法。也就是行动者属性中"意图"的来源。

其次,米德通过区分"主我"(I)和"宾我"(me),系统地考察了行动在行动者和结构问题中的地位。米德认为,在社会领域,社会个体化的出发点是社会群体,自我和他者的区分是相互依赖而存在的。在具体的互动中,虽然不是具重要意义的他者塑造"自我"的身份,但正是有组织的社区或者社会群体给予了个体"自我的性质"(unity of self)。③

对行动者身份(自我)的构建存在着两个维度。首先,日常行为依赖于既定的常规(routine)。这些常规反映了其他行动者对行动者行为的预期。这样,行动者的"主我"就变成"宾我",有意义的日常交流也就有

---

① Margaret Archer, "Structuration Versus Morphogenesis", In *Macro-sociological Theory: Perspectives on Sociological Theory*, 1985, Vol. 1, cited by S. N. Helle. Newbury Park, CA: Sage Publications. p. 61.

② Mustafa Emirbayer and Ann Mische, "What Is Agency?", *American Journal of Sociology*, 1998, Vol. 103, No. 4, p. 969.

③ George Herbert Mead, *Mind, Self, and Society*, Chicago: U of C Press, 1962 (1934), p. 154.

可能在旧结构的框架里铺展开。其次，常规是习惯化、日常化的事物，只会在解决旧情境中的问题时才成为可能。如果出现新的问题情境，而常规不能解决这样的问题情境时，行动者的创造性就被激发了出来。

赫布斯认为，问题情境并不是指行动者受到的冲击（shock），如通常意义上国际关系中的危机，而是指先前建立起来的稳定常规出现了问题，不能解决新问题，并被新的解决办法代替。[1] 行动者对相关行为和结构进行反思，这样处于现实问题情境中的行动者就会成为推动变革的创造性行动者并拥有相关的革新性理念。在马克斯·韦伯的视野里，革新[2]并不仅指具有对他者施加影响超凡的个人魅力，而且还指具有特别说服能力而引起制度变迁的理念。因而，在世界政治领域内，革新并不仅指个体的超凡特质，还指个体的一些理念。[3]

然而，仅仅存在变迁结构的理念和变革者尚不能推动结构的变迁，这里还要加上被赫布斯所忽视的权力因素。尽管革新的首倡者因为其个体的超凡特质而赢得广大的支持者，但他还需要拥有较强的权力（如内部体制能力、破坏性权力、生产性权力、选择话语的能力、决策的能力及制定规则的能力）才能推动结构的变迁。由于行动者藉此而展开的互动方式不同，结构变迁的过程和后果也存在差异。双边互动会促成变迁由微观结构慢慢向宏观结构延伸，最后引起宏观结构的变迁。如国际禁雷运动就是以支持者之间的双边互动开始，进而逐渐实现国际社会对禁雷问题的共识，这是一个渐变、量变引起质变的过程。而多边互动，尤其是在有多国参加的框架协议里，会引起结构的突变，如联合国的维和和调动机制就是行动者在多边框架里建立的制度规则。在东帝汶等地的维和事例中，联合国就超越了国际体系里既有的主权规则。

---

[1] Benjamin Herborth, "The system is under construction: A theoretical exploration of the creativity of social action in International Relations", M. A. Paper, University of Chicago Master of Arts Program in the Social Sciences, August 2003, pp. 29–30.

[2] 又称为查里斯马式的革新。

[3] Benjamin Herborth, "The system is under construction: A theoretical exploration of the creativity of social action in International Relations", M. A. Paper, University of Chicago Master of Arts Program in the Social Sciences, August 2003, pp. 45–46.

从本杰明·赫布斯对结构变迁的解释来看,他偏重于解释能动作用中的意图属性。在这一点上,他深受其导师温特的影响,因为温特在2003年发表的有关行动者的文章里也极力强调意图和变革性意图与结构变迁的关系。如果把本杰明·赫布斯有关行动者互动的问题情境的观点、温特有关行动者属性的界定结合起来,再嫁接到阿彻的结构变迁模型上,就可以清晰地建构起一种二元性的结构变迁模型。

第二,结构二重性理论有关结构变迁的解释。吉登斯的结构能动理论过于强调旧有结构的虚拟存在,这里所说的是被温特(通过科学实在论)改造过的吉登斯理论,换句话说,旧有结构是真实存在的。不过,吉登斯理论中的结构变迁模型的解释力不会因此而削弱。

与温特和赫布斯关注能动作用中的意图属性不同,吉登斯不但关注意图属性与结构变迁的关系,还关注行动者有意图行动的意外后果与结构变迁之间的关系。前文所提及的德斯勒对结构和能动者问题的文章,就是从吉登斯的理论中获得了灵感,并试图建立一种因行动者有意图的行动而带来结构和平变迁的理论。[①] 但在吉登斯看来,过于强调意图性与结构变迁的联系存在着缺陷。他指出,"在那些可以视作能动作用实例的实践里,它也只是在某种描述下才是有意图的,因为这种判定混淆了确定能动作用与给出行为描述这两种过程;对于个体实施的行动,我们不能错误地将它可以被描述的特性当成个体对它持续的监控过程"。[②] 他认为,社会行动者作为一名社会成员,首要的资格是具有能动性。但吉登斯所强调的能动作用与对能动性的一般看法(即强调行动者的意图属性)有极大的差异。他对能动作用的看法如下,"能动作用不仅仅指人们在做事情时所具有的意图,而是首先指他们做这些事情的能力。能动作用涉及个人充当行动者的那些实践,即在行为既有顺序的任一阶段,个人都可以用不同的方式来行事。倘若这个人不曾介入,所发生的事或许就不会发生。行动是一个持续不断的过程,是一种流。在这个过程里,行动者维持着对自己的反思性监

[①] David Dessler, "What's at Stake in the Agent-Structure Debate?", *International Organization*, Vol. 43, No. 3. Summer, 1989, p. 472.

[②] 安东尼·吉登斯:《社会的构成》,生活·读书·新知三联书店1998年版,第76页。

控，而这种监控对于行动者在整个日常生活中习以为常地维续着对自身的控制而言，又是十分关键的因素。个体所维持的反思性监控至为重要。许多事情并不是我有意去做的，或者也并不是我想要这么做的，可却都是由我造成的，不管怎么说，我的确是做了。相反，还有些情况是我完成某事，也的确完成了它，但却并非借助于我的能动作用"。① 吉登斯对能动作用做出这样的界定，表明了他把能动作用看做是一种"所做"而不是一种"所欲"。正是对能动作用做了这样的界定，吉登斯才能把能动作用与权力概念逻辑性地关联起来，这种关联是以《牛津英语辞典》中对"agent"词条的解释即"行使权力或造成某种效果的人"为基础的。事实上，吉登斯偏重于从权力的角度解释结构变迁，这也打破了一种传统的看法，即认为行动者和结构之间的二元对立是主观和客观的二元对立。但鉴于吉登斯对行动者能动作用的理解，由于权力可以是客观的，那行动者与结构之间的关系就不能完全用主观与客观的对立来描述。

由上可见，吉登斯提升了权力特性在行动者的能动作用中的地位。在他看来，权力是一种能够转换一种方式行事的能力，是个人成为社会成员的一个资格。正像吉登斯指出的那样，"有能力'换一种方式行事'，就是说能够介入、干预这个世界，或是能够摆脱这种干预，同时产生影响实践的特定过程或事态的效果。这就假定行动者能够（在日程生活流中周而复始地）实施一系列具有因果关系性质的权力，包括那些影响他人所实施之权力的权力。个体有能力'改变'既定事态或事件进程，这种能力正是能动作用的基础。如果一个人丧失了这种'改变'能力，即实施某种权力的能力，那么他就不再成其为一个行动者"。②

吉登斯提升权力在能动者属性中的地位，并不等于否认意图的作用，毕竟行动者的行动多多少少都存在着意图性。结构二重性理论对结构变迁的解释兼顾意图和权力这两个要素。他特别关注有意图行动的意外后果。吉登斯将意外后果界定为"非意图后果"（unintended consequences/out-

---

① 安东尼·吉登斯：《社会的构成》，生活·读书·新知三联书店1998年版，第69页。
② 同上书，第76页。

comes），这种非意图后果与结构变迁的关联体现在以下三种情况。一是行动的"接续效应"，即某一初始情境引发了一系列后继事件的累积，如马克斯·韦伯分析了马拉松平原战役如何影响了希腊文明在此之后的发展，并进而影响了欧洲整体文化的型塑过程和结构。二是由各种有意图行为的复合造成的"不合人意的效应"，即多个有意行动聚合在一起的最终结果偏了每个人的意图。[1] 后者类似于恩格斯所说的"历史合力"。就如许多战争发生后，战后政治结构的变迁有悖于各交战方的战前意愿。三是第三种情况。在这种情况下，研究者的兴趣在于制度化实践再生的机制。在这里，行动的意外后果以某种非反思性的反馈圈（non-reflexive feedback cycle）[即因果循环（causal loops）]的形式，构成了进一步行动的条件。对这些条件，行动者是有所认识的。意外后果的反馈圈不断反复，使社会特征得以在漫长的时间里完成自身的再生产的原因是：定位在某一时空情境里的重复性活动，会在相对自身情境而言较为"遥远"的时空情境中产生例行化的后果，而这并不是参与这些活动的那些人意图之中的结果。这与原初情境相距甚远的情境中发生的事件，又会直接或间接地影响到原初情境下的行动者以后所面临的条件。

因而，笔者在这里结合吉登斯的"非意图后果"的相关论点，恢复了被温特和赫布斯所忽视的非变革性意图情况下的结构变迁。这不是说非变革性意图会推动结构变迁，而是说非变革性意图会为结构变迁提供可能，而结构变迁的真正原因是行动者的权力，这样就建构起一种结构二重性的结构变迁模型。结构二重性理论的解释对宏观结构和微观结构的变迁都具有解释力。行动者依靠自己所拥有的权力例行化地复制旧的微观结构，但后续一系列事件的累积偏离了初始行动者的原有意图，进而推动了微观结构的变迁。另一方面，多个行动者同时有意图地发挥能动作用，而这些行动者的意图和权力的共同作用导致了宏观结构层面的变迁。

综上所述，行动者的能动作用总是在一定的结构背景之下才能实现，这种结构背景也就是行动者推动变迁的初始结构。一方面，这种结构限制

---

[1] 安东尼·吉登斯：《社会的构成》，生活·读书·新知三联书店1998年版，第74—75页。

和约束着行动者的选择；另一方面，这种结构也总具有助然性（enabling）。当现有的结构面临问题情境时，行动者就可以有意图地利用自己所拥有的权力资源来推动结构的变迁。这些权力资源包括破坏性权力、生产性权力、决策性权力、选择话语的权力、制定规则的权力以及自身的体制能力等类型。由于行动者不同、问题领域不同，行动者并不一定要同时拥有以上的每一种权力。结构变迁还会在另一种情况下发生，也就是行动者照常复制现在的结构，不过，由于以上所提及的权力因素的原因，或者由于某一行动者在某一问题领域的某一项权力超过其他行动者，在复制以往结构的情形时也会出现意图之外的结构变迁。结构变迁则指体系内的权力分配、国际制度或者国际机制和体系内的无政府文化。这里的结构既指宏观结构，也指互动层次上的微观结构。而现实主义理论中所提到的竞争和模仿是推动微观结构的变迁向宏观结构转变的桥梁。综上，我们可以建立一个结构变迁的理论模型（见图4—1）。

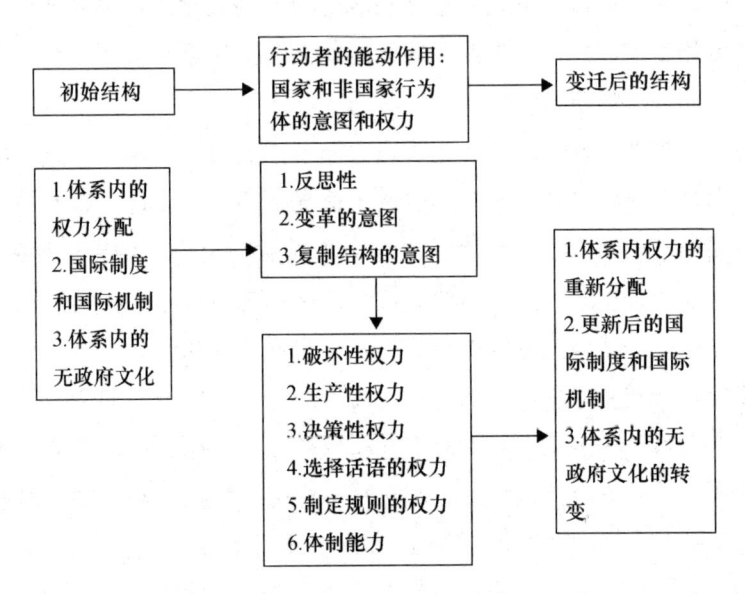

图4—1 生成性行动者的结构变迁解释模式

在世界政治体系中，权力既指破坏性权力、生产性权力，也指决策性权力、选择话语的权力、制定规则的权力。非国家行为体不但有破坏性权力（如恐怖组织）、生产性权力（如跨国公司），也有决策性权力、选择话语的权力和制定规则的权力。尽管一般而言，非国家行为体所拥有的权力要比国家行动者要少。国际体系的变迁主要由国家完成，但非国家行为体与世界体系结构之间的关联越来越多。在世界政治体系中，它们正在深深卷入到无数的问题领域中。政府间国际组织、跨政府行为体、跨国公司组织和跨国非公司行为体的很多资源是国家没有而又想得到的，如专业知识、商业利润和政治支持，因而它们与世界政治体系的发展进程息息相关。承认非国家行为体与世界政治进程的关联，就无法否认非国家行为体与世界政治结构变迁两者之间的关联性。①

在某些情况下，体系变迁并非仅仅由国家完成，而是非国家行为体有意图变革或有意图行动的意外后果。

首先，和国家一样，非国家行为体也拥有破坏性权力和生产性权力。它们模仿国家，并用这些权力推动结构变迁。在跨国非公司行为体这一类别里，存在着一些使用暴力的行为体，如恐怖组织或跨国犯罪组织。这类非国家行为体拥有破坏性权力，其行动的意外后果从两个方面塑造国际体系中的权力分配。一方面，如果它们袭击一个没有任何其他挑战而处于权力巅峰的强国，那有可能会使这个强国增强权力。具体地讲，这样的强国有更多未使用的能力来对付这些行为体，例如，17世纪英国反海盗的努力使其转移资源去建立了一个强大的海军。海盗的袭击使英国增强了海军的实力，也为此后英国成为世界上最强大的海军奠定了基础。另一方面，这些暴力的非国家行为体对一个正在兴起的强国的袭击，也会限制该强国的崛起，因为这类强国会集中精力追赶体系内的竞争对手或者敌人。此时，新兴强国缺少或者没有足够的闲置资源，要应付这些暴力非国家行为体，则需要转移部分本来用于与对手或者敌国竞争的资源，而这会束缚或者逆

---

① Bas Arts, Regimes, "Non-State Actors and the State System: A 'Structurational' Regime Model", *European Journal of International Relations*, 2000; Vol. 6; p. 528.

阻（reverses）这些强国的兴起。[①] 如19世纪下半叶，布尔人游击队反对英国的战争削弱了英国的实力，并因此改变了欧洲大国间的权力分配。在当代，这类非国家行为体主要在非洲、中东等地区活动。1998年它们袭击了美国驻肯尼亚和坦桑尼亚的大使馆，还轰炸了美国在也门港口的船只。2001年以来，"基地"组织先后袭击了美国、英国、西班牙和印度。主权国家在安全决策时不得不考虑这类破坏性权力。可以说，非国家行为体持续地使用这类破坏性权力，将会继续推动国际体系内权力分布的变化。

而拥有生产性权力的非国家行为体是跨国公司。跨国公司拥有生产性权力，与国际体系的关联更密切。就与国家关系来看，在税收、社会福利、经济增长、就业和环境等问题上，国家依赖于这类行为体。跨国公司与国家之间的这种关系为推动国家实现国际体系的变迁提供了可能。凭这些生产性权力，跨国公司可以有意图地变革国际政治体系中的制度结构。在限制冲突钻石[②]问题上，跨国公司对于建立新的国际制度或理念产生了很强的能动作用。在安哥拉和塞拉利昂，冲突钻石是反叛集团争取安哥拉彻底独立全国联盟（安盟）和革命联合阵线（联阵）的经费来源，而这两个组织都在采取违背国际社会在两国恢复和平宗旨的行动。尽管限制冲突钻石这一问题最初由非政府组织——"全球证人组织"（Global Witness）发起，但真正使这种原则得到实现的是跨国公司——世界上最大的钻石生产公司"戴·比尔斯"（De Beers）集团。比尔斯集团意识到：交易冲突钻石是有害的商业行为，而建立相对简单的合法钻石贸易体系可以堵住非法钻石的流通。此后，在说服竞争者和相关国家及其下属机构限制冲突钻石贸易，并使它们同意建立规范钻石贸易的体系方面，比尔斯起了重要作用。正是在这个公司和其他一些相同理念的非国家行为体的影响和推动下，2000年12月1日联合国大会一致通过了一项关于钻石在助长冲突方面的作用的决议，切断了粗金刚石的非法交易与武装冲突之间的联系，以

---

① Bogatyrenko, Olga, "Powerful Rebels? Violent Non-State Actors and Great Power Decline", http：//www.allacademic.com/meta/p_ mla_ apa_ research_ citation/0/9/9/7/8/p99781_ index.html.

② 冲突钻石指产自那些与国际公认的合法政府对立的部队或派别控制地区的钻石，被用来资助反对这些政府或违反安全理事会决定的军事行动。

此帮助防止和解决冲突（A/RES/55/56）。大会在审议这一议程项目时确认冲突钻石是致使非洲部分地区的残酷战争延续下去的一个重要因素，该决议要求各国政府、政府间和非政府组织、钻石商、金融机构、军火制造商、社会和教育机构及其他民间社会团体需要共同努力，要求严格执行制裁，鼓励建立真正的和平。① 这使得反冲突钻石的交易成为国际间承认的一项规则，限制冲突钻石交易的规则减少了一些钻石生产国的政治不稳定。②

其次，在某些领域里，国家想要推动结构变迁，但又有心无力。一些因素阻碍着国家对国际体系的建构，最主要的因素是国家的关注点太多；国家必须尽力达成广泛领域里的多个目标，然而这些目标常常相互排斥。在众多的目标面前，国家面临着抉择，因为不能把所有的目标都置于优先地位。国家的内部结构、政府不同部门之间的资源之争也恶化了这种不利处境。与国家不同，非国家行为体则没有这方面的局限，并有着更强的意图在某些被国家视为非当务之急的领域内建立国际制度或机制，或通过其权力推动观念结构的变迁。③ 这方面的突出例子是非政府组织"透明国际"（Transparency International）对国际反腐败体系的建构。"透明国际"的目标是动员人们组成全球联盟以推动形成和增强国际和国内的廉政体系，为此，"透明国际"采取了三方面的行动。一是与发展中国家的领导人发展紧密的联系，如奥巴桑乔；进而在世界上的主要社会明确发布自己的信息，在这些社会建立起信誉，并制定符合这些社会的领导精英们需求的反腐规则和制度。二是在一些有影响力的媒体（如《财经时报》）上公开宣传其启动项目和相关工作，并独立发表《全球反腐败年度报告》。三是构造出评估腐败的方法，并给众多国家的贪腐程度（如清廉指数和行贿指数）排名。此外，为了奖励那些敢于揭露腐败、坚持真理的人士，"透明国际"每年还颁发一次"清廉奖"，给那些勇于揭露腐败行为的人士以舆

---

① 联合国大会文件，A/RES/55/56。
② See www.globalwitness.org.
③ Klingensmith, Mary Lou, *Non-state actors in global political processes: A social systems approach*, University of Pennsylvania, 1999, pp. 98–99.

论支持和实质奖励。"透明国际"帮助加拿大、韩国、巴西及非洲一些国家制定反腐败规划和制度,赢得了这些国家政府的赞同。[①] 在"透明国际"的不断努力下,腐败不再仅仅是一国的内部问题,还是一个国际问题。全球反腐体系的形成与"透明国际"制定规则的权力密不可分。

第三,在国际政治中,还存在着一些国家不太关心的问题,如生态失衡、环境污染、人口爆炸、资源短缺等全球问题。国家不关注的一个重要原因在于,国家面临着矛盾——主权的有限性与这些问题的跨国性之间的矛盾。国家主权是对其领土范围内的最高统治权,但它对其管辖范围以外的行为往往无能为力,而全球问题具有跨国性,不论是其原因还是其后果都可能是跨国性的。如在生态失衡和环境问题上,一国境内的行为可能损害其本国范围以外的国家和地区的环境,在这样的情况下国家主权之不及就表现出来了。因而,在这些问题上各国很难达成一致,造成许多问题议而不决,决而不行。在这方面,与国家关系友善的非国家行为体却能凭其性质上的中立和实践中累积的信誉来处理这些全球问题,并推动结构的变迁。[②] 在这些问题领域,非国家行为体推动国际体系变迁的动力是影响决策的权力、话语权力和制定规则的权力。非国家行为体通过游说、倡议、监督、抗议和参与来使用这些权力。以环境问题为例,正如美国研究环境非政府组织的学者克伦·利蒂芬(Karen Litfin)所言,事实上,现存的国际环境制度都是科学家所组成的认识共同体和非政府组织鼓动下建立的。而在很多情况下,在这些国际制度的确立过程中,如谈判、执行和监督这些环节里,这些非国家行为体是关键行动者,而且这些非国家行为体还在不断地向国际体系的结构中注入新规则和规范。[③]

---

① 潘岳:"'透明国际'十五年",《世界文化》2008年第1期,第8页。
② P. J. Simmons, "Learning to Live with NGOs", *Foreign Policy*, Fall 1998, http://www.carnegieendowment.org/publications/index.cfm?fa=print&id=321.
③ Karen Litfin, "Ecoregimes: Playing Tug of War with the Nation-State", in Ronnie D. Lipschutz and Ken Conca (eds.), *The State and Social Power in Global Environmental Politics* (New York: Columbia University Press, 1993), p. 95.

小　结

本章认为，近年来一些学者在建立一种结构能动范式上达成了共识，以改变把行动者和结构两者分开研究的做法。但在建构理论范式的过程中，学者们的着眼点和侧重点各不相同。温特开创了国际政治理论界研究行动者和结构问题的新篇，他强调结合吉登斯和巴斯卡的相关理论。在他的理论视野里，行动者和结构在本体上是平等的。一方面，温特使结构理论化，把结构视为外部关系和内部关系的总和；另一方面，他更强调在结构能动范式中要把行动者理论化，更具体地讲，要用结构来解释行动者的属性。德斯勒同样重视吉登斯和巴斯卡的理论，但在理论化结构时，他更倾向于采用吉登斯的定义，并论证了国际制度和规则在结构中的合法性地位，他还强调互动层次也是结构的组成部分。科林·怀特则令人信服地证明了沃尔兹理论是结构理论，使得沃尔兹的结构定义获得了理论的支撑，使人们明了体系内的能力分配也是结构不可缺少的部分。约翰·M.霍布森则着眼于吉登斯的结构能动范式而不强调巴斯卡的科学实在论和社会活动之转型模式。霍布森的结构能动范式，着眼于把沃尔兹理论中被忽视的第二部分（单元的功能分异）带回理论中，并在行动者的能动作用和深层结构——无政府状态下的竞争——之间建立一种生成关系。

建构主义拓展了结构的内涵并建立了一种生成性结构的理论。在建构主义的视野里，结构不但包括实证主义理论体系内的物质权力分配和新自由制度主义的国际制度，还包括观念的分配。观念的分配是指霍布斯的敌对文化、洛克的竞争文化和康德的友谊文化在体系内的配置。结构还具有层次性，可以分为互动层次的结构和体系层次的结构。建构主义认为，结构对行动者具有生成作用，而不是仅限于实证主义理论家的认定，即结构只对行动者具有限制作用。结构的生成作用体现在结构生成行动者的身份和利益。然而，在探讨体系变迁时，建构主义理论仍偏重于从结构层次来寻找变迁的原因。在建构主义理论中，行动者和结构仍处于不平等的地位。生成性的结构匹配了一个非生成的行动者，行动者对结构的生成作用受到了压制。

本章认为，行动者的能动作用是意图和权力。意图和权力也是结构变迁的动力。结构变迁既可能是行动者有意图地利用其权力的后果，也可能是行动者的权力所产生的意外后果。在有意图变革结构的情况下，行动者的日常行为需要预先存在的常规（routine）。这些常规反映了其他行动者对行动者行为的预期，这样，行动者的"主我"就变成"宾我"，有意义的日常交流的可能性也在生成性结构的框架里铺展开。其次，常规是习惯化、日常化的事物，只会在解决旧情境中的问题时才成为可能。如果出现新的问题情境，而常规不能解决这样的问题情境时，行动者的创造性就被激发了出来。进而，行动者会用自己的权力来推动现有结构的变迁。结构变迁并不仅仅是行动者有意图推动的后果。行动者并不能总是了解自己行动的后果，结构变迁也可能是行动者有意图行动的意外后果。能动作用涉及个人充当行动者的那些实践，即在行为既有顺序的任一阶段，个人都可以用不同的方式来行事。倘若这个人不曾介入，所发生的事或许就不会发生。这就假定行动者能够实施一系列具有因果关系性质的权力，包括那些影响他人所实施之权力的权力。个体有能力"改变"既定事态或事件进程，这种能力正是能动作用的基础。

在国际政治领域，世界政治行为体是按照以上途径变革国际体系的。国家可以推动国际体系的变迁，但在某些情况下，体系变迁并非仅仅由国家完成。与国家一样，非国家行为体也拥有破坏性权力和生产性权力，它们能用这些权力来模仿国家的方式来推动结构变迁。在某些领域里，国家想要推动结构变迁，但又有心无力。此外，国际政治中还存在着一些国家不太关心的问题，如生态失衡、环境污染、人口爆炸、资源短缺等全球问题。正是由于以上三种情况的存在，非国家行为体也能推动国际体系变迁。

在下文的案例研究中，笔者试图用上文所提供的结构变迁模型来解释当代世界政治的变迁，以借此表明非国家行为体对世界政治体系结构的建构作用。本书选取了联合国经社理事会和跨国保钓运动。如此选择有两个原因。一方面，在非国家行为体的研究中，研究者对暴力的非国家行为体、环境和人权问题领域内非政府组织、跨国公司建树颇多,而且有些是以博士论文形式出现。[1]为避免重复,本书选用的前一个案例是政府间国际组织,后者是属于跨国非公司组织中的跨国运动。另一方面,论述非国家行为体对国际政治的无政府文化的建构作用的著作极少。跨国保钓运动的案例则探讨了该非国家行为体的能动作用推动了中日两国互动文化变迁。

---

[1] Christina Gabriel and Laura Macdonald, "NAFTA, Women and Organizing in Canada and Mexico", *Millennium* Winter 1994, Vol. 23 (3), pp. 535 – 562; Ken Coca, "Greening the United nations: environmental organizations and the UN system", *Third World Quarterly*, 1995, Vol. 16 (3), pp. 441 – 457; Felice D. Gaer, "Reality check: human rights nongovernmental organizations confront governments at the United Nations", *Third World Quarterly*, 1995, Vol. 16 (3), pp. 389 – 404; and Richard Price, "Reversing the Gun Sights: Transnational Civil Society Targets LAW Mines", *Internationat Organization*, Summer 1998, Vol. 52 (3), pp. 613 – 644. 而博士论文则有如下几篇:余万里:《美国跨国公司与 90 年代的中美关系》,中国社会科学院 2003 年度博士论文; Olga Bogatyrenko, *Great Powers and Violent Non-State Actors: Skirmishes at the Edge of Empire or a Serious Threat to Be Reckoned with?* 美国加利福尼亚大学 2007 年度博士论文。

第五章 / 经社理事会推动制度结构的变迁 /

——以联合国有关非政府组织咨商地位的制度为例

国际体系变迁的动力是行动者的能动作用。变迁或者是行动者有意图推动的后果，或者是行动者复制以往结构时的意外后果。在联合国经社理事会的案例中，当有关非政府组织地位的制度面临问题情境时，这个行动者凭借其意图性、决策性权力、话语性权力和制定规则的权力推动了现有制度结构的变迁。

在联合国的 6 个组成机构中，安理会、联合国大会和经济与社会理事会这 3 个机构是联合国最主要的组成部分。经济与社会理事会简称经社理事会，根据联合国宪章第 60 条规定，它是由联合国大会选举出理事国，任期 3 年。交替改选，每年改选 1/3（18 个）。理事国任期届满后，可以连选连任。这既利于保持经社理事会中理事国观念的连续性，又有利于不断更新理事国。经社理事会最初由 18 个理事国组成。1971 年 12 月 20 日联合国大会关于修改宪章第 61 条（1973 年生效）以扩大经社理事会理事国名额的决议规定，54 个理事国的选举应分配给：非洲国家 14 名，亚洲国家 11 名，拉美国家 10 名，东欧国家 6 名，西欧及其他国家 13 名。[①]

除了理事国外，经社理事会还有附属机构。按照联合国宪章第 68 条，经济及社会理事会应设立经济与社会部门及以提倡人权为目的之各种委员会，并得设立于行使职务所必需之其他委员会。因而，经社理事会是具有一个核心机构与诸多附属机构的组织，这种组织结构便于经社理事会形成集体的认同（尽管这种认同比国家来得弱）和身份。此外，任何一个组织

---

① http://www.un.org/chinese/ecosoc/about/members.shtml.

一旦形成，就有了自己的利益。经社理事会的利益就是维护其本身乃至整个联合国系统在主权国家和世界各国人民中的合法性，以确保其在国际政治舞台上的生存。理事国和各附属委员会的形成，使经社理事会区别于其他国际组织或机构而存在，因而经社理事会是一个实体。

那么这个实体是否非国家行为体呢？对于这个问题，可以从《联合国宪章》所规定的经社理事会的职能和地位得出答案。按《联合国宪章》的规定，经社理事会的宗旨和职能是：在经济和社会方面促进较高的生活水准、充分就业、经济及社会进步和发展条件；解决国际经济、社会、卫生及有关问题和国际文化及教育合作；普遍尊重和遵守人权及基本自由。经社理事会的主要任务是负责协调联合国及各专门机构的经济和社会活动，研究国际间经济、社会、文化、教育和卫生等问题，并向联合国大会和会员国提出有关报告和建议；促进国际合作；就其职权范围内的事务召开国际会议，并起草向联合国大会提交的公约草案；与各专门机构商定协定，确定这些机构与联合国的关系；通过与各专门机构的协商，向这些机构、联合国大会和成员国提出建议以协调各专门机构和活动；经联合国大会许可，为联合国成员国服务；应专门机构的请求，为其提供服务；同与经社理事会有关的非政府机构进行磋商。[1] 由于经社理事会与主权国家和国际体系内的非国家行为体发生作用，而理事国的成员是来自不同的主权国家，因而其行为和成员都具有跨国特征。

而且，从《联合国宪章》来看，经社理事会具有独立性。尽管宪章第 60 条规定经社理事会处于联合国大会的权威下（authority），不过宪章第 7 条规定，经社理事会本身是联合国的一个主要机构，不从属于联合国的其他任何机构。既然经社理事会不属于任何联合国的其他机构，它就具有独立性。

再则，经社理事会能否参与到跨国性权力竞争并产生效果？要回答这个问题，首先要弄明白经社理事会是否拥有权力。《联合国宪章》明示了经社理事会的权力，如研究国际间经济、社会、文化、教育和卫生等问

---

[1] 《联合国宪章》，第 62—66、71 条。

题，并向联合国大会和会员国提出有关报告和建议；促进国际合作；就其职权范围内的事务召开国际会议，并起草向联合国大会提交的公约草案。经社理事会可以就其职权范围内的问题向联合国大会和成员国提出有关报告和建议，这就赋予了经社理事会以话语权力，即确定某一领域对话框架的权力。经社理事会可以就相关事务召开国际会议，它就可以凭借相关国际会议影响其他行为体的议程和决策，这就体现了经社理事会影响决策的权力。这种决策性权力在经社理事会的议事规则里得到了进一步确认。经社理事会每年举行两次各为期一个月的常会。经社理事会每一理事国有一个投票权；理事会的决议，以出席投票的理事国过半数表决通过。[①] 经社理事会议事规则第59条规定，提请理事会决定的提案或动议，经任何代表要求，应付诸表决。如果没有代表要求表决，理事会可以不经表决而通过提案或动议，[②] 经社理事会可以向联合国大会提交相关的公约草案。从这方面来看，《联合国宪章》同时又赋予了经社理事会制定规则和制度的权力。由上可见，经社理事会可以通过建议的方式承担起指引政策的角色，通过起草协定来肩负起倡导新规范的角色，因而经社理事会可以凭借话语权力、决策性权力和制定规定的权力与其他行动者进行权力竞争。

　　经社理事会的以上权力由《联合国宪章》所明确规定。国际法学者指出，国际组织的权力并不限于国际协议或条约所明示的那部分它还拥有一些暗含的权力。所谓国际组织的暗含权力，是指组织构成文件或类似条约规定的明示权力以外而为实施组织宗旨与职能所必需的权力，也是行使明示权力所必需的或至关重要的权力。它不是其他权力行使的目的，而是附随于其他权力并为执行其他权力而存在的，是实现其他目标的手段，因此它本身不是独立的权力，而是渊源于组织文件确定的宗旨、职能与明示权力的。推论暗含权力不等于揭示缔约当事方的立法原意。国际组织随着时间的推移和形势的发展对一些国家行使暗含权力的实践，也不能看做是缔约国原来意图的反映，而且推论的权力并不能简单认为是会员国已经同意

---

① 张学森、刘光本主编：《联合国》，上海财经大学出版社2005年版，第36—38页。
② 联合国经济与社会理事会议事规则，E/5715/Rev.2，1992，http://www.un.org。

的。推论不等于成员国间已达成的明示的新协定，推论的目的是使已经赋予国际组织的宗旨、职能与明示权力发生实效。[①] 暗含的权力可能使国际组织的行为偏离缔约国的原有意图。例如，联合国是由主权国家在协议基础上建立的，维护各国的主权是各缔约国所坚持的原则。在出现大规模侵犯人权的情况下，联合国的维和活动就超出了主权原则的限制。根据主权原则，联合国的维和人员要在得到所在国的同意后才能进入该国。但考虑到联合国的宗旨是为了维护国际的和平与安全，冷战后，出于人道主义的考虑，联合国的维和人员可以在不经相关国家同意就能进入该国。在后文里，经社理事会绕开国家主权而对主权国家内的非政府组织进行指导和管理，则体现了经社理事会绕过主权原则而行使暗含权力。

经社理事会具有相对于主权国家的独立性，有自己的信仰、身份、利益、内部的集体认同；从经社理事会的职能来看，它关注国际间经济、社会、文化、教育和卫生等问题，拥有做出或发动相关事项的研究和报告，因而它就能跨越时空进行反思。经社理事会拥有话语权力、决策性权力和制定规则的权力，并以这些权力对结构产生作用，所以经济理事会具备行动者的基本条件。

根据《联合国宪章》，经社理事会得依联合国所定之规则召集本理事会职务范围以内事项之国际会议，还可以"采取适当办法，俾与各种非政府组织会商有关于本理事会职权范围内之事件"，这就使得经社理事会拥有相对独立的权力以建构性地卷入国际政治，成为名副其实的行动者，并能再造国际政治结构或推动国际政治结构变迁。这里主要关注经社理事会对联合国框架内国际制度结构变迁的能动作用，具体来说，就是在处理与非政府组织的关系方面，经社理事会推动国际制度的变迁。[②] 要理解经社

---

① 饶戈平、蔡文海："国际组织暗含权力问题初探"，《中国法学》1993 年第 4 期，第 97 页。

② 在联合国系统中，非政府组织可以申请资格以参加联合国的专门会议，与联合国专门机构建立工作关系，与联合国公共信息部（DPI）建立联系，或者从经社理事会获得咨商地位。非政府组织也可以向公共信息部申请咨商地位，但由于公共信息部的功能在于提供联合国资深官员、学者、媒体等互动平台，及举办各处信息的方案，无法主办专业性活动，也无法向联合国大会或各委员会提交议案，功能比较有限。

理事会对结构的能动作用,首先要从冷战结束前有关非政府组织的咨商制度安排之形成谈起。

第一节 冷战结束前经社理事会对 NGO 的制度安排

在 20 世纪 90 年代以前,经社理事会与非政府组织的制度结构奠基于联合国建立之时。1945 年,在起草联合国宪章时,1200 个非政府组织的代表出席了旧金山会议,其中有 42 个组织参与了宪章的起草,[①] 通过游说,非政府组织成功争取到宪章的第 71 条:经济及社会理事会得采取适当办法,俾与各种非政府组织会商有关于本理事会职权范围内之事件。此项办法可适用于理事会与国际组织的咨商安排,经与相关联合国会员国会商后,也可适用于理事会与该国国内组织的咨商安排。从而,经社理事会获得了处理联合国与非政府组织关系的权利。1946 年经社理事会第二届会议通过的决定把获得咨商地位的非政府组织分为三类:A 类、B 类、C 类。决议并指出,给予非政府组织咨商地位的目的在于获得专业人士的建议和技术上的帮助,以及让这些具有代表性的组织表达它们的意见。决议还特别规定,除某些特殊的情况,国家层级的非政府组织表达意见时通常应经由该国政府或经由所隶属之国际非政府组织。[②] 因应这种制度安排,1948 年,享有咨商地位的国际非政府组织决定开展相互间合作,以改进参与过程并协调与联合国的有关活动,创立了享有联合国经社理事会咨商地位的非政府组织大会,简称"非政府组织大会"(CONGO)。此后,"非政府组织大会"一直是地区和国家层级的非政府组织与联合国之间的联系人。国家和地区层级的非政府组织靠它向联合国传达信息,寻找与联合国打交道的渠道。

---

① Alger, Chadwick, "The emerging roles of NGOs in the UN system: From article 71 to a people's millennium assembly", *Global Governance*, Vol. 8, No. 1 (2002). pp. 93 – 117; United Nations: New Rules For NGO Participation, http://www.sunsonline.org/trade/areas/develope/07310196.htm, Jul 31, 1996.

② E/83/Rev. 1.

到了 1950 年，考虑到国际政治、人权或其他专业领域的涌现，各种功能性、区域性或具专业特色的组织日益增多，经社理事会遂于该年 288 号 B 决议定义：凡是因"非政府间协商"成立的国际组织，均称为国际非政府组织。① 经社理事会将可获得咨商地位的类别分为 A 类、B 类和名册类。这使得联合国有关非政府咨商地位的制度安排初现雏形。

在此后的十多年中，尽管有着冷战的大背景，国家间由于在意识形态方面不信任，加之经社理事会制度上较为软弱，经社理事会与非政府组织的关系处在相当低的水平上，但经社理事会与非政府组织的关系仍有所发展。出于冷战的原因，某些西方国家（特别是美国）视来自华沙条约的许多非政府组织为共产主义的前沿组织，同时东方国家也视一些反共产主义的西方非政府组织是由中央情报局资助的。许多非政府组织不得不这样或那样地依照当时的地缘政治现实来限制自身的活动，不过仍有若干国际非政府组织能够跨越政治和意识形态的樊篱，保持东西方国家之间非政府组织的联系，并在某种程度上推动了发展中国家非政府组织的发展。经社理事会为增强与这些非政府组织的联系，也授予相关非政府组织以咨商地位，从而使获得咨商地位的非政府组织有所增加，数量从 1948 年的 41 个增加到 1968 年的 337 个。② 同时，非政府组织进一步参与到联合国资助的国际会议中，如在 1968 年德黑兰召开的人权大会上，有 200 多个非政府组织参与，大部分是来自北半球的国际非政府组织，其中的 53 个非政府组织获得了观察员身份、4 个非政府组织参加了大会预备会议。③

随着拥有咨商地位的非政府组织数量不断增加和非政府组织对国际事务的扩大参与，1968 年经社理事会通过 1296（XLIV）决议，在非政府组织的活动领域中增加了"科学和技术"专业领域，把非政府组织的范围扩

---

① 1952 年经社理事会在其 288（x）号决议中将非政府组织定义为"凡不是根据政府间协议建立的国际组织都可被看做非政府组织"。

② Simmons, P. J., "Learning to Live with NGOs", *Foreign Policy*, Issue 112 (Fall 1998). p. 84.

③ Guillet, Sarah (1995), *Nous, Peuples des Nations Unies*. Montchretien, Paris, France, quoted in Isabell Kempf, "Civil Society and Economic, Social and Cultural Rights", http://www.socialwatch.org/en/informesTematicos/25.html.

大到"包括接受由政府当局指定成员的组织,如果这种成员资格不干预该组织观点自由表达的话",并对非政府组织与经社理事会咨商关系的制度安排做了进一步细化。

一、申请的资格条件

1. 申请的组织,其活动必须与经社理事会的工作有关,如国际经济、社会、文化、教育、卫生、科学技术、人权,以及其他相关问题。

2. 申请的组织必须有民主的决策机制,责任机制安排和决策过程应具有透明度。

3. 申请的组织必须正式向官方登记注册达两年之上。

4. 申请组织的基本来源应绝大部分来自各国家分会或者支会、个人会员或者其他非政府组织的成员。

5. 国家层级的非政府组织不可以申请咨商地位,而只能通过其所属的国际非政府组织表达其观点。除了某些例外,一个组织,如果处于国家层级而且隶属于某一国际非政府组织,在国际舞台上不该拥有咨商地位。

二、申请的类别

经社理事会在确立与非政府组织的咨商关系时,划分出如下类别:

1. A类改称普遍咨商地位,也称一类咨商地位。这一资格授予工作领域涵盖经社理事会管辖的大多数事务的非政府组织,他们能深深卷入到其所代表地区或成员的社会经济生活。如消费者国际〔Consumers International,1977(括号中数字为获得咨商地位的年份,下同〕、国际妇女同盟(International Alliance of Women,1947)都被授予此类咨商地位。

2. B类改称专门咨商地位,也称二类咨商地位。该类资格授予在经社理事会活动的某些领域中具有专门能力的非政府组织。如非洲女法学家联合会(African Women Jurists,Federation 1989)、美国战地服务团国际文化交流组织(AFS Intercultural Programs,1974)就拥有这样的地位。

3. 注册咨商地位，也称列入名册类。此资格授予那些对经社理事会某一方面的工作能够提供有用咨询的非政府组织。如国际利他社（Altrusa International，1978）、美国外国法律协会（American Foreign Law Association，1979）具有注册咨商地位。

4. 国内组织通常应经由其所附属之国际非政府组织提送意见。凡附属于处理国际范围内同一问题之国际非政府组织之国内组织，除特殊情形外，不宜准予咨商。

三、获得咨商地位后，非政府组织应当承担的权利和义务

1. 积极参与联合国的活动：每四年向联合国报送简短、直接的前沿研究报告，报告中尤其要提到该组织对联合国工作的支持，这也是联合国考虑该组织是否符合现在所拥有的咨商地位的因素。

2. 与联合国秘书处官员就共同关心的事务进行协商，协商的提议者或者是非政府组织，或者是联合国秘书长。

3. 第一类及第二类组织得指派受权代表以观察员资格列席理事会及其辅助机关之公开会议。列入名册之组织对与其范围内主管事项有关之此种会议得派代表参加，第一类组织还可向经社理事会的附属委员会提交临时议程。

4. 第一类及第二类组织得就其具有特长之事项，提出与理事会工作有关之书面陈述（第一类不超过 2000 字，第二类和名册类不超过 500 字）。该项陈述应由联合国秘书长分送理事会理事国，但对那些业已失却效用的陈述，例如其所论列之问题业经处理或业已以其他方式分送者，不在此限。此外，第一类组织可向经社理事会非政府组织委员会建议由委员会请秘书长将与各该组织特别有关之事项列入理事会临时议程。

5. 关于第一类组织中何者应准其向理事会或主持某一届会议的委员会陈述意见，以及应准其就何者项目陈述意见，理事会非政府组织事务委员会应向理事会提出建议。此种组织有权向理事会或主持那届会议的委员会做一次陈述，但须经理事会或主持相关会议的委员会同意。如果理事会

没有辅助机关主管在理事会及第二类组织所关切之主要事项，委员会得建议由第二类之某一组织就所关切方面问题向理事会陈述意见。

6. 已取得第一类及二类咨商地位的非政府组织应每四年经联合国秘书长向理事会非政府组织委员会提出简要工作报告书，特别叙明该组织对联合国工作所做贡献的情况。

四、咨商地位的中止或取消

非政府组织应始终按照经社理事会所规定的咨商关系原则行事，在经社理事会定期评估非政府组织的活动时，将根据非政府组织对经社理事会的贡献和违反的程度来决定中止或取消其咨商地位。经社理事会中止或取消非政府组织咨商地位的依据如下：

1. 如果存在大量的证据表明，非政府组织在政府的秘密财政帮助下，从事违反联合国宪章的目标和宗旨的活动。

2. 如果非政府组织在无确实的证据或者政治动机的推动下，以违背或不容于联合国宪章之原则的方式，滥用其咨商地位，做出反对联合国成员国的行为。

3. 如果在四年一度的报告中，非政府组织在前三年没有对经社理事会或其下属委员会的工作做出任何值得肯定或有效的贡献。

如果一个组织的咨商地位被中止或者取消，它再申请咨商地位的时间要迟于中止或取消咨商地位后的第三年。[①]

以上制度安排并不仅仅停留于纸面的协议。虽然在美苏冷战初期，由于冷战限定了联合国内国家间协商的议程，非政府组织与联合国保持着某些距离，这种制度结构更多地体现为一种形式。[②] 虽然按照咨商制度的安排，经社理事会召集相关会议时，可能会邀请非政府组织参加，而非政府组织也假定在会议召开时拥有制度安排所赋予的权力，但经社理事会召开

---

① "ECOSOC Resolution 1296（XLIV）", E/RES/1968/1296.
② Peter Willetts, "From 'Consultative Arrangements' to 'Partnership': The Changing Status Of NGOS in Diplomacy At thet UN", *Global Governance*, Apr-Jun2000, Vol. 6 Issue 2, pp. 191-212.

会议时很少按这种制度安排来行事。冷战后期，美苏冷战出现缓和局面时，联合国的议程才从裁军和军事对抗的硬话题转到环境、妇女和社会政策这类软话题，① 非政府组织与经社理事会的咨商关系才具有实际意义。在1975年墨西哥城的国际妇女年、1985年内罗毕的国际妇女十年等国际会议中，经社理事会在处理与非政府组织关系时应用了以上制度。②

不过，1968年的制度安排是联合国经社理事会和一些早期的国际非政府组织一起努力的结果，它存在着明显缺陷，而且这种制度安排也深深地打上了二战后国际背景的时代烙印。联合国初建时参加宪章起草的非政府组织主要是来自西方国家具有跨国性活动能力的国际非政府组织，与之相比，第三世界国家的非政府组织力量相对弱小，且有待发展，其往往局限于国内的规模，要具有国际非政府组织那样的规模和影响力尚需时日。③另一方面，由于二战的原因，战后国家对主权不可侵犯这个原则抱高度重视的态度，在经社理事会的咨商安排制度里，国家层级的非政府组织被排除在外。从中止和撤消咨商地位的第一条规定来看，经社理事会是为了避免国家借资助非政府组织而成为国家间进行冷战对抗，使非政府组织成为进行冷战的工具。此外，在美苏对峙的冷战背景下，大国垄断着安全领域问题的话语，不但是经社理事会，就连整个联合国也被认为是大国间斗争的舞台。经社理事会的咨商关系制度安排强调非政府组织只能参与国际经济、社会、文化、教育、卫生保健、科学、技术、人道主义和人权等领域的咨商，而没有包括安全等议题。非政府组织能够凭借咨商地位参与协商的机构也只是联合国秘书处和经社理事会及其下属机构，而不包括联合国大会、安理会等部门。20世纪70—90年代，联合国与民间社会的互动实践表明这种制度结构存在着一系列问题。20世纪90年代初，经社理事会认识到1968年建立起来的制度结构已难以适应新的情境，必须加以更新。

---

① Isabell Kempf, "Civil Society and Economic, Social and Cultural Rights", http://www.socialwatch.org/en/informesTematicos/25.html.
② See Preparation Considerations for the Forthcoming Conference on the Human Environment (UN Doc. A/CONF. 48/PC. 11, 30 July 1971), p. 65.
③ Isabell Kempf, "Civil Society and Economic, Social and Cultural Rights", http://www.socialwatch.org/en/informesTematicos/25.html.

第二节　联合国经济与社会理事会面临的问题情境

到20世纪90年代初，经社理事会所面临的问题情境主要表现在三个方面。第一，南方国家非政府组织力量的增强导致全球范围内非政府组织间权力分配的变化。南方与国际非政府组织之间矛盾增多。来自南方国家和区域层级的非政府组织要求经社理事会降低获得咨商地位的门槛，经社理事会有关非政府组织咨商地位安排的1968年决议受到非政府组织的挑战。第二，国际、地区和国家层级的非政府组织多次参加联合国召开的国际会议，且参加会议的非政府组织类型和数量增多，但咨商地位安排中缺乏非政府组织参加国际会议的规定，经社理事会迫切需要相关非政府组织参与国际会议的制度以实现有效治理。第三，非政府组织积极卷入联合国的相关会议，产生了实际而有效的影响，力求增强其活动的领域，而不是局限于经社理事会内部，也不满足在安全和裁军问题上被排斥的处境。由上可见，1968年有关非政府组织咨商地位的制度已难以适应新的国际形势。为适应新的情境，有必要降低获得咨商地位的门槛，对1968年反映国际非政府组织利益的制度结构进行更新；经社理事会与非政府组织及一些国家合作以扩大非政府组织的参与领域。

首先，全球范围内非政府组织的数量极剧增加。尽管来自欧美发达国家的非政府组织仍占多数，但自亚非拉等欠发达地区的非政府组织的数量增加显著。从性质上来看，许多新兴的非政府组织具有国家层级的性质。这些国家层级非政府组织的兴起有其历史根源。

在20世纪70—80年代，国内困难的经济发展形势和外部的发展援助，推动着南方国家的非政府组织的发展。[1] 当时国际经济形势极为困难，大

---

[1] Drabek, Anne Gordon, "Development alternatives: The challenge for NGOs —An overview of the issues", *World Development*, Volume 15, Supplement 1, Autumn 1987, pp. x – xi; Hill, Tony, "Northern NGOs and Africa's development: Background, issues and challenges", paper for the Abuja Workshop on Mobilizing the Informal Sector and NGOs for Recovery and Development: Policy and Management Issues, Abuja, Nigeria, December 1990, pp. 8 – 15.

量的发展中地区人民处于极端贫困的地位，人们为贫困所迫而组织起来，尤其是地方性的组织增多。处于政治经济转型期的许多国家的社会也在鼓励着更加开放和参与性的民众团体的兴建。① 因此，南方国家的非政府组织数量迅速增加。

在许多发展中国家，公民社会组织的兴起也驱使那些提供国际服务的非政府组织将地方性运作交给南方的非政府组织来承担。这些多边机构发现，一些地方性的非政府组织早已在所属地区极为活跃。联合国调查组的报告指出，在多边机构把发展中国家的发展项目和优先点放到草根层面时，南方国家的非政府组织成了重要的伙伴，在 20 世纪 90 年代初期它们在亚非拉和中东地区发挥着能量。

按照联合国调查组 1993 年的不完全统计，南方国家的非政府组织有极大发展。在亚洲，孟加拉国自 1971 年成立了 1200 多个独立的非政府组织；印度有 1.2 万个独立的非政府组织；印度尼西亚为环境问题工作的非政府组织就有 100 多个；菲律宾存在着 3000 个到 5000 个围绕基督教社区活动的中心点组织。在拉美，仅巴西圣保罗就有 1300 多个居民区协会；墨西哥的主要城市有大量的草根运动组织针对着城市的违章建筑。在非洲，肯尼亚自 1980 年到 1988 年有超过 2.5 万个妇女团体，其成员超过 60 万人，8 年间数量增长了 6 倍；津巴布韦有许多农民团体，据估计其成员有 40 万人，其中 80% 是妇女。②

尽管其中的一些南方国家的非政府组织与北方国家的非政府组织间存在联系网络，并通过与北方国家非政府组织的联系产生政治效应（如凯克和斯金克在其 1998 年的名著中所提出的"回飞镖模型"，即南方国家的非政府组织为了实现本国本地区的目标，借南北方非政府组织的联系网络，通过北方国家的非政府组织向北方国家政府施压，北方国家的政府再向南

---

① "Working With NGOs: Operational Activities For Development Of The United Nations System With Non-Governmental Organizations and Governments at The Grass-Roots and National Levels"，(JIU/REP/93/1) p. 8.

② Durning B, Alan *Action at the grassroots Fighting poverty and environmental decline*, *Worldwatch*, Paper 88, *Worldwatch Institute*, January 1989, p. 10.

方国家政府施压，最后实现南方国家非政府组织的目标），然而非政府组织及其联系网络存在多样性。在许多领域中，南方和北方非政府组织的关系极其不平等，北方国家的组织在国际非政府组织占主要地位，并具有家长制的作风。① 有关发展援助的非政府组织体系是以捐赠者为导向，许多具有影响力的非政府组织更受到一些北方国家政府的援助政策影响，而受被援助的地方或国家对援助政策的影响力较小，因而南北方非政府组织有关援助的对话也是以西方的发展概念为主导。② 问责程序被理解为出自于捐赠者而不是来自受惠者的需要，从而受到了曲解。③ 由于南方国家在援助体系中依赖于北方国家的资源，以至南方国家的发展议题由北方国家占优势地位的自由主义政治经济发展议程决定。④ 有学者指出，整个国际非政府组织体系在模仿北方国家的非政府组织所依赖的跨国公司和政府间国际组织的管理风格。⑤

南方国家的非政府组织拒绝承认北方的国际非政府组织在发展议程上的这种决定者地位，不满于自己只能处于执行者的地位。他们希望在有关本国的发展项目中能被看成领导者和决定者，在南北方非政府组织的联合行动中，可以凭借自己的资源提出自己的发展议程。南方国家的非政府组织提醒北方非政府组织，最终南方国家有关发展议程的责任还是应归于南方国家和本土的非政府组织。⑥ 如1994年1月，70多个来自南方和同情南

---

① Michael Edwards, "International Development NGOs: Agents of Foreign Aid or Vehicles for International Cooperation?", *Nonprofit and Voluntary Sector Quarterly*, 1999, Vol. 28, pp. 25 – 37.

② Terje Tvedt, "Development NGOs: Actors in a global civil society or in a new international social system?", *Voluntas* 13 (4), December 2002, pp. 363 – 376.

③ Michael Edwards, "International Development NGOs: Agents of Foreign Aid or Vehicles for International Cooperation?", *Nonprofit and Voluntary Sector Quarterly*, 1999, Vol. 28, pp. 25 – 37.

④ Fowler, A. F, "Assessing NGO Performance. Difficulties, Dilemmas, and a Way Ahead", In Edwards, M. and Hulme, D. (Eds.), *Beyond the Magic Bullet. NGO Performance and Accountability in the Post-Cold War World*, Connecticut, Kumarian Press. 1996, pp. 169 – 185.

⑤ Gaby Ramia, "Global Social Policy, INGOs and Strategic Management: An Emerging Research Agenda", *Global Social Policy*, Vol. 3, pp. 79 – 101.

⑥ Kajese, K. (1987), "An agenda of future tasks for international and indigenous NGOs: Views from the South", *World Development*, 1987, vol. 15, issue 1, p. 79.

方国家的北方非政府组织抗议美国影响南方国家发展模式的这种企图。[1]而且，随着来自南方的一些国家层级非政府组织的发展，他们日益获得了南方国家的认可，并逐渐走出国门，参与到其他南方国家的发展事务中去。南方国家的非政府组织力图与北方的非政府组织建立新的合作关系，即平等的伙伴关系，拥有决策权，可以提出自己的议程和发展概念。[2]而从经社理事会获得咨商地位则便于其身份的认可，便于他们借国际舞台宣扬自己的发展理念。此外，南方国家的一些非政府组织还试图从联合国等国际组织获得必要的资金援助，影响这些国际组织在南方国家的政策和项目，甚至可能通过国际组织影响本国政府。[3]南方国家的非政府组织要求经社理事会降低获得咨商地位的门槛，允许国家层级的非政府组织也能获得咨商地位。在发展中国家，与政府之间存在协作关系的非政府组织获得了国家的认可，国家支持国家层级的非政府组织寻求获得咨商地位的诉求，如巴西的联合国儿童基金会（UNICEF）、危地马拉的社会调查基金、菲律宾的相关非政府组织。[4]

其次，直到20世纪70年代为止，与经济理事会召开的会议相比，非政府组织出席联合国召开的国际会议的机会要少得多。虽然在早期的联合国会议（例如1968年德黑兰举行的人权会议和1972年斯德哥尔摩环境会议）上非政府组织参与很多、也很有影响，但是主要限于研究联合国工作（大部分来自北方国家）的专家，他们提出具体的想法并与来自国家代表团的专业人士进行辩论。但20世纪70年代中期以后，积极参与联合国所

---

[1] Jaya Dayal, "NGOs Challenge U. S. Economic Dictates to Third World", *InterPress Service*, 1994, http://www.hartford-hwp.com/archives/25/002.html.

[2] Ian Anderson, "Northern NGO advocacy: perceptions, reality, and the challenge", *Development in Practice*, Volume 10, Numbers 3 & 4, August 2000, p. 446.

[3] Peter Uvin, "Scaling up the Grass Roots and Scaling down the Summit: The Relations between Third World Nongovernmental Organisations and the United Nations", *Third World Quarterly*, Vol. 16, No. 3, Nongovernmental Organisations, the United Nations and Global Governance. (Sep., 1995), p. 500.

[4] Steps toward a social investment fund: Negotiations involving nongovernmental organizations, Government of Guatemala and the World Bank, PACT (Private Agencies Collaborating Together), August 1990; Directory of non-government organizations in the Philippines, Republic of the Philippines, National Economic and Development Authority, no date.

召开国际会议的非政府组织数量增多，尤其是来国家和地区层级非政府组织，其对相关会议的相关事务的影响日益增大，并得到相关会议的认可。

这些非政府组织参加到相关国际会议有其历史背景。按照沃勒斯坦的解释，二战前后，以夺取国家政权为目标的革命行动最初在国际范围内赢得了广泛的支持，社会运动被认为首先是社会主义政党和工会的运动，它们似应在各国国内进行反对资产阶级和雇主的阶级斗争。这种运动被认为是争取建立一个民族国家的运动，其途径有两种：或者是把那些被认为属于同一民族的独立政治单位聚合在一起（例如意大利的独立），或者使那些受帝国主义压迫的民族或国家独立出来（例如亚洲或非洲的殖民地独立运动）。

到20世纪60年代，这种运动却使大众支持者产生了极大的失望，原因是这些运动的组织、领导者在执政之后的表现。他们所在的国家的确实行了一定数量的改革，通常教育和医疗设备增加了，就业有了保障，但在生活质量方面存在大量的不平等。异化的工资劳动不但没有消失，而且在工作活动中的比例扩大了；无论是在政府层面还是工作场所，真正的民主参与或者不存在，或者没有扩大，以至于常常出现相反的情况；在世界范围内，国家在世界体系中发挥的作用常常与它们从前发挥的作用没有什么两样。因此，大众开始撤回对这些运动合法性的认定，他们不再相信夺取政权将会不可避免和确定无疑地带来一个更平等的世界。而且，对这些运动失去信仰之后，他们也撤回了对国家作为转化机制的信仰。进而，1968年以后，人们重新选择了跨国性民间社会运动——绿党和其他生态运动、女权运动、种族和"少数"民族运动。在20世纪70年代，这些运动以复兴和战斗性更强的形式出现在全世界。到80年代，赢得了胜利的务实主义者越来越具有各类社会民主运动的面貌，他们与传统社会民主运动差别不大，但更多关注生态或性别、种族歧视、人权或所有这类问题。[①] 而与此

[①] 19世纪最后30来年，依赖于个人或组织相关的行为体进行跨国性社会运动和以国家为导向的民族运动同时开展了关于战略问题的大辩论。一部分人持"国家导向"观点，另一部分人把国家看做一个固有的敌人，从而转向强调个人的改造。这些辩论的历史后果是那些持"国家导向"立场的运动终于获得成功。伊曼纽尔·沃勒斯坦，路爱国译："反体系运动在今天意味着什么"，《世界经济与政治》2003年第1期，第26—27页。

同时，主张"公民社会与国家、政府合作互补、共生共强"以及希望用公民社会制约国家的主张开始得到更多的认同。①

在这种背景下，自 1975 年墨西哥城的妇女大会以后，许多非政府组织的代表开始对联合国召开的大型会议和相关事务产生兴趣。这体现在非政府组织打击种族隔离、宣传制定销售母乳替代品的国际行为守则，在 20 世纪 80 年代中期非洲爆发饥荒之后改善并增加官方援助（包括食品援助），以及与儿童基金会及其他计划署合作进行结构调整改革。非政府组织的表现越来越说明它们已经成为联合国的重要业务伙伴，尤其是在应对人道主义危机方面（特别是 1979—1980 年柬埔寨和 1984—1985 年埃塞俄比亚的危机）。

到 20 世纪 90 年代，非政府组织对国际会议的参与日益引人注目，并得到相关会议的认可。在 1992 年在巴西里约热内卢召开的《可持续发展大会》上，非政府组织发挥了积极作用。在会议之前的两年里，组织者率先让民间社会组织参与到筹备进程中；许多活动家从中学习到如何在国家和国际层面上制定政策。② 非政府组织参与了里约三公约《生物多样性公约》、《联合国气候变化框架公约》、《防治荒漠化公约》的制定。此外，在引起分歧很小的情况下，非政府组织发挥了更多的作用，包括参与听证会、小组讨论会和简报会以及与政府的对话。南方非政府组织的作用也逐步凸现，从设立议程到推动达成政治共识，非政府组织都发挥了很大的作用，从而使得各国接受《里约宣言》成为可能。③

同时，非政府组织的积极参与行为得到了里约会议组织方的认可。这次会议通过的《21 世纪议程》提出了"主要群体"的概念，并叙述了能够对可持续发展作出贡献的 9 个主要群体，以及各国政府和联合国可望给予的支

---

① 蔡拓："NGO：评判美国国际影响力的一个新向度"，《现代国际关系》2004 年第 3 期，第 25 页。

② "联合国系统和民间社会"，http：//www.un.org/chinese/reform/panel/unsys4.htm，May 2003.

③ Antonio Donini, "The Bureaucracy and the Free Spirits: Stagnation and Innovation in the Relationship Between the UN and NGOs", in Thomas Weiss and Leon Gordenker, eds., *NGOs, the UN, and Global Governance* (Boulder and London: Lynne Rienner, 1996), p. 84.

持。该议程还提出了有关私营部门和民间社会的统一概念,这成了经社理事会下属的可持续发展委员会与非政府组织建立关系的基础。可持续发展委员会是经社理事会的一个职司委员会,其会议本需遵从理事会1968年的规则和程序,但这些规则和程序并不完全符合《21世纪议程》的要求。理事会的规则和程序让非政府组织列席观察会议进程,而《21世纪议程》则要求非政府组织参与决策,[1] 这表明会议对非政府组织参与行为的认可。

  国家和国际组织对非政府组织(尤其是国家层级和地区层级非政府组织)的贡献的最显著认可来自于1996年6月在土耳其召开的第二次人类居住会议(人居Ⅱ)。按照联合国政府组织经济和社会事务部1997年的报告,有2400多个非政府组织注册参加、8000多位代表出席了该论坛。联合国的官方会议还要求,在各国政府代表团中,应有两位正式代表来自本国的非政府组织。在这次会议上,非政府组织采取了引人注目的战略,改变以往专注于单一问题的做法,把各类重大问题,如发展、环境、人权、妇女、人口以及贫困和失业等同人类住区建设结合综合起来对待。在这次会议的准备阶段,在负责起草会议相关内容的小组中,筹备委员会的代表们意识到地方性权威在城市决策中居于核心地位,一些国家层级的非政府组织获得了与各国政府一起修改会议相关草案的权利,这就提升了其他一些非政府组织在会议筹备委员会中的地位。在组委会第一次会议上,在各国政府代表谈判时,会议代表破例给予了一些非政府组织发言的机会,这些非政府组织包括地方权威、商业机构、基金、学术团体、贸易联盟等。在第二次组委会上,非政府组织的活动被看成联合国主体会议的一部分。[2] 在准备《人居议程》草案过程中,非政府组织对新草案的建议和对旧草案

---

[1] 《21世纪议程》第23章写道:"为有效落实《21世纪议程》所有方案领域内各国政府商定的目标、政策和机制,所有社会群体的承诺和真正参与将极为重要"(第23.1段);"要实现可持续发展,基本前提之一是公众广泛参与决策。此外,在环境和发展这个更为具体的领域,需要有新的参与方式……"(第23.2段)

[2] "Report of Committee II", chap. V in "Report of the United Nations Conference on Human Settlements (Habitat II)", UN Doc. A/CONF. 165/14, 7 August 1996, Colombia, on behalf of the Group of 77 and China, expressed doubts about including the committee report in the main conference report, and the Iranian delegation actively opposed inclusion.

内容的修改得到了官方的认可，这是官方对非政府组织在谈判过程中所做贡献的第一次认可。非政府组织还获得了对其所做的建议和修改即席辩护的机会。参加会议的英国非政府组织代表费利克斯·多兹说，参与会议的非政府组织本身也意识到了其介入联合国会议进程的方式和影响力有所突破。①

除了积极参与相关的国际会议，非政府组织还增强了对成员国执行会议相关决议情况的监督，使政府更认真地（并在更高级别上）关注有关问题，并且对国家和全球承诺提供认真的监测。例如，参与1995年社会发展世界首脑会议后续工作的民间社会组织出版了一份兑现承诺索引，说明政府采取了哪些行动，或者没有采取哪些行动。② 民间社会以这种方式提高了公众对问题的理解，加强了政策制定工作，鼓励国际社会更为齐心地处理"全球公益"问题，并缩小政府的行动和政策辞藻之间的距离。多数会员国和联合国干事视这些为积极的贡献（至少是对建立健康民主的贡献），因此欢迎扩大非政府组织的作用。③

非政府组织的以上实践表明非政府组织的权力和影响不断增强。在非政府组织参与决策时，在决策过程的每一个环节，其权力都有发挥的机会。这些环节包括：议程的设立、政策的形成、政策的执行和监督政策的实施。④ 从参与决策和事后监督的过程来看，非政府组织以多种方式探讨问题，这就使非政府组织有机会进行游说，树立"全球议会"原型，举行宣讲会，举办展览会来介绍自己的计划，演示、举行文化活动，传播信息以及进行为期一周的多媒体活动。一些评论家认为这些活动纠正了以往民主机制的错误（只注重于地方性和短期的事情，而这个时代人们所日益关

---

① Felix Dodds, Newsletter of the UN Environment and Development U. K. Committee, August-October 1996, for a brief assessment by of his participation in Habitat II; UN Doc. A/CONF. 165/INF. 8 for the NGO composite text.

② Chiriboga, Manuel, "*Turning UN Agreements into Actions Forum International de Montreal*", 2001, Vol. 3 (1).

③ Williams, Abiodun 2001 (29 October) Background Paper on United Nations and Civil Society, UN Secretariat, quoted in http://www.un.org/chinese/reform/panel/unsys4.htm, May 2003.

④ Bas Arts, *Non-State Actors in Global Governance – Three Faces of Power*, Munich, Max-Planck-Institute, 2003.

心的却是全球而长期的事情)。①

针对非政府组织的作用不断扩大,1994年9月联合国秘书长布特罗斯·加利表示,非政府组织是"当今世界上广泛参与的一种基本形式。非政府组织参与国际组织从某种意义上保证了这些国际组织的政治合法性"。他还认为,联合国不再只是主权国的论坛,"现在非政府组织也被视为国际生活的全面参与者"。正如费尔南多·卡多索指出的,非政府组织在联合国系统中的重要性并非反映联合国为加强非政府组织的贡献而蓄意进行的努力,而是我们所居住的这个世界不断变化的性质以及全球治理为当代所带来的挑战。②

非政府组织在国际事务中的作用日益增强。然而,经社理事会1968年关于非政府组织参与会议的决议缺少详细的规定,非政府组织的参与实践极其混乱。如在里约热内卢会议上,有1400个非政府组织的身份得到认可,而是否拥有咨商地位并不是相关会议的要求。认可的标准不是拥有咨商地位,而是根据这些组织的能力和它们的兴趣与大会主题之间的关联性。在会议的预备阶段,就有700多个非政府组织参与。③ 在里约热内卢会议后,经社理事会给予了550个非政府组织以咨商地位。④ 可以说,在这次会议上,咨商地位的安排被绕开了。在此后一系列有关全球问题的会议中,也出现类似的情况。如1993年在维也纳举行的人权会议,840个非政府组织参会,其中593个是来自国家层级和地方性的非政府组织,主要来自南方国家。⑤ 1994年在开罗举行的国际人口和发展会议和1995年在北

---

① Clark A, FriedmanE and Hochstetler K 1998, "The Sovereign Limits of Global Civil Society: A Comparison of NGO Participation in UN World Conferences on the Environment, Human Rights and Women", *World Politics*, Volume 51, Number 1, October 1998, pp. 1 – 35.

② Fernando Henrique Cardoso, "Civil Society and Global Governance: Contextual paper", http://www.un-ngls.org/ecosoc.

③ Isabell Kempf, "Civil Society and Economic, Social and Cultural Rights", http://www.socialwatch.org/en/informesTematicos/25.html.

④ United Nations Association-USA, Issue Paper 3, p. 3.

⑤ Guillet, Sarah, *Nous, Peuples des Nations Unies*, Montchretien, Paris, France, 1995, quoted in Isabell Kempf, "Civil Society and Economic, Social and Cultural Rights", http://www.socialwatch.org/en/informesTematicos/25.html.

京举行的世界妇女大会，也有诸多国家层级和地区层级的非政府组织。参与这些世界大会的许多非政府组织成员感到，经社理事会有关咨商地位的安排存在缺陷，不利于其参加联合国召集的这些国际会议。[1] 有学者也指出，国际体系中存在着一对悖论，即迅速发展的非政府组织星系和发展极慢的联合国太阳系。[2] 非政府组织要求对其参与相关会议的权利提供制度保障；降低参加国际会议的资格条件；增加提供旁听和提供口头或书面陈述的非政府组织数量。非政府组织迫切希望联合国经社理事会制订新的安排，以利于非政府组织间互相交流，便于他们更多地发挥主动性，使非政府成员的活动便于协调和发挥主动性。[3]

第三，非政府组织所参与的领域超出了经社理事会的职能范围。非政府组织扩大了参与国际活动的范围，而经社理事会1968年的制度规定非政府组织参与的范围太窄，旧的制度限制了非政府组织可参与的领域，不能充分发挥非政府组织的咨商作用。

20世纪90年代以前，非政府组织参与的领域尚属经社理事会主管，但90年代后，从上文所提及的相关会议来看，相关会议绕开了经社理事会的咨商制度安排。从非政府组织所参与的领域来看，如1992年里约热内卢关于联合国环境发展的会议主题是环境领域，这并非经社理事会主管范围。此外，非政府组织的活动还以其他方式超越经社理事会所规定的范围和领域，如绕过咨商安排参加区域经济委员会活动、与安全理事会建立联系、参与联合国大会活动。

区域经济委员会向国家层级的非政府组织提供了参与联合国经济及社会工作的渠道。由于位置相对接近，国家层级的非政府组织更容易接触其

---

[1] United Nations Association-USA, Issue Paper 3, p. 3.

[2] Antonio Donini, "The Bureaucracy and the Free Spirits: Stagnation and Innovation in the Relationship Between the UN and NGOs", in Thomas Weiss and Leon Gordenker, eds., *NGOs, the UN, and Global Governance* (Boulder and London: Lynne Rienner, 1996), p. 83.

[3] Furman, J. and Combes, B., "European development networks Experiences in development communication", pp. 45-50, in *Guide to the information activities of European development networks*, first ed., UNESCO, Paris, 1991, pp. 45-50, and Combes, B. and Combes, J. Furman, "African development networks: Experiences and challenges", in *African development source book*, first ed., UNESCO, Paris, 1991, pp. 27-30.

所在地区的区域委员会。虽然参加区域委员会也需要经社理事会认可，但有些区域委员会制定了额外机制来适应区域的需求。例如，欧洲经济委员会起草并通过了《在环境问题上获得信息、公众参与决策和诉诸法律的奥胡斯公约》，使其与非政府组织的伙伴关系进入新阶段。该公约源自《里约宣言》的第10条原则。[①]

非政府组织还参与安全理事会的一些活动。民间社会组织通过所谓的"阿里亚办法"就某一专题（例如儿童兵问题）向安全理事会成员做过简报，即由安理会一成员与一个或多个非政府组织或其他专家召集并主持的非正式会议，但不做会议记录。此类简报常常在理事会会议室外进行，被称为非正式简报，技术上不在安理会正式议程上，会议的目的是为安理会即将讨论的重要问题介绍情况。这种会议是以1993年倡导采取这一办法的委内瑞拉驻联合国代表迭戈·阿里亚（Diego Arria）命名的。

非政府组织还参与到联合国大会和大会特别会议的活动中。非政府组织最早于1993年11月在国际人口与发展会议的筹备工作期间在大会委员会（二委）发言。当时会议被正式中止，但代表们却留下来听取非政府组织计划委员会主席（比利·米勒）的发言。从那时起，非政府组织代表在大会特别会议的多次全会上发言。第一次是大会第十九次特别会议（关于里约会议的后续行动）。然而，这些非政府组织参与领域的扩大却没有制度的保障。

综上可见，在新的国际政治形势下，非政府组织获得咨商地位的门槛太高，许多来自国家和地方层级的非政府组织不能获得咨商地位，无法借国际舞台获得必要的外部资助，南方国家和北方国家的非政府组织间的矛盾增多；国际、国家和地区层级的非政府组织参加会议的实际权利也大于经社理事会的规定，但这只得到了具体某个会议的认可，而经社理事会并

---

① "联合国系统和民间社会"，http://www.un.org/chinese/reform/panel/unsys4.htm，May 2003。《里约宣言》原则十写道："环境问题只有在相关层次上所有有关公民的参与下，才能得以有效解决。在各国，每一个人都可适当地了解由公共当局所拥有的包括个人所在社区中危险材料和活动在内的关于环境问题的信息，并有机会参与各项决策过程。各国应通过广泛提供信息来促进和鼓励公众的认识和参与。应提供有效运用包括补偿和补救在内的司法和行政程序的机会。"

没有提供制度保障,对非政府组织出席会议情况的管理比较混乱;非政府组织实际参加的领域超出经社理事会1968年决议的范围(即经社理事会本身的职能范围)。总之一句话,经社理事会1968年通过的咨商地位的制度安排已经无法适应新的情境,不利于经社理事会与非政府组织的咨商。

第三节 经社理事会对国际政治结构变迁的能动作用

面对旧的制度结构不再适应全球非政府组织发展的新情境,1993年到1996年,经社理事会发挥能动作用,推动了有关非政府组织与经社理事会咨商地位的制度结构变迁。虽然推动变迁的过程漫长并遇到重重困难,成员国家之间存在着巨大的观点分歧和立场差异,非政府组织也因出席会议的代表地区或类型的分配不均而争议不断,但从1993年2月到1996年7月,经社理事会最终推动了制度结构的变迁。经社理事会的能动作用主要表现在三个方面:对1968年的咨商安排制度进行反思;与经社理事会内的一些主权国家结成"改制"的暂时同盟,降低非政府组织获得咨商地位的门槛;经社理事会和一些国家及国际和国内层级的非政府组织一起,扩大非政府组织的参与领域。

首先,反思是以回顾和审查1968年的咨商制度安排的方式进行的。1993年,经社理事会通过214号决定,要求建立一个不限名额工作组,对"1968年制定的联合国与非政府组织咨商关系安排作全面地审查和回顾"。这是经社理事会作为行动者身份的突出体现。反思是对问题情境的回应。在1994年6月工作组召开的第一届会议上,不限成员名额工作组主席詹姆希德·马克先生在开幕发言中指出,工作组的工作非常重要,因为现在正是联合国寻求在发展与和平两方面发挥比较集中的作用之际,非政府组织的贡献会提高联合国的有效性。工作组的工作基本上属于技术性,集中于非政府组织参加联合国的工作这一实质问题,以便确保这一方面更具灵活性的安排。马克着重指出非政府组织对联合国工作所做贡献的重要性,尤其是自环境与发展会议召开以后。① 而接任的特别工作组主席艾哈迈德·卡迈勒［Ahmad Kamal（巴基斯坦驻联合国大使）］也指出审查和回顾联合国和非政府组织之间的关系极其重要。他认为，对非政府组织进行回顾和审查主要有四个原因。首先是由于数以千计的非政府组织参与到了联合国的环境和发展大会。其次，人权非政府组织数量的增长及大量人权非政府组织在联合国会议中进行倡议活动。第三，在全球范围内，非政府组织对一些极端恶化的形势所提供的人道主义贡献。第四，国际妇女运动力量的增强。② 因而，可以说经社理事会是因上文所提到的问题情境而反思的。

这次审查还具有自己的特点。尽管早在1991年，联合国经社理事会就审查了270个以欧洲为基地的发展网络［如非政府组织联合体（consortia）或行业保护组织］，在1993年前还审查了174个非洲的组织。③ 这两次审查与1993年的审查不同，区别在于后者具有如下特征：具有反思性，具有明显地推动制度结构变迁的意图；从时间上看，所反思对象的跨时长；协同参与反思的相关组织的范围广——全球范围。经社理事会审查的目的如下：对旧的制度安排进行更新；在审查中研究如何改善有关非政府组织委员会和秘书处非政府组织股（the Non-Governmental Organizations Unit）工作的实际安排；并有利于建立起划一的制度安排以管理非政府组织参加联合国相关会议。④ 所反思的对象是20世纪八九十年代非政府组织与联合国关系的实践。从参与反思的对象来看，根据有关审查的214号决议，经社理事会做出了以下要求：其下属的非政府组织委员会和联合国相关机构配合这次审查活动；由所有有意加入的成员国代表组成一个不限成员名额的工作组；请在经济及社会理事会具有咨商地位的非政府组织按照理事会第

---

① E/AC. 70/1994/L. 2/ADD. 1

② "NGO Review"，1996，analysis by NGLS-the UN's Non-Governmental Liaison Service, November 1996, http：//www.globalpolicy.org/ngos/ngo-un/ecosoc/1996/nglsnv96.htm.

③ "Working with ngos: operational activities for development of the United Nations system with non-governmental organizations and governments at the grass-roots and national levels"，(JIU/REP/93/1)，p. 36. http：//unesdoc.unesco.org/images/0009/000988/098849eo.pdf.

④ Economic and Social Council Organizational session for 1993，1993/214，Review of the Arrangements for Consultation with Non-Governmental Organizations，February，1993，http：//www.globalpolicy.org/ngos/docs/e1993 - 80.htm.

1296（XLIV）号决议的规定，参加不限名额工作组的工作；请不限名额工作组按照以往惯例，并让其他有关非政府组织，特别是发展中国家的非政府组织，也提出它们的看法。因而，在审查过程中，联合国的成员国参与积极，既包括巴西、智利、哥斯达黎加、古巴、印度、伊朗、肯尼亚、菲律宾、叙利亚等发展中国家，也包括澳大利亚、加拿大、欧盟成员国、美国等为首的发达国家。北欧国家没有参与这次审查，而俄罗斯联邦参与了审查的过程。相关的南北方国家的非政府组织参与了审查。

通过反思，经社理事会意识到在解决全球问题时，要考虑到多样性的非政府组织，即国家层级，地区层级和国际层级。尽管一些非政府组织属于国家层级，但其活动已经具有一种国际视野，它们也有自己的工作规划。它们对所处国家或地区情况的了解有利于相关全球问题的探讨更加务实而深刻。而且，相关会议中许多活跃的国家或者地区层次的非政府组织是发展中国家人民的代表者或支持者，他们给联合国与非政府组织关系及非政府组织之间的关系增加了一个新颖而不可缺少的视角。[1] 经社理事会确认非政府组织对联合国工作的贡献重大，并考虑到非政府组织对最近各种世界会议所做出的贡献，鉴于非政府组织与经社理事会间的协商经验，意识到非政府组织参与联合国所有各个领域工作的问题。[2]

其次，经社理事会、某些非政府组织及一些成员国组成临时改制同盟，降低非政府组织获得咨商地位的门槛，使得国家层面、地区和次地区层面的非政府组织获得咨商地位，特别强调对南方国家非政府组织的认可，并对不具咨商地位的非政府组织参加国际会议做出明确的制度规定。

在降低非政府组织获得咨商地位的门槛这一问题上，经社理事会受到了支持1968年旧制度安排的非政府组织的阻挠。在经社理事会要授予国家和地区乃至次地区的非政府组织以咨商地位问题上，国际非政府组织和地区性的非政府组织矛盾激烈，在经社理事会拥有咨商地位的"非政府组织大会"（CONGO）极力反对这项更新。"非政府组织大会"声称，把不同

---

[1] "ECOSOC Concludes NGO Review", NGLS Roundup, November 1996, http://www.un-ngls.org/documents/text/roundup/10NGOREV.TXT.

[2] 《经社理事会草案》，E/1996/L.24。

层级的非政府组织同样看待，不但降低了咨商地位的门槛，还给经社理事会提供给其有咨商地位的非政府组织的资源和服务带来压力。①"非政府组织大会"认为，现在时机还不成熟，许多工作尚未做到位；将会妨碍地区性（或国家层面）的非政府组织与国际非政府组织之间的联系，破坏两者之间的团结，不利于两者维持协作关系。② 1993 年 11 月，"非政府组织大会"主张不要把咨商地位扩大到地区和国家层级，而声称其内部的一些非政府组织成员（教育国际、国际志愿机构理事会、国际社会福利理事会、联合国协会世界联合会、国际第四世界运动等）已经同意成立一个"促进委员会"，由这个促进会增进经社理事会与国家层级和地区层级非政府组织的联系。当然这些成员都是很早就享有经社理事会的咨商地位。"非政府组织大会"还同意增加促进会的成员以使之更具代表性。③

而来自南方国家的非政府组织、国家与地区层级的非政府组织则针锋相对。如来自南方国家的非政府组织第三世界网络强调，来自南方的国家层级的非政府组织参与全球相关会议便于传达地方层面的声音，便于在会议预备过程中做出一些有利南方国家的贡献。第三世界网络还联合欧洲声援人民平等参与组织（EUROSTEP）、美国妇女发展和环境组织（WEDO）和世界银行下辖的非政府组织国际财务公司（IFC），在降低进入咨商地位的门槛问题上向"非政府组织大会"施压。④

经社理事会与许多国家，尤其是发展中国家，在国家层级和区域层级的非政府组织获得咨商地位这一点上获得了广泛的共识。最初担任经社理事会不限名额工作小组主席巴基斯坦大使詹姆希德·马克（Jamsheed

---

① Annabel Wiener, Deputy Secretary-General of the World Federation of UN Associations (WFUNA), quoted by Jaya Dayal, "United Nations: Opening Doors wider to NGOs met with caution", New York: IPS, February 19, 1994.

② Statement submitted by the Conference of Non-governmental Organizations in consultative status with the Economic and Social Council, E/AC. 70/1995/NGO/2, 3 May 1995.

③ Letter from Rosalind Harris, President of CONGO to Ambassador Somavía. November 3, 1993. Quoted in www. socialwatch. org/en/informeImpreso/images/otrasPublicaciones/ZOOM – 01 – eng. pdf.

④ Mirjam van Reisen to Max van den Berg, Novib Internal Memo, Subject: Social Summit. January 11, 1994. Quoted in www. socialwatch. org/en/informeImpreso/images/otrasPublicaciones/ZOOM – 01 – eng. pdf.

Marker）在第一次工作组例会上指出，确保全球范围内、地区间和国家层级的非政府组织的平衡分配极为重要。① 由于非政府组织，尤其是来自地区和国家层级的非政府组织，能够在一些领域支持发展和接触到政府及政府间机构不能接触到的群体，欧盟、加拿大、俄罗斯联邦、澳大利亚建议获得咨商地位的组织应该包括国家一级、国际一级和区域一级。而代表广大发展中国家的七十七国集团对此持同样观点，并强调在给予咨商地位和参与联合国相关会议时，要使南北方国家的非政府组织之间达到某种平衡，尤其要照顾到发展中国家的名额。②

1996年7月25日，经社理事会以一致同意的方式通过了对非政府组织修改1968年关于经社理事会与非政府组织咨商地位的制度安排E/1996/L.25草案，最后以1996年第31号决议的形式发布。对授予非政府组织咨商地位的制度结构做了如下更新：

其一，降低经社理事会授予咨商地位的门槛，使得国家和地区层级的非政府组织有机会获得咨商地位。

1. 使得国际非政府组织在一国内部的支会或支部也可以申请咨商地位。

2. 使得国家层级、地区或分地区的非政府组织都有资格申请咨商地位。

3. 决议的第五段要求非政府组织委员会"在尽可能的情况下，确保来自世界不同地区和领域的非政府组织可以公正、实在而有效地参与到联合国，并保持某种（区域和领域内的）平衡"。

其二，对非政府组织参加联合国召开的会议提供制度保障。具有一般咨商地位、特别咨商地位和列入名册的非政府组织如表示希望出席联合国召开的有关国际会议及其筹备机关会议，通常应认可其参加。其他非政府组织如欲获认可，得为此目的按照以下规定向会议秘书处申请。尽管一些非政府组织不拥有经社理事会授予的咨商地位，但决议赞同让符合资格的

---

① ECOSOC concludes NGO review，NGLS Roundup，November 1996，http：//www.un-ngls.org/documents/text/roundup/10NGOREV.TXT.

② E/1995/83/ADD.1.

非政府组织参与联合国召开的国际会议。决定为非政府组织获得认可和参与大型国际会议制定了一个标准程序。

1. 关于非政府组织受邀参加联合国召开的国际会议，认可其参加是会员国的特权，通过各个筹备委员会而行使。在这类认可之前应有一适当过程以确定其是否合格。

2. 会议秘书处须负责收取和初步评价非政府组织要求认可参加会议及其筹备过程的申请。会议秘书处在履行其职责时，应与秘书处的非政府组织科密切合作与协调，并应以本决议之各项相关规定作为指导。所有这类申请皆应附上关于该组织的专长及其活动与会议及其筹备委员会工作相关性的资料，说明这类专长和相关性与会议议程和筹备工作的哪些特定领域有关，除此以外，还应列入以下资料：

（a）该组织的宗旨；（b）该组织与会议及其筹备过程有关领域的方案和活动的资料以及在哪个国家或哪些国家内执行的资料；（c）证实该组织在国家、区域或国际各级的活动；（d）该组织附有财务报表的年度报告或其他报告印本，以及财务来源和捐助，包括政府捐助清单；（e）该组织理事机构成员及其国籍名单；（f）说明该组织的成员资格，指出成员总数、成员组织的名称及其地理分配情形；（g）该组织的章程和（或）会章（协会章程）印本。

商定在评价该非政府组织申请认可参加会议及其筹备过程的相关性时，会议秘书处应根据其背景和参与会议主题领域的情形做出决定。会议秘书处可根据以上协议确定该非政府组织所具备专长和活动与筹备委员会的工作的相关度，以确定是否认可其参与相关国际会议。会议秘书处不认可非政府组织的资格时，应当向会议筹备委员会提出不认可该组织的理由，并确保在每届会议开始前一周让筹备委员会收到其建议，以便对异议做出答复和提交可能需要的进一步资料的机会。会议筹备委员会在全体会议上讨论了会议秘书处的建议后，应在24小时内就所有认可参与的提议做出决定。如果在此期间未做决定，应给予临时认可，直至做出决定为止。获得认可的非政府组织可以参加相关的筹备委员会和会议本身。经认可出席会议的非政府组织可在筹备过程中以联合国正式语言提出书面报告（除按照联合国议事规则提出的以外，不作正式文件）。非政府组织可以在适当情形下做简短的发言，但不拥有谈判地位。

其三，对中止或撤消咨商地位相关规定的变更。以下三种情形，经社理事会将取消非政府组织的咨商地位。首先，倘任何组织显然直接或通过其分支机构成为其利益行事的代表滥用其咨商地位，从事违背《联合国宪章》的宗旨和原则的一类行为，包括对联合国会员国从事不符合这些宗旨和原则的无事实根据或出于政治动机的行为者。这是对1968年相关规定第一条和第二条的合并和更新。随着冷战的结束，国家间的对抗有所弱化，而和平和发展成为世界的主题。经社理事会减少了非政府组织沦为国家间政治斗争工具的担心。其次，有确凿证据表明受非法毒品交易、洗钱或非法军火交易等国际公认的犯罪活动所得收益影响者。这一条是新增规定，它体现了经社理事会防止非政府组织受到一些不好的非国家行动者影响的意图。第三，倘任何组织在此前3年期内对联合国，特别是对理事会或其所属各委员会或其他附属机关的工作未做出任何积极或有效贡献。这是1968年相关规定的保留。①

其四，通过审议1996年L24号决议，经社理事会扩大非政府组织的参与领域。扩大非政府组织参与领域的问题超出了1968年1296号决议的范围，但这是非政府组织所极力争取的目标。具有咨商地位的非政府组织要求审议是否有可能将咨商关系扩大到大会、大会各主要委员会、以及与经社理事会无关的各联合国机关。他们建议，应当允许非政府组织参加各工作组和起草小组，②这也是"非政府组织大会"在20世纪80年代的第十五届大会决议以来的一贯主张。在回顾和审查后，经社理事会采纳了非政府组织要求扩大参与领域的意见，而这也赢得了一些国家的支持。七十七国集团（G77）和中国要求把非政府组织活动扩大到经社理事会以外，换句话说，在金融、裁军及维和方面，非政府组织也可以参与活动。

然而，美国和俄罗斯等大国却反对这项提议，他们反对把联合国的所

---

① "ECOSOC Concludes", NGO Review, NGLS Roundup, November 1996, http://www.un-ngls.org/documents/text/roundup/10NGOREV.TXT.

② E/AC.70/1994/L.2/ADD.1.

有活动领域都向非政府组织开放。不限名额工作组主席哈迈德·卡迈勒花了半个小时进行劝说，最终取得美俄同意支持这项草案。但美俄加了一项保留，即要在联合国大会职能范围内，才能允许非政府组织参与领域的扩大。美俄的意图是，非政府组织的活动只能限于联合国大会的职能范围内，而不包括安理会的职能。面对美俄的反对，七十七国集团决定撤回对修改1296号决议的支持。

就在1996年7月25日审议L24号草案的会议上，美国代表不同意把非政府组织的活动范围扩大到联合国大会。这时，美国代表提出暂停会议，以与其他成员国协商，是否要以一致同意的方式还是投票表决的方式表决。休会10分钟以后，经社理事会主席把一条解释性的说明添加到决议中，E/1996/L.24决议草案符合联合国宪章第10条所规定的联合国大会的所有职能范围。[1] 也就是说，联合国大会的职能范围涵盖一切。最后，在七十七国集团的反对和经社理事会主席的坚持下，美俄同意收回这个保留条件，并以一致同意的方式而不是投票表决的方法通过。由此，请求联合国大会审查有关非政府组织参与到联合国所有领域工作的问题的1996年297号决议得以产生。也就是说，经社理事会支持非政府组织把其活动领域扩大到安理会和布雷顿森林体系所代表的裁军和金融领域。

小 结

经社理事会是联合国的重要机构。按照联合国宪章，在联合国系统中，经社理事会是唯一可处理联合国与非政府组织关系的相关制度安排的机构。经社理事会不属于任何其他行为体，具有独立性；其成员和活动都具有跨国性；经社理事会还具有意图性；拥有决策性权力、话语性权力和制度规则的权力，并可以与其他世界政治行为体进行权力竞争并产生效

---

[1] http://www.globalpolicy.org/component/content/article/177-un/31786-ecosoc-concludes-ngo-review.html.

果。经社理事会是一个非国家行动者，具有政府间国际组织的性质，它可以通过自身拥有的意图和权力与有关非政府组织参与联合国相关事务的制度结构发生作用。

经社理事会发生作用的初始结构是经社理事会1968年建立的有关非政府组织的制度。这项制度规定了非政府组织获得咨商地位的条件、申请的类别、被授予咨商地位非政府组织的权利和义务以及取消和中止非政府组织咨商地位的情形。这项制度还规定，非政府组织只有在国际经济、社会、文化、教育、卫生、科学技术、人权等问题领域活动，才可被经社理事会授予咨商地位。该制度的适用对象主要是西方的国际非政府组织。在1975年墨西哥城的国际妇女年、1985年内罗毕的国际妇女十年等国际会议中，这项制度得到体现。到1996年被更新，这项制度存在了28年，对非政府组织与经社理事会的关系具有约束作用。

到冷战结束初期，经社理事会实施这项制度安排时面临着问题情境。首先，主要来自于南方国家的国家和地区层级的非政府组织力量不断壮大，并也力求获得经社理事会的咨商地位，以更多地介入国际事务，发出本国或地方的声音。其次，在联合国资助的诸多国际会议上，非政府组织发挥了越来越大的影响力，与国家等其他世界政治行为体展开了权力竞争并产生实际效果，但其中有很多非政府组织未能获得经社理事会的咨商地位。第三，一方面，非政府组织力求扩大其参与国际事务的领域，除了经社理事会的职能范围外，非政府组织还力图能参与到安全和国际金融领域；另一方面，在联合国总部，非政府组织参与到了经社理事会以外的联合国机构并产生了一些临时的安排，非政府组织力求对相关的参与活动提供制度保障。

面对以上问题情境，经社理事会积极发挥能动作用。从意图性来看，经社理事会对全球范围内的非政府组织进行了反思：尽管一些非政府组织属于国家层级，但其活动已经具有一种国际视野；能够提供一些政府无法接触的基层信息，他们给联合国与非政府组织关系及非政府组织之间的关系增加了一个新颖而不可缺少的视角；在授予咨商地位时，经社理事会要平衡南北方国家非政府组织的数量；要为非政府组织参加联合国资助的会议提供制度保障；要扩大非政府组织参与国际事务的领域。进而，经社理事会利用其自身的话语权力框定了非政府组织参与国际事务的议题；利用其决策性权力制定出非政府组织可以参与到联合国事务的一切领域；利用其制定规则的权力，扩大了非政府组织可参与的领域和制定了非政府组织参加联合国资助的国际会议的新规则。经社理事会联合一些国家和非政府组织推动了国际制度结构的变迁。

这里所说的变迁并不包括相关制度的一些程序变动。虽然决议要求联合国秘书长应当授权向拥有咨商地位的非政府组织开放文件、联合国图书馆，提供文件打印服务，与其讨论相关感兴趣的问题，提供一些相关大会或小型会议席位、与经济社会领域相关的会议文件，这是具有咨商地位的非政府组织努力的结果，但这只具有程序性的含义，并不具有制度结构变迁的意义。[1] 本书认为经社理事会推动了结构的变迁，是从以下四个角度来衡量的。

首先，考虑到国家层级和地区层级非政府组织的作用和贡献，考虑到全球范围内非政府组织权力分配的变化，经社理事会降低非政府组织获得咨商地位的门槛，制定新规则允许国家和地区层级的非政府组织获得咨商地位。这有利于缓和国际非政府组织与国家层级、地区层级非政府组织之间的矛盾。经社理事会强调在授予咨商地位和准许非政府组织参加联合国会议问题上，注意南北方非政府组织之间的平衡，这有利于缓和南北方国家非政府组织之间的矛盾。

其次，改变咨商制度安排，允许国家和地区层级的非政府组织获得咨商地位，这有利于不同层次的非政府组织表达自己不同的理念，便于非政府组织间的交流和发挥主动性。允许国家层级的非政府组织获得咨商地位，是对主权国家范围内事务的合法渗透。由于1996年30号决议保留了获得咨商地位非政府组织要向经社理事会提交四年一度报告的规定，那些国家层级的非政府组织获得一般咨商或特殊咨商地位后，就要按照咨商地位的制度安排向经社理事会提交四年一度的报告，并在报告中表明非政府

---

[1] E/AC.70/1994/L.2/ADD.1.

组织在前三年中对经社理事会或其下属委员会的工作所做出的值得肯定或有效的贡献。如果没有这样的贡献，就有中止或取消咨商地位的可能。换句话说，国家层级非政府组织的忠诚和信仰不能再局限于本国，还要忠诚于联合国经社理事会。这种制度的变迁是经社理事会的暗含权力推动的结果。

第三，经社理事会意识到了国家、国际、地区三个层级的非政府组织参与联合国召开的国际会议，会对解决国际社会面临的新问题具有正面的建设意义，从而，经社理事会把国家和地区层级的非政府组织囊括到咨商地位的安排制度里，并对非政府组织参加国际会议做了明确的制度规定，这就便于对参与到国际会议中活动的非政府组织进行治理，减少非政府组织参加国际会议的混乱状态，协调好不同层级的非政府组织对国际会议的参与。加强对非政府组织的治理也同样体现在中止和撤消咨商地位情形的第二条，该条防止了非政府组织与一些不合法的非国家行为体建立联系。

第四，扩大非政府组织参与国际事务的领域不但缓解了非政府组织参与的实践领域与制度之间的矛盾，也对国际政治中权力结构的变化产生实际影响。一方面，鼓励了南方国家获得咨商地位的非政府组织数量的增加。如经社理事会按照新的制度规则在1998年和2003年分别授予中国人权研究会和中国绿化基金以特别咨商地位。到2007年为止，中国获得咨商地位的非政府组织有20个。从全球来看，相关数据表明，1996年制度革新前后，获得咨商地位的南方国家非政府组织只有20%（其中亚洲9%，非洲4%，拉美和加勒比海地区7%）。2007年，这个数字增加到了33%（其中亚洲16%，非洲11%，拉美和加勒比海地区6%）。[①] 另一方面，虽然经社理事会有关扩大非政府组织参与领域的决议在联合国大会没有得到通过，但经社理事会的支持也为后来非政府组织在实践中扩大参与领域，加入到其他领域的国际权力角逐提供了合法性，如提出改革大会和安全理事会的建议，对世贸组织的改革施加影响，对裁军和金融领域施以影响。

---

① http：//esa. un. org/coordination/ngo/new/index. asp？page = pie2007.

突出的例子是禁止使用地雷国际运动、禧年 2000 减免债务倡议。①

经社理事会对结构的变迁体现了行动者和结构的二元性。面临问题情境，经社理事会远离 1968 年制度结构，进行反思，并借助自身的权力有意图地推动了结构变迁。这体现了行动者和结构之间相互独立的关系，也体现了结构变迁是行动者有意图行动的产物。行动者建构了新的制度结构，这一制度性变革对扩大非政府组织在当代国际关系中的作用具有积极意义。经社理事会建构新结构的出发点正是对自己利益的追求。作为能动者，经社理事会在面临着冷战后一些大国内出现贬低联合国作用的声音时（如弗朗西斯·福山在"历史终结论"中主张提高北约的作用，而贬低联合国的作用），积极赢取国家和民间两方面的支持，从而增强联合国在国际社会中的生命力、合法性和影响力。

---

① "民间社会组织在联合国和全球施政中发挥影响的方式"，http://www.un.org/chinese/partners/civil_society/modes.htm。

第六章/中日东海问题上友好合作理念的形成/
——跨国保钓运动推动下的观念结构变迁

国际体系变迁不但表现于国际制度变革，还表现为体系内的权力分配和国际文化的变化。而且，非国家行为体不仅推动着宏观层面的国际体系变迁，也会推动地区或双边互动体系（微观结构）的变迁。在本章，保钓运动跨越时空地介入到中国、日本、美国的互动中，并复制着中日美三国互动中的竞争文化。在复制过程中，保钓运动不但改变了东亚地区在东海石油问题领域里的权力分配结构，还使该地区竞争的文化结构发生了这些参与者意图之外的变革。这种变革虽然与大国的决策有着密切的关系，但如果没有保钓运动的介入，这种变迁就难以发生。保钓运动推动东亚地区互动文化结构变迁的能动作用正是其影响决策的权力、影响话语的权力。

保钓运动是保卫钓鱼岛运动的简称，指的是华人为保卫中国固有领土钓鱼岛而与美国和日本进行抗争的民间社会运动。从20世纪70年代开始到21世纪初，保钓运动经历了三个阶段，持续40多年。尽管香港同胞最先发起保钓运动，开展了广泛的舆论宣传工作，使钓鱼岛事件在香港成为"二十年来中国人最关心的事件"，[1] 但真正对大陆、台湾和香港地区产生影响的还是在美国的港台留学生。1971年纽约华人兴起保钓运动以来，全球各种形式的华人保钓组织兴起，高潮时达到200余个。[2] 初期，保钓运动在海外大规模展开，表现为保钓人士通过宣传和游行来动员海外华人保钓，抗议日本和美国私下授受钓鱼岛。后来，运动扩展到台湾和香港地

---

[1] 1971年2月，香港同胞举行第一次保钓示威，也成立了保钓团体。在7月7日，香港保钓人士和警察发生冲突，造成流血事件。另见香港《明报月刊》第6卷第9期，第94页。

[2] 《东南快报》2003年12月29日。

区。海外的保钓运动延续了 10 年,到 20 世纪 80 年代中后期陷于低潮。此后,海外的保钓运动被香港和台湾地区的保钓人士所继承。到了 90 年代,随着日本实行一种强化占领钓鱼岛的政策,海外和港台的保钓运动再掀高潮。与 20 世纪 70 年代保钓运动中的口头抗议、街头游行示威相比,90 年代的保钓运动偏重于通过租船到钓鱼岛海域宣示主权、登岛等行动以捍卫钓鱼岛。到了 21 世纪初,保钓运动的主力转移到中国大陆,形式也进一步丰富,海外华人和两岸三地的中国人不但到钓鱼岛海域宣示主权和登岛,而且提出了租借和开发钓鱼岛的诉求。从保钓运动的发展历程来看,保钓运动跨越了美国、加拿大、中国大陆、香港、台湾等国家或地区。为了捍卫中国在钓鱼岛的主权,保钓人士卷入到中国与美国和日本的权力之争,因而保钓运动是一个非国家行为体。

从目前来看,有关保钓运动的研究存在着几种视角。一种视角来自 20 世纪 70 年代保钓人士自己的回忆和评价。这类成果侧重于衡量保钓运动对保钓人士个人的价值观、人生观的影响,或者评估保钓运动对参与者认同祖国或后来全球华人从事中国统一运动的意义。[①] 有的研究视角反思海外和地区保钓运动对台湾地区局势的影响。如海外保钓和台湾岛内的保钓运动促使民众认同出现了不利于台湾当局而利于中华人民共和国的局面,或者保钓运动抵制了"台独"。[②] 还有一种视角着眼于保钓运动和中日关系,并认为保钓运动是一种跨国运动,即非国家行为体,能体现中日两国政府和民间的双层博弈,并认为保钓运动这样的跨国行为体有可能会恶化有争议国家之间在岛屿问题上的冲突。[③] 本书把跨国保钓运动看做一个行动者,

---

① 王晓波:"天涯何处是神州",《纵横月刊》1982 年 6 月号;王晓波著:《尚未完成的历史——保钓二十五年》,海峡学术出版社 1996 年版,第 100 页;王拓:《台北,台北!》(序言),中国友谊出版公司 1987 年版,第 1—7 页;林盛中:"从'保钓运动'到'台湾同学会'",《海峡评论》第 55 期,第 38—39 页;林盛中:"对保钓运动的回顾",2008 年 1 月 8 日,http://blog.people.com.cn/blog。

② 薛化元:"保钓运动的回顾与反思",http://www.twhistory.org.tw/20010423.htm;刘源俊著:"我所知道的留美学生保钓运动",邵玉铭主编:《风云的年代——保钓运动及留学生涯之回忆》,联经出版事业公司 1991 年版,第 200 页。

③ Chien-peng Chung, "Resolving China's Island Disputes: A Two-Level Game Analysis", *Journal of Chinese Political Science*, vol. 12, no. 1, 2007, pp. 49–69.

这个行动者跨越时空地社会性卷入中日美之间的关系，进而推动了中日在东海问题上观念结构的变迁。

在前一章，论述经社理事会推动制度性结构变迁时，经社理事会的能动作用是在制度结构面临问题情境时，行动者利用自己的权力有意图地推动结构的变迁，而跨国保钓运动对中日间在东海问题上观念结构的能动作用表现为，以其拥有的权力来再造中日在东海问题上的竞争性结构，但这种再造的后果及此后的累积效应推动了中日在东海问题上的观念变迁。保钓运动对结构的变迁是一种意图之外的后果，也就是结构变迁并非是行动者有意推动的结果。

不论是要理解跨国保钓运动与中日在东海问题上的观念结构变迁之间的关系，还是要理解跨国保钓运动的能动作用，都需要理解钓鱼岛问题与中日间的东海问题两者间的关系以及跨国保钓运动的相关权力，这些就须从钓鱼岛问题和保钓运动的由来谈起。

第一节 20世纪70年代初跨国保钓与中日竞争性的观念结构

钓鱼岛又名钓鱼山、钓鱼台、钓鱼台列屿，还简称鱼屿，俗名花鸟山，位于北纬25度46分、东经123度32分处，距中国台湾省东北大约92海里，距日本琉球群岛约73海里，但相隔一条深1000—2000米的海沟，该海沟成为中国和琉球群岛之间的天然分界线。钓鱼岛列屿由钓鱼岛（4.3平方千米）、黄尾屿（1.08平方千米）、赤尾屿（0.154平方千米）、大蛇岛（0.463平方千米）、大鸟岛（0.302平方千米）和3块小岛礁（即鸟岛、蛇岛、和平岛）等组成，总面积约6.344平方千米。钓鱼岛列屿各岛因淡水不足、泥土不厚、风浪较大，不适合定居，属无人岛屿，但钓鱼台列屿及其所属广大海域，自然资源十分丰富，自古以来就是中国政府和台海两岸民众进行经营管辖、劳动生息的专属固定区域。

作为中国固有领土，钓鱼岛变成中日两国的争议问题有其历史根源。钓鱼岛最初是在甲午战争结束后依照《马关条约》割让出去的。第二次世界大战后，接收台湾的国民党政府却没有立即对美国提出主权的要求。当时，美军占领了琉球群岛与钓鱼台列屿，可以说，中国政府丧失了收回钓鱼台列屿的最好时机。1951年，美国根据《旧金山对日媾和条约》的规定托管了钓鱼岛及琉球群岛。1953年12月25日，美国陆军少将大卫·奥格登（David A. D. Ogden）代表美国琉球民政府发布"第27号令"，即关于《琉球列岛地理界线》的公告。该公告称，"根据1951年9月8日签署的对日和约"，有必要重新指定琉球列岛的地理界线，其中第一条规定：将当时美国琉球民政府管辖的区域指定为，"包括北纬28度、东经124度40分，北纬24度、东经122度，北纬24度、东经133度，北纬27度、东经131度50分，北纬27度、东经128度18分，北纬28度、东经128度18分各点连线的区域内各岛、小岛、环形礁、岩礁及领海"。[1] 由此美国开始了对中国钓鱼岛的非法侵占。根据该条约，美国政府认为对作为琉球列岛一部分的"尖阁诸岛"（即日本对钓鱼岛的称呼）拥有施政权，这意味着日本拥有对琉球列岛的潜在主权，这也成为此后日本在钓鱼岛拥有主权的"证据"。日本媒体公然为日本霸占中国钓鱼岛等岛屿制造舆论，声称："最近已经知道，在冲绳本岛西部的尖阁群岛上，设有美国驻冲绳海军的两个射击场。""明确记载着在尖阁群岛设有美国驻冲绳海军的空地射击场的，是美国第二十九工兵团去年一月绘制的题为《在琉球群岛的美国设备和设施》的六色地图，这幅地图是美军目前使用的最新地图，其中明确指出在'尖阁群岛'的黄尾屿和赤尾屿这两个岛屿分别设有海军的空地射击场。""但是，因为归还（冲绳）后在使用射击场的问题上不得不征得主权者日本的同意，所以政府认为这样一来关于'尖阁群岛'的领有权就进一步有了有力的证据。"[2]

日本对钓鱼岛增强兴趣的一个重要原因是资源因素。1961年，美国伍兹霍尔海洋学院的地质学教授埃默里和日本东海大学教授新野弘发表研究

---

[1] Civil Administration Proclamation, No. 27, "Geographical Boundaries of The Ryukyu Islands", Office of the Deputy Governor, APO 719; "United States Civil Administration of The Ryukyu Islands", Office of the Deputy Governor, 25 December 1953.

[2] 日本共同社，1971年5月11日。

报告，首次暗示中国东海（包括钓鱼岛附近）可能蕴藏石油资源。[1] 1967年，两人又发表文章，进一步表明在黄海、东海及南海大陆架上有可能藏有丰富的石油资源。[2] 1968年秋，在联合国亚洲及远东经济委员会（ECAFE）的主持下，埃默里和新野弘组织日、韩、中国台湾等方面专家对东海、黄海海域进行了实地勘测，并于第二年4月提出调查报告（被称为"埃默里报告"）。该报告明确提出"在台湾（地区）与日本之间的这片浅海海域将来也许会成为一个世界级规模的产油区"。[3] 这一研究成果引起了日本极大的关注。

日本政府便积极行动起来，意欲占领钓鱼岛和插手东海石油资源开发。1966年10月，日本加入联合国亚洲及远东经济委员会的下属机构"联合勘探亚洲近海海域矿产资源协调委员会"（CCOP）。1968年7月，日本组织"尖阁列岛视察团"在钓鱼岛海域进行实地调查。之后，从1969年6月到1970年6月，日本政府又先后组织"尖阁列岛周围海域海底地质学术调查队"和"尖阁列岛海底地质调查团"前往钓鱼岛海域进行海底资源调查。[4] 1970年下半年，日本通产省制定了在东海大陆架南部寻找油气资源的五年规划。与此同时，在美国控制下的琉球为加强对钓鱼岛的实际控制和争夺其周边海域的石油资源，于1969年5月在钓鱼岛上设置了标桩。而日本政府（佐藤荣作内阁）也从政策层面积极配合，加快了同美国谈判关于"收回"冲绳的工作。

20世纪60年代中期，国际形势的变化为日本提供了抢占钓鱼岛的机会。美国因陷入越战使其亚洲政策陷入空前的危机。一方面，1964年1月26日，日本人民开展了大规模示威，反对美国核飞机和核潜艇进驻日本、

---

[1] Hiroshi Niino and K. O. Emery, "Sediments of shallow portions of East China Sea and South China Sea," *Geological Society of America Bulletin*, Vol. 72, 1961, pp. 731–762. 转引自高桥庄五郎：《尖阁列岛纪事》，[日] 青年出版社1979年版，第10页。

[2] K. O. Emery and Hiroshi Niino, "Stratigraphy and Petroleum Prospects of Korea Strait and the East China Sea", CCOP Technical Bulletin, (United Nations ECAFE, Bangkok), 1968, Vol. 1, p. 13.

[3] K. O. Emery, et al., "Geological Structure and SomeWater Characteristics of East China Sea and Yellow Sea", UNECAFE/CCOP Technical Bulletin, Vol. 2, 1969, p. 3. 转引自马英九：《从新海洋法论钓鱼台列岛与东海划界问题》，台湾正中书局1986年版，第28—29页。

[4] 高桥庄五郎：《尖阁列岛纪事》，[日] 青年出版社1979年版，第19—20页。

要求归还冲绳、废除新日美安全条约。而中国领导人毛泽东发表谈话表示坚决支持,北京100万人举行声援大会。日本人民的抗议运动,迫使美国调整对日本的政策。而且,美国需要日本支持其对越南的政策。"为了扩大越南战争,美国就必须确保外国,尤其是日本的合作。因为日本不仅作为美军的综合后方基地很重要,它还是能够在亚洲代替美国,向韩国和其他亚洲亲美各国提供经济援助的唯一国家。美国一面要求日本同意其核动力潜艇进港并援助南越与韩国,一面开始公开地施加压力以促进日韩会谈。"[①] 为了保住美军在琉球的军事基地,获得日本和韩国支持美国在越南的政策,也为了更好地向日本施加压力以促进长达13年之久、一直处于跛行状态的汉城—东京间的"正常化"会谈,[②] 美国答应了日本归还冲绳和钓鱼岛。美方表示,同意1972年归还,但要求不损害其基地职能。1969年11月美国正式答应1972年归还冲绳和钓鱼岛列屿给日本。[③]

　　根据以上历史背景,如果仅仅从国家行动者的角度来看,为解读中日间钓鱼岛问题的互动理念,研究者可以得出这样一种可能性推论:由于东海和钓鱼岛被证明存在石油和天然气,日本见油起意,而中国则为了捍卫本国的领土和资源,因而就其性质而言,钓鱼岛问题是中日间的领土和资源问题。这种推论的一个证据来自1970年5月18日《人民日报》的文章,这篇社论称《佐藤反动政府玩弄妄图吞并我钓鱼岛等岛屿花招》:钓鱼岛等岛屿和台湾一样,自古以来就是中国的领土。美国在中国领土钓鱼岛等岛屿设有演习场,并标绘在军用地图上,是美国侵犯中国领土主权的又一罪证,而绝不能改变钓鱼岛等岛屿是中国的领土这一铁的事实,日本佐藤政府竟然要从美军军用地图寻找"有力的证据"。这篇社论是否能为以上的解释提供支撑呢?就领土的性质来看,钓鱼岛既无人烟,面积也过小,而当时中国的教科书普遍宣传中国有960万平方千米的土地。直到1982年《联合国海洋法公约》诞生之后,中国人的领土观念中才真正包含了300万平方千米海洋领土,而领土的面积也改为1260万平方千米。而且,中国

[①] 信夫清三郎:《日本外交史》,商务印书馆1980年版,第856页。
[②] 同上书,第856页、第854—855页。
[③] 高桥庄五郎:《尖阁列岛纪事》,[日]青年出版社1979年版,第39页。

政府在 1958 年发表的关于领海声明中宣布：中华人民共和国的领海宽度为 12 海里。这项规定适用于中华人民共和国的一切领土，包括中国大陆及其沿海岛屿，和同大陆及其沿海岛屿隔有公海的台湾及其周围各岛、澎湖列岛、东沙群岛、西沙群岛、中沙群岛、南沙群岛以及其他属于中国的岛屿。① 声明没有突出钓鱼岛。因而，在钓鱼岛问题发生时，领土因素不能被过于夸大。从资源的性质来看，中国于 20 世纪 60 年代初开发大庆油田和胜利油田，石油生产有了很大发展，1963 年实现原油基本自给。在钓鱼岛问题发生时，中国的石油产量除了能自给外，还可以出口国外。② 此外，20 世纪 70 年代中期的西方国家石油危机发生在钓鱼岛问题之后，石油对一国经济的重要性并没有那么明确。因而，尽管可以说，日本抢占钓鱼岛是由于岛国稀缺资源而重视钓鱼岛列屿问题，但用同样的原因来解释中国对钓鱼岛问题的重视和此后中日间互动理念的形成，这缺少说服力。在当时的国际形势下，钓鱼岛问题并不是新中国政府的首需解决的问题。而且，如果把目光局限于国家行动者，把钓鱼岛问题的性质局限于领土和资源问题，也不能解释为何保钓的号角首先在国外吹响，而不是在台湾岛内或者新成立的中华人民共和国内部。

如果把视野扩大到非国家行为体，把非国家行动者 20 世纪 70 年代初开始的跨国保钓运动放到中日美的互动体系中，则可以提供一种更有说服力的解释。因为，正是当时的跨国保钓运动，使得新中国政府更加重视钓鱼岛问题，也推动着美国在钓鱼岛问题上的立场中立化。可见，推动新中国政府在钓鱼岛问题上转变理念的因素并非完全来自对资源问题的重视。那究竟是什么原因呢？这就要探究 20 世纪 70 年代保钓运动产生的历史背景、原因及其权力。

据参加当年保钓运动的人士回忆，保钓运动的兴起具有深刻的时代背景。海外保钓运动的参与者主要来自台湾，而发生地主要在美国，这与美国当时的国内背景有着密切的联系。从 1969 年下半年到 1970 年，美国学

---

① 新华网，http://news.xinhuanet.com/ziliao/2003－01/24/content_705061.htm。
② 庞忠甲："失落的能源战略——回眸 IGCC 二十五年"，学说连线，2005－08－06，http://www.xslx.com/htm/jjlc/hgjj/2005－08－06－19069.htm。

生正进行着如火如荼的反战运动,这些台湾留学生的美国同辈们不仅是当时反战健将,还在全美高校的反战运动中起着带头作用。他们在美国风起云涌的反战学潮中,大胆地挑战费正清这样的权威,与这些权威进行辩论。他们从理论上分析,并得出结论:导致美国陷入越南泥沼的深层原因是美国狭隘的国家利益;是僵硬的美苏两极的冷战思维;是从理论上和实践上都有问题的敌视和在东南亚围堵新中国的多米诺骨牌理论。费正清一手建立的中国学就是围堵中国的理论和大战略的一个构成部分。美国学生质疑美国的学术机构(如哈佛的东亚研究中心)与中央情报局之间的联系,他们认为,这从根本上违反了学术的自由和独立性。他们的基本思路是,美国介入越南的战争是一场违反正义的侵略战争,根本不值得美国人民支持,不值得花美国人的钱让美国青年去送命,所以他们基于一个学者的职业良心,一定要坚决反战。1968年美国接连不断的越战灾难使美国学生深深感到:过去他们深信的美国基本价值、教育体制和运作机制、政党关系、建立在言论自由价值上的大众传媒,现在都面临信仰危机,都需要彻底重新加以审视。一时间,美国人引以自豪的文明突然变得一无是处,到处都出了问题。[①]

这些美国学生向老师造反、向体制挑战的勇气,鼓励和激励着那些来自港台的留学生去反传统生活价值观。[②] 一方面,他们对"五四运动"当年向西方寻求现代化途径的做法开始产生怀疑,并重新思索这些问题;另一方面,他们很不满意台湾当局对美国的依赖,以及在社会、文化方面对西方盲目模仿性的发展。随着时间的推延和对中国大陆的进一步了解,他们对大陆的社会制度一时非常"神往"。据当时的保钓者回忆,留学生正是经过以上思想和心理上的准备才跳出来保钓。[③]

1969年11月,当美留学生获知美日联合公报决定将钓鱼岛于1972年

[①] 龚忠武:"哈佛的激情岁月——夺回中国近现代史的解释权",人间网,2006年12月21日,http://www.ren-jian.com/Index.asp?act=ViewEachArticle&ArticleID=1591。

[②] 高原:"海外保钓运动的回顾",《北美行》1994年8月,第19期,http://www.lanxun.com/bmx/bmx019/nm01901.htm。

[③] 同上。

5月15日"归还"日本后,向美、日两方抗议的呼声不断兴起。普林斯顿大学留学生撰写了普及钓鱼岛知识的《钓鱼岛须知》,读本重点提到了钓鱼岛问题背后隐藏的日本对于石油和天然气资源的争夺,并且从地理、历史、海洋法等方面阐释钓鱼岛主权隶属于中国的事实。① 当时《钓鱼岛须知》这本小册子依靠芝加哥大学的台湾省籍留学生林孝信和他创办的《科学月刊》网络得以迅速传播。② 1970年11月,普林斯顿大学的中国留美学生率先集会讨论钓鱼岛主权问题。"11月17日,胡卜凯、沈平、李德怡等7人在聚会中决定要就钓鱼台事件掀起各地讨论的热潮,希望激起留学生对国事的关心。"③ 他们联络《科学月刊》发行人林孝信,决定第39期《科学月刊工作通报》(讨论号之八)完全讨论钓鱼台问题,并要求各地召开有关钓鱼岛问题的座谈会,"必要时,到各地中(即当时的台湾国民党政府驻外机构)、日大使馆前示威"。1970年底,《钓鱼岛须知》传到伯克利校园,加州大学伯克利分校一直以来都是美国自由传统相对盛行的校园,且港台留学生相对较多,后来这里成为"保钓"运动最活跃的地方。

几乎与《钓鱼岛须知》四处传播的同时,1970年底又出现了"冲绳县警察局将钓鱼岛上青天白日旗拔下撕毁,并将台湾渔船驱逐"的事件,这深深刺激着在美中国留学生的家国观念和民族底线。此后,各地保钓会纷纷成立,如纽约"保钓分会"、华盛顿"保钓分会"、西雅图"保钓分会"、北加州"保卫钓鱼台联盟"、洛杉矶"保钓分会"。虽然各"保钓分会"经过讨论分别做出决定,但都强调以行动"警告日本"、"抗议美国"、"呼醒国人"。而且,"保钓"运动甫一开始即以"第二次五四运动"自况,甚至打出了"外抗强权,内除国贼"的口号以作比照。④ 事实上,在美国国内反越战的大背景下,由美国50多个城市、近百所大学的港台留学生推动的保钓运动,通过三次(1971年1月29—30日、1971年4月30

---

① 有关钓鱼岛的这些知识主要来自于香港和台湾等地报纸。
② 《科学月刊》,在台湾出版发行,作为台湾中学生的科普刊物。林孝信为了向美国各主要大学的台湾留学生和教授约稿,在每个学校都有一位联络人。
③ 刘源俊:"我所知道的留美学生保钓运动",邵玉铭主编:《风云的年代》,联经出版公司1991年版,第190页。
④ 同上书,第195—196页。

日、1972年5月13日）主要的游行示威，对美国、日本、中国政府在钓鱼岛问题上的理念都产生了重大的影响。

一、保钓运动影响政策的权力推动美国的理念变迁

从1969年美日关于归还钓鱼岛的联合公报可以看出，美国的立场偏袒日本，即根据1953年的承担美国托管职能的琉球民政府发布的"第27号令"，日本对钓鱼岛拥有主权。然而，1971年1月29日（留学生定于该日游行是为了暗合1935年的"12·9运动"）和4月10日留学生的两次游行示威使得美国政府在钓鱼岛问题上立场谨慎。1971年1月29日，北加州金山湾区9所高校的500名留学生在伯克利分校的呼吁下，自发集结在旧金山市，掀起了"保钓"游行示威活动。到达纽约市联合国总部时，举行示威的人数发展到2500名，保钓人士抗议美日勾结，侵占中国领土，高呼"牢记珍珠港事件"、"不准再出卖中国的土地"、"粉碎日本—美国帝国主义"、"American Friends, Join Us"。① 游行中他们手举标语牌，高呼反帝口号，高唱《钓鱼台战歌》和《热血》等歌曲，群情激愤，斗志昂扬。为了赢得美国各阶层人士的理解和支持，他们还分发宣传册、发表演说。保钓运动的游行示威活动引起了舆论界的注意，如合众国际社等报纸进行了相关的报道。② 这表明这场运动争取到部分美国人的支持。

1971年4月9日，美国国务院发表声明，表示尼克松总统和日本首相佐藤荣作达成协议，美国将于1972年将琉球以及包括钓鱼台列岛在内的"西南群岛"交还给日本。1971年4月10日，美国和加拿大各主要大学的中国留学生再次发起游行。下午1时，大会主席李我炎宣布游行大会开始，并通报了4月9日美国国务院对钓鱼岛问题的立场——支持日本对该列屿的主权要求。约3000"保钓"人士聚集在美国首都华盛顿，并向美国国务院递交抗议书。伍鸿熙、朱耀奎、刘扬生三位代表进入国务院与中国科科

---

① 《参考资料》1971年1月31日（下），第34—35页；李雅明："记华盛顿京城的游行示威"，《明报月刊》1971年3月号。
② 合众国际社，1971年1月29日。

长舒史密斯对话,游行队伍则聚集在国务院附近广场上举行示威大会。普林斯顿大学的余珍珠发表演讲,激烈批评美国政府对钓鱼岛问题所采取的立场;后来三位代表向组织游行的大会汇报舒史密斯代表国务院所作的答复:美国认为钓鱼岛是西南群岛的一部分,将于1972年连同琉球群岛"归还"给日本。关于钓鱼岛主权问题,美国的立场是应由涉及争端的国家解决之。参加游行的人们深切感受到国际霸权主义无视他国主权与利益的专横,他们对此以"打倒美帝国主义"、"钓鱼岛是我们的——中国人民的"等口号做了回答。[①] 在这两次示威中,许多著名的华裔美国学者也参加了进来,如加州伯克利分校教授陈省身、诺贝尔奖获得者杨振宁、霍普金斯大学教授钱致榕、芝加哥大学教授何炳棣、西北大学副教授吴家玮、伯克利分校热系统工程系系主任田长霖、德拉瓦大学教授吴仙标。而一位美国学生也在4月10日的游行中发言,支持中国对钓鱼岛的主权。

5月23日,各地"保钓"成员合捐6万美元在《纽约时报》上刊登了一整页的大广告,表明钓鱼台列屿应是中国的领土,这是留学生就钓鱼岛问题向美国社会的公开抗议。连续两次的游行示威让美国新闻媒体对一向沉默的中国学生的印象为之一变,而真正让他们开始关注到游行示威背后所蕴藏的巨大国家力量,即保钓运动更多地倚仗当时已近功成名就的著名华裔学者。[②] 由上可见,在钓鱼岛主权问题上,保钓运动的游行、示威和宣传使美国政府改变了当初一味偏袒日本的立场,而改为保持中立。而保钓运动对美国理念的影响也仅限于此。

1972年5月13日,也就是临近美国政府正式把钓鱼岛列屿的"施政权"随同琉球群岛一起"归还"给日本政府的前两天,留美学界为抗议美日的这一行径,在纽约召开了"爱国保土大会"。华盛顿地区的留学生、旅美学人1000余人也于同日在美国国务院和林肯纪念堂间的广场集会,并到日本大使馆前举行游行示威,抗议美、日两国政府的做法。美国国务院助理国务卿回答中国保钓抗议者说:"尼克松与佐藤首相协议结果,美国

---

① "保卫钓鱼台简讯",《明报月刊》1971年5月号,第91页。
② 《南方周末》2005年8月4日头版(整版)。

将于 1972 年将其依和约取得之南西群岛行政权归还日本，然后日本将取得任何原来在行政权未移转前所享有的权利。我们认为对于尖阁列岛所有权的任何不同主张，均为当事国所应彼此解决的事项。"① 至此，美国非法地把钓鱼岛的"施政权"归还给了日本。

此后，美国联邦参议院外交关系委员会于 10 月 27、28、29 日就冲绳协定举行听证会，27 日国务卿罗杰斯代表行政当局作证，再次表明：美国归还钓鱼岛只有施政权而不包括主权；② 28 日，国防部副部长帕卡德（David Pachard）和美军驻日琉球岛屿最高指挥官兰帕特（James Lampert）作证，讨论了有关军事安全问题；29 日，联邦参议员托尼（John V. Tunney）、杨振宁、吴仙标、邓志雄、约翰·芬奇（John Fincher）教授就钓鱼台岛屿问题作证，试图对美日的冲绳协定再施以影响。然而，11 月 2 日，参议院外交委员会仍以 16 票比 0 票通过了有关钓鱼台岛屿问题的决议，决议决定将钓鱼台岛屿的行政管辖权归还给日本，但是不包括领土主权。20 世纪 70 年代初，正值尼克松访华前夕，中国在钓鱼岛主权问题上的鲜明立场以及世界各地华人华侨风起云涌的保钓运动，都是美国不得不考虑的问题。

二、保钓运动影响决策的权力推动日本理念的变迁

在钓鱼岛地区被发现储有石油后，日本加紧了占领钓鱼岛列屿的活动。1970 年 8 月 31 日，冲绳立法机关通过法案把钓鱼岛划归于冲绳石垣市。此后，日本又毁掉该岛屿列屿上中国人留下的相关标志。1970 年底又拆毁了台湾《中国日报》记者在上面插起的青天白日旗。日本的侵略行径激起了海外

---

① 老董："钓鱼岛大事记"，《中国与世界》1996 年第 1 期。
② In Article I of the 1971 reversion treaty, the U. S. relinquished all special rights and interests in the Rynkytis it acquired pursuant to Article 111 of the 1951 Treaty of Peace with Japan and returned to Japan full responsibility and authority for the exercise of administration, legislation and jurisdiction over the islands. An agreed minute to the treaty provides the territorial definition of the Ryiikyiis that includes the Diaoyu Islands. The agreement is printed in U. S. *Department of State Bulletin*, Vol. 65, No. 1672, 12 July 1971 (Washington, D. C.: U. S. GPO, 1971), p. 35, p. 37.

保钓人士的怒火。1971年1月29日,美国各大学的中国留学生、旅美学人和华侨等在日本驻纽约、芝加哥、旧金山、洛杉矶、西雅图等地领事馆和日本驻华盛顿的大使馆前举行游行示威,抗议日本侵犯中国领土主权的行径。

1971年4月10日,在日本大使馆前,游行大会推派王正芳、徐国华、陈枢进入大使馆递交抗议书。在抗议书中留学生们提出了四项要求:第一,发表一项正式声明,承认中国人对钓鱼岛群岛拥有主权;第二,日本对日本和琉球当局所干的"侵略行为"表示道歉;第三,拆除"日本或琉球当局在侵犯中国领土主权的情况下设置的界标"和"任何其他物体或建筑物";第四,坚定地保证日本永远放弃要在钓鱼岛修建一个度量衡研究站或任何其他建筑物的计划。然而,三位代表带回的日本大使馆对抗议书的答复则是"不做评论"。代表们带回来的答复使所有保钓人士更为愤慨,"打倒日本军国主义"的口号声响遍了每一个角落。①

面对着海外华人捍卫中国领土钓鱼岛的坚强决心,一方面,日本为其在钓鱼岛的侵略行为进行诡辩。1971年6月19日,日本外交部长爱知揆一发表声明说:"美国和日本认为,冲绳协定完全解决了钓鱼台岛屿问题。"② 另一方面,在接管钓鱼岛之前的1972年5月12日,日本政府公然非法决定:自本年5月15日起,台湾省或其他中国人如进入该列岛海域,即认为是违反出入国境管理条例而强迫其离去,如果他们登陆建造房屋,即以刑法侵占不动产罪惩处,并责成海上保安部和警察厅负责取缔。③ 很显然,日本的两面手法是对全球范围内保钓运动的回应,即一方面否认中国对钓鱼岛列屿的主权,另一方面防止保钓人士再登陆建立中国的主权标志。这种两面手法,也开了日本在钓鱼岛列屿问题上"不承认中日间存在主权争议"和实效控制政策的先河。

---

① 姚立民:"中国人的怒吼",《明报月刊》1971年5月号,第11—16页;《合众国际社华盛顿电讯》1971年4月10日;《参考资料》1971年4月12日(下),第42—43页。
② 《华盛顿邮报》1971年6月19日。
③ 鞠德源:《钓鱼岛列屿—中国固有领土大展》,第16章"日本窃土史",http://www.cfdd.org.cn/html/dyd/16-49.html。

三、保钓运动的话语权力推动中国政府理念变迁

美日私下授受钓鱼岛的谈判,首先引起了港台媒体的关注。1970年,台北《中央日报》、台北《中国时报》、台北《中华杂志》、香港《明报月刊》先后刊载了文章,分别从国际法、地理及历史上说明钓鱼岛群岛属于中国。① 在这种海内外舆论哗然、千万人民引颈而待政府态度(指台湾当局)的时候,台湾"外交部"发言人魏煜孙却"不予置评",人们不禁要问:"难道我们的外交部除了办理绝交事宜以外,只会'不予置评'吗?"② 面对岛内外人们的愤怒与越来越强烈的反应,台湾当局依旧态度软弱。香港《明报月刊》还针对台湾当局的暧昧态度指出,这"无异是放弃了钓鱼台列屿的主权之争取"。③ 保钓人士直觉地就想到一定是台湾当局为了联合国的席位问题在忍气吞声,不敢据理力争。但保钓人士一般的看法是:联合国的席位(指台湾当局联合国席位面临被新中国所取代的形势)绝不比能造福千百年的钓鱼台重要,再说联合国席位的变化是迟早的事,不应与钓鱼台问题相牵扯。④

因而,在1971年1月29日的示威中,来自旧金山附近地区的中国留学生不仅到日本领事馆示威,而且到台湾当局的领事馆提交抗议书,严厉批评台湾当局的懦弱,强烈要求"卖国条约,丧失主权的历史不能重演",并号召同胞们"立即以行动来继承光辉的五四革命精神,全力支持保卫钓鱼台运动"。然而台湾的国民党当局并没有在主权问题上采取强硬的立场。到1970年11月,它则试图在不强调主权的情况下,与日本韩国一起开发东海的资源。⑤

---

① 《中央日报》1970年8月12日、18日、24日;台北《中国时报》1970年8月25日;台北《中华杂志》1970年9月号;《明报月刊》1970年10月号,第79—85页。
② 茅汉、王顺:"保卫钓鱼台!",《中华杂志》1970年11月号。
③ 《明报月刊》1970年10月号,第79—85页。
④ 刘源俊:"我所知道的留美学生保钓运动",邵玉铭主编:《风云的年代》,联经出版公司1991年版,第190页。
⑤ 这种企图因新中国政府的反对声明而破产。

1971年3月12日，美国59所大学的保卫钓鱼台行动委员会分会联名给台湾当局一封公开信，批评台湾当局在钓鱼岛问题上"至今未曾采取任何具体之行动以确保我国领土与主权之完整，仅在（主权问题上）极端含混其辞"。公开信列出十条"全美各地保卫钓鱼台行动委员会决议"，要求台湾当局饬令其驻美"使（领）馆"派员出席4月9日与10日各地旅外同胞所举办之游行大会或公听会，当众答复所提十条决议。如果台湾当局"继续漠视民意，置此公开信于不顾，则将尽失海内外民心！"

然而，留学生向国民党当局驻美大使馆递交请愿书时，其竟大门紧闭，没派人出来。事后，台湾当局"驻美大使"周书楷声称没有收到留学生们的公开信，所以对十项要求无从置答。而留学生向日本驻美大使馆和美国国务院递交抗议书，他们都派人出来接抗议书。这给热情的"保钓"人士泼了冷水，引起极大的不满，也使许多人对台湾当局更加失望。[①]

出于对台湾当局冷漠和软弱态度的不满，台湾留学生发起"一人一书"运动，鼓励留学生写信给岛内亲友，以便在岛内掀起全面示威运动。于是，在海外"保钓运动"的影响下，台湾岛内的青年学生也开始行动起来。1971年4月14日，台湾政治大学学生在校内游行，并召开座谈会，以台湾大学为主的学生赴日本驻台湾"大使馆"递交抗议书，正式揭开了岛内保钓运动。在6月17日美国和日本正式签订移交"归还冲绳"协议前12小时，台北再次爆发以台大学生为主的数千人抗议游行，并分别向美国和日本驻台湾"大使馆"递交抗议书。[②] 蔓延到台湾岛内的保钓运动迫使国民党当局的态度由弱转强。1971年6月11日，台湾"外交部"发表声明表示：钓鱼岛"附属台湾省，构成中华民国领土之一部分，基于地理位置、地质构造、历史联系以及台湾省居民长期继续使用之理由，已与中华民国密切相连，中华民国政府根据其保卫国土之神圣义务在任何情形之下绝不能放弃尺寸领土之主权"。[③] 另一方面，当时的台湾当局增强了对海

[①] 姚立民："中国人的怒吼"，《明报月刊》1971年5月号，第11—16页；《保卫钓鱼台简讯》，《明报月刊》1971年5月号，第91页。
[②] "保钓运动的回顾与反思"，http://www.twhistory.org.tw/20010423.htm。
[③] [香港]《钓鱼台群岛资料》，1979年版，第50页。

外保钓运动的压制。1971年4月10日游行后,台湾当局随即通知在美各地的国民党分部注意这些保钓运动中的活跃人物,并就人、时、地、事、物分别加以记录,并急忙派遣台湾"国际文教处"官员姚舜来"疏导"这些学生。①

1971年下半年时,面对美日私相授受钓鱼岛的现实和国民党当局的压制和软弱,海外"保钓"运动进入了反思和总结阶段。各地留学生竞相开展国是讨论会,反省保钓运动没有取得预期效果的原因,并谋划未来的对策。海外保钓者深深觉得,要想保钓成功,就要有强势的政府。在他们面前有三个选项,也有三个集团,一个集团仍寄希望于国民党当局,想进一步对国民党当局施压;第二个集团是"台独"派;第三个集团倾向于认同中华人民共和国政府。当时,亚非拉美欧各大洲有不少进步青年皆对中国建立的新社会非常敬赞和向往,甚至认为中国的"文化大革命"给人一种新气象,从而,在1971年8月在美国布朗大学举办"美东国是讨论会"和9月份著名的"安娜堡国是大会"上,最终"承认中华人民共和国的政府是唯一合法代表中国人民的政府"的代表占据了优势,"去新中国看一看"成为许多与会者热切的愿望。② 可以说,保钓人士的反思推动了自身认同的变化:对台湾当局的态度由不满发展到背弃,而对中华人民共和国的认同增强。这种认同的变化也有利于海外保钓运动推动新中国政府在钓鱼岛问题上的理念变迁。

与此同时新中国也高度关注海外的"保钓"运动。尤其是1971年4月10日华盛顿大游行后,新中国政府公开声援海外学子的爱国义举。1971年4月24日,《人民日报》率先对此事进行详细报道;5月1日《人民日报》发表评论员文章《中国领土主权不容侵犯》表示,广大海外侨胞正在纷纷掀起的维护民族主权的爱国正义运动,"将获得祖国人民的坚决支

---

① 刘源俊:"我所知道的留美学生保钓运动",邵玉铭主编:《风云的年代》,联经出版公司1991年版,第198—200页。
② 林盛中:"对保钓运动的回顾",2008年1月8日,http://blog.people.com.cn/blog/msuploads/blogcontent/2008/66/site84/84933/wlog_1204782458828309.html。

持"。① 1971 年秋天，中华人民共和国驻加拿大大使馆委托伍经元（全美"保钓"运动委员会总召集人李我焱的同学）向李我焱传达了拟邀请海外"保钓"学生组团访问祖国的信息。最终成行的访问团一共五人，李我焱为团长，四位团员分别是陈治利、陈恒次、王正方和王春生。这五人均来自台湾，基本都是'保钓'运动各个地区的联络人。新中国政府组织了与保钓访问团的几次座谈会。在林彪"九·一三事件"之后，虽然周恩来总理极为繁忙，但他很重视"保钓"运动，特地安排接见保钓团成员。双方会谈得很深入，从晚上10点谈到次日凌晨4点。② 此后，中华人民共和国政府外交部关于钓鱼岛问题的声明就是访问团活动的直接成果。12月30日中国外交部发表声明：钓鱼岛等岛屿是台湾的附属岛屿，自古以来就是中国的领土，而不属于琉球，中国与琉球的分界是在赤尾屿与久米岛之间。中国台湾渔民历来在钓鱼岛等岛屿上从事生产活动。中华人民共和国外交部严正声明：钓鱼岛、黄尾屿、赤尾屿、南小岛、北小岛等岛屿是台湾的附属岛屿，它们和台湾一样，自古以来就是中国领土不可分割的一部分。③ 新中国在钓鱼岛问题上的立场发生了变化，在此之前，仅限于官方媒体的评论，而此时则以政府外交部门的声明表达立场。其后1972年、1975年，"保钓"第一团、第二团，接连跨过大洋访问大陆。当时周总理不管多忙，总是尽量亲自接见保钓人士，倾听呼声。中国政府也进一步在国际场合强调中国对钓鱼岛的主权。1972年3月，中国常驻联合国代表安致远在联合国合作和平使用海床委员会的会议上，谴责美、日企图侵占中国钓鱼岛群岛，重申台湾及其所属岛屿是中国不容分割的领土。同年2月18日，台湾当局"行政院"亦将钓鱼岛群岛编入宜兰县管辖范围。5月9日，台湾当局"外交部"又发表声明称，钓鱼岛群岛是中国领土。1972年5月20日，中国驻联合国代表黄华致函联合国秘书长库尔特·瓦尔德海姆先生，指出：美日两国政府在1971年6月17日《关于琉球群岛和大东群岛的协定》中，公然把中国领土钓鱼岛等岛屿划入"归还区域"，这是侵

---

① 《人民日报》1971年4月24日、5月1日。
② 《南方周末》2005年8月4日。
③ 《人民日报》1971年12月30日。

犯中华人民共和国领土主权的严重行动。钓鱼岛等岛屿自古以来就是中国的领土，美日两国政府竟然拿中国的领土私相授受，这完全是非法的、无效的，中国政府和中国人民决不承认。

到了1972年9月，东亚地区的形势发生了重大变化。一方面，日本于9月25日承认中华人民共和国政府为中国唯一合法政府；另一方面，中国政府从建立国际反霸统一战线、为中国的建设和发展赢得较好的国际环境这一大局出发，决定搁置争议，首先与日本政府实现邦交正常化，而将钓鱼岛争端留待以后再解决。为此，在中日建交之前周恩来总理既充分肯定了"保钓运动"的意义和重要作用，又通过各种渠道向"保钓"团体的成员阐述了实现中日邦交正常化的意义所在。①

到了1978年，中国政府为了对付苏联推行的霸权主义，改变不利的国际战略格局，确保自己的安全利益，也力主搁置钓鱼岛问题，与日本商讨签定中日友好条约。日本政府内所谓"慎重派"如滩尾弘吉等人坚持要把中国承认日本对钓鱼岛的主权作为签约谈判的先决条件。面对日本的无理要求，4月中旬，近百艘由中国基层民兵驾驶的武装渔船从上海出发，连续数日游弋在钓鱼岛海域。中国政府以此来表明在钓鱼岛问题上的坚定立场。日本外务省中国课长田岛约见中国驻日使馆一秘宋文，要求中国渔船"立即撤离"。宋文回答说，钓鱼岛列屿本来就是中国的领土，对日本的要求中方不能接受。后来，通过中日外交部门的努力，双方再次同意搁置钓鱼岛问题，以签订中日和平友好条约。1978年10月，邓小平以中共中央副主席、国务院副总理的身份对日本进行正式友好访问，并出席互换中日和平友好条约批准书仪式。10月25日下午，邓小平在东京的日本记者俱乐部召开记者招待会。当有记者问到钓鱼岛问题时，邓小平指出，"实现中日邦交正常化的时候，我们双方约定不涉及这一问题，这次谈中日和平友好条约的时候，双方也约定不涉及这一问题。……倒是有人想在这个问题上挑些刺，来阻碍中日关系的发展。我们认为两国政府把这个问题避开

---

① 周大计、刘培宝："20世纪70年代中国留美学生'保钓运动'述论"，《抗日战争研究》2006年第3期，第247页。

是比较明智的。这样的问题放一下不要紧,等十年也没有关系。我们这一代缺少智慧,谈这个问题达不成一致意见,下一代总比我们聪明,一定会找到彼此都能接受的方法。"① 中日两国在此刻搁置了钓鱼岛问题。这表明,自保钓运动对中国外交产生影响后,海外保钓对中国外交的影响仍具有惯性作用力,从而使中国政府的政策具有延续性。

随着国际形势的变化,保钓运动到 20 世纪 80 年代中期衰弱下去,但中国政府此后创造性地提出的中日两国"主权在我、搁置(主权)争议,共同开发"的理念,却是保钓运动推动下中国在国际国内场合宣传钓鱼岛主权政策的延续和发展。

20 世纪 70 年代的保钓运动推动了美国、日本和中国政府在钓鱼岛问题上的理念变迁:直至 90 年代中期,美国在钓鱼岛主权问题上持中立立场;日本为防止保钓人士登陆而加强了实效控制政策;中国政府则在保钓运动的推动下把钓鱼岛提上了外交的日程。中日两国都宣称对钓鱼岛拥有主权,进而形成了一种对钓鱼岛主权的表面上搁置而实质上是竞争的理念。70 年代的保钓运动通过街头抗争影响了美国在钓鱼岛问题上的立场和政策,也使得日本在中国民众强劲的保钓压力下加紧调整政策以实现有效控制,这都体现了这个非国家行为体影响决策的能力。在海外和中国港台地区,保钓人士的意图是为了捍卫国家主权和资源,但 70 年代的保钓实践推动保钓人士增强了对新中国的认同,在当时新中国面临的迫切任务是统一台湾,而海外和港台保钓人士对新中国的认同有利于国家的统一,这也是新中国政府支持保钓运动的原因之一。可以说,正是这种对新中国的认同,这种家国观念的变化使中国政府尽早把钓鱼岛问题提到了外交日程。可见,保钓运动影响了新中国外交政策中的外交选择和话语,这是保钓运动话语权力的体现。

此外,在 1971 年 1 月 29 日示威后,各地"保钓(分)会"开始有组织地举办座谈会、读书会,编辑出版刊物。② 据不完全统计,各地"保钓

---

① 徐彬:《香港回归风云》,吉林摄影出版社 1996 年版,第 23—24 页。
② 刘源俊:"我所知道的留美学生保钓运动",邵玉铭:《风云的年代》,联经出版公司 1991 年版,第 195—196 页。

(分）会"在这一时期出版了四五十份刊物,[①] 这些刊物的出版不仅沟通了各地信息，而且对运动的发展方向、意义等进行了探讨。这些出版物向海外华人宣传了中国对钓鱼岛的主权，为20世纪90年代海外保钓运动再兴起播下了种子。1971年4月10号游行示威时，保钓人士发起的一人一书运动也教育了港台地区的下一代人，如被誉为20世纪90年代保钓英雄的陈毓祥，在70年代时就以中学生的身份开始了保钓活动。

第二节　竞争性扩展到东海问题和20世纪90年代保钓

东海位于中国与太平洋之间，由中、日、韩三国领土环绕，北起长江口北岸到济州岛一线，南以广东省南澳岛至台湾岛南端一线同南海为界。东至琉球群岛，面积79.48万平方千米，为中国东部近海，早古称鲸海，明朝称大明海，清朝名皇海。东海是一个半封闭的海域。东海海底大部分属于大陆架浅海，平均水深70米，地势由西北向东南倾斜，直至琉球沟（今称日本窃名"冲绳海槽"）。东海的主权归于中国，有其历史依据。自古以来，特别是自秦汉、魏晋、隋唐、五代宋直至元明清时代，东海一直是中华民族征服、探察、巡游、管辖和劳动生息的广阔海洋水域。东海海域具有丰富的油气资源和渔业资源，独特的地理位置和丰富的自然资源使这一区域成为各国觊觎的"宝地"。目前共有14个渔场，有中日韩三国渔民在那里作业。中国对东海拥有主权也有其国际法依据，那就是1982年联合国通过的《国际海洋法公约》。

联合国于1982年12月10日通过《联合国海洋法公约》，并规定从

[①] 据高原回忆，自1971年，四·十美京大游行后，在反台湾当局的留学生间出现了一面大旗——即加州柏克莱校园一群留学生办的一份手抄本刊物《战报》。自是开始，手抄本的钓统连留学生刊物如雨后春笋，其中有两份坚持时间最长，出刊期数也最多，即芝加哥的《钓鱼台快讯》和纽约市的《群报》。其他发行时间较长的手抄本钓、统运刊物就所知有在纽约州水牛城的《水牛》，内容以严谨著称，字也工整。以 Kansas 大学为总部由中西部数校联合主办，内容较偏向理论性的有《新中国》。参见高原："海外保钓运动的回顾"。

1994年生效实施。中华人民共和国政府于当日签署该公约，1996年5月中国第八届全国人民代表大会常务委员会第19次会议批准加入该公约。

《联合国海洋法公约》由17部分、320条和9个附件构成，内容涉及海洋法的各个主要方面，包括领海和毗连区、专属经济区、大陆架、公海、岛屿制度、争端的解决等各项法律制度。其中，第1条规定，"各沿海国可享有12海里的领海和24海里的毗连区"；第57条规定，"专属经济区从测算领海宽度的基线量起不应超过200海里"；第76条规定了大陆架定义，"沿海国的大陆架包括其领海以外依其陆地领土的全部自然延伸，扩展到大陆边外缘的海底区域的海床和底土，如果从测算领海宽度的基线量起到大陆边外缘的距离不到200海里，则扩展到200海里的距离。"在大陆边从测算领海宽度的基线算起超过200海里的情形下，则大陆架外部边缘不应超过从测算领海宽度的基线量起350海里或不超过连接2500米等深线各点连线以外100海里。按照此公约，中国管辖下的海域面积应为300万平方千米，它与960万平方千米的陆地一样，都是中华人民共和国的神圣国土。故此，中国的领土面积应为1260万平方千米。东海也在此范围之内。

中国在东海的东界是由自然地质结构琉球沟决定。琉球沟是东海海域一个非常特殊的地理构造。琉球沟南北长1100千米，面积约10万平方公里，北浅南深，最大水深位达2719米，把东海大陆架与琉球群岛分开，最深处在钓鱼岛群岛和日本八重山列岛之间。[1]《联合国海洋法公约》第七十六条规定，切断大陆架的标准深度为2500米。[2] 按照这个原则，琉球沟是当然的中国大陆架和日本琉球群岛岛架之间的天然分界线。琉球沟以西都是中国的专属经济区，包括钓鱼岛所处海床。中国政法大学专事国际海洋法研究的高建军副教授指出，"且不说钓鱼岛本是我国领土，就按国际习惯法，对这种面积小、无人居住且存在主权争议的岛屿，在划界时不给任

---

[1] 高岩："中日东海海域划界纠纷的起因和前景"，http://www.idoer.org/pc/200508/20050806120704.shtm。

[2] http://www.un.org/depts/los/convention_agreements/texts/unclos/unclos_c.pdf。

何法律效力。也就是说，根本不能作为划界基点"。①

然而，国际海洋法对相邻或相向国家间大陆架界限的划定原则却采取了回避态度，只笼统地规定为，"应在国际法院规约第三十八条所指国际法的基础上以协议划定，以便得到公平解决。"② 日本抓住海洋法公约在这方面的缺陷，试图实现其在东海的利益最大化。根据日本的观点，如果钓鱼岛的主权归于日本，日本与中国就成为"相向共架国"，海底下的资源，日本就能分到一半以上；反之，若钓鱼岛的主权归于中国，日本和中国就成了"相向不共架国"，日本基本上一无所有东海的石油资源。日本加紧夺取钓鱼岛主权正是出于这种考量。1982年，日本大使馆把一幅标有"中间线"的地图递交给中国，之后，"中间线原则"成为日方的一贯说法，但"中国从来没同意'中间线'，也不可能同意"。"等距离中间线划分原则"事实上可能暗含日本的两个想法：一是直接变钓鱼岛为日本"合法领土"；二是尽量向中国海域扩张，因为该线甚至偏离东海本身的中线几十海里。③ 1983年7月，日本签署联合国《海洋法公约》。④ 同年10月，海上保安厅即投入使用当时新造的"拓洋"号测量船，开始对其周边海域的大陆架进行调查。日本海洋产业研究会常务理事中原裕幸明确提出，"尖阁列岛、竹岛以及冲之鸟在确保日本200海里专属经济区和大陆架权利中占有重要位置"。日本外务省官员也曾透露过，如果日本占有钓鱼岛，并以钓鱼岛为基础划分东海的专属经济区，日本将多得7万到20万平方千米的海域。⑤ 而且，领海扩张所带来的资源足以使日本从天然资源贫乏国摇身一变为"天然资源大国"，故控制钓鱼岛及其周边海域是日本总体海洋战略中的重要一环。按联合国的相关规定，日本应在2006年7月前（后来延长到2009年5月31日）向联合国提交调查数据资料。

所以，日本利用控制着钓鱼岛的有利局势，采取渐进式占领政策，试

---

① 转引自《中国新闻周刊》2005年7月25日。
② 《联合国海洋法公约》，海洋出版社1983年版，第61页。
③ 转引自《中国新闻周刊》2005年7月25日。
④ 1996年7月20日，日本国会正式批准《联合国海洋法公约》生效。
⑤ 杨金森："钓鱼岛争端和日本的海上扩张"，《中国海洋报》1996年9月3日。

图实现一种不依靠军事力量、不受强国干涉、只要符合法律程序并采用高科技手段就可获得大面积"领土"的目标。①

日本一直在觊觎着钓鱼岛及其周围的资源。冷战结束前后，国际形势的变化为日本采取进攻政策提供了机会。中国当时处于1989年春夏之交的政治风波之后被西方国家孤立的局面。日本一改70年代后期与中国达成的搁置争议政策，采取一种实效控制和强化占领政策，加强对占领钓鱼岛的宣示。实效控制政策包括三个组成部分：抗议中国有关拥有钓鱼岛主权的声明、在外交上不妥协和不同意中国的共同开发建议、对钓鱼岛进行有效军事控制。② 与此同时，迎合右翼的登岛要求，以显示其有效控制实现强化占领。说明白点，强化占领政策是借助民间的右翼力量登岛来表明主权。

1989年8月，"日本青年社"计划在钓鱼岛设立一座渔场灯塔，并向日本海上保安厅申请，依航路标识法承认为正规的灯塔，日本保安厅称，只要条件符合将予承认，理由是"钓鱼岛是日本领土，不应有问题"。③ 1989年9月，日本海上保安厅驱逐在钓鱼岛列屿作业的台湾渔船。1989年10月，日本的一些右翼分子经政府允许，在钓鱼岛列屿的一个岛上维修了1978年建的灯塔；1990年9月29日，日本政府海上防卫厅宣布打算承认该灯塔为正式航线标志。

此时中国政府的首要任务是，恢复因1989年春夏之交的政治风波而受到干扰的经济发展，努力打破因此事件而引发的西方国家对华经济封锁，开拓国际资本的投资（尤其是日本的资本），并维持国内的政治稳定。面对日本对钓鱼岛咄咄逼人的进攻态势，中国政府采取了一种隐忍的政策。但在10月18日中国政府外交部发言人回答记者的提问时，仍强烈谴责日本的行径是侵犯中国主权的行为，并要求日本政府压制右翼组织的相关

---

① 朱凤岚："解读日本大陆架延伸战略"，《世界知识》2005年15期，第22页。
② Linus Hagström, "Relational Power for Foreign Policy Analysis: Issues in Japan's China Policy", *European Journal of International Relations*, 2005, Vol. 11 (3), p. 414.
③ 鞠德源：《钓鱼岛列屿——中国固有领土大展》，第16章"日本窃土史"，http://www.cfdd.org.cn/html/dyd/16-50.html。

活动。

在各种因素交互影响下,港台地区的保钓运动借机再次兴起。1990年10月21日,载有台湾地区奥运圣火的渔船向钓鱼岛传递,但遭到日舰驱赶而没有成功。台湾民间的保钓运动引发了日本担心此事件会恶化对华关系。日本内阁官房长官坂本三十次在22日紧急表态,一方面坚持钓鱼岛是日本的领土,另一方面也引用邓小平1978的话,称钓鱼岛问题由下一代人来解决。①

虽然中日两国政府有意再次搁置钓鱼岛问题,但由日本海上防卫厅的行为而引发的保钓活动并未因此停止。1990年10月23日,吴康民、郑耀棠及汪明荃等14名港区代表致函全国人大常委会,要求讨论钓鱼岛问题。同期,许多香港报刊发表文章抗议日本海上防卫厅的军国主义行为。1990年10月25日,来自香港的政协委员徐四民及李子诵去信中共总书记江泽民,要求除了循外交途径外,亦要考虑军事方法解决钓鱼台问题。因而,10月27日中国外交部副部长齐怀远紧急约见日本驻华大使桥本恕,就钓鱼岛问题提出严正交涉,他说,日本政府准备批准日本一些右翼团体建立航标灯,出动舰艇进入钓鱼岛海域驱赶中国台湾省渔民的做法,严重侵犯了中国的主权。② 迫于中国政府的外交压力,日本政府搁置了"灯塔申请案"。

然而,保钓人士并不满足于中日两国政府之间的"搁置"政策。出于对中国政府在钓鱼岛问题上更强硬政策的诉求,1990年10月28日,香港1.2万名市民参加保钓集会后,由维园游行至中环日本领事馆。

为应对日本加紧宣示主权的政策,回应民间保钓的呼声,1992年2月25日,全国人民代表大会常务委员会通过《中华人民共和国领海及毗连区法》。该法明确钓鱼岛是中国的领土,以法律形式捍卫对钓鱼岛的主权,

---

① Kyodo, October 23, 1990, in *Foreign Broadcast Information Service*, Daily Report: East Asian, October 23, 1990, p. 3, quoted in Erica Strecker Downs and Phillip C. Saunders, "Legitimacy and the Limits of Nationalism: China and the Diaoyu Islands", *International Security*, Vol. 23, No. 3. (Winter, 1998 – 1999), p. 129.

② 人民网,2002年9月9日。

并保留对争议地区"使用武力"的权利。① 此外，军方还派战机到钓鱼台群岛领空演习，以宣示中国捍卫领土主权完整之决心。

1992年7月20日，日本政府也通过《海洋法》，把钓鱼台列屿划入日本领海范围，试图以此为日本侵占钓鱼岛的行径背书。1996年的自民党大选政纲中就明目张胆地把坚持对钓鱼岛的主权列了进去。可见，20世纪90年代初期，日本的加强占领政策和民间的保钓呼声加剧了中日在钓鱼岛问题上的竞争。

到了20世纪90年代中期，亚太地区战略格局发生了转变。美国公开将中国视为潜在的威胁，"中国威胁论"在日美两国甚嚣尘上。特别是1995年7月至1996年3月，中国为震慑"台独"势力，在东海海域进行大规模军事演习之后，日美两国随即发表《美日安全保障联合宣言》，将冷战时期美日安全保障条约的适用范围扩大到整个亚太地区。日本认为强化占领钓鱼岛列屿的时机又来到了，因而日本政府再次支持右翼分子登岛。1996年6月14日，日本国会通过《专属经济区和大陆架法》。虽然中日在1996年开始东海划界问题协商谈判，然而双方在划界主张上的分歧巨大。日本认为，《联合国海洋法公约》的有关规定是以大西洋的地形地貌为参照而制定的，并不适用于地形复杂的东海及太平洋海域。根据琉球大学海洋系教授木村政昭的研究，中日两国在东海海域属于共同大陆架，琉球沟只是两国自然延伸之间的一个偶然凹陷，不能中断两国大陆架的连续性。② 而日本右翼分子也借此机会再次染指钓鱼岛，1996年7月14日，"日本青年社"再派人登上钓鱼台群岛，并在北小岛设置一座太阳能灯塔，还插上日本国旗。

对此，中国政府于7月17日通过外交途径向日本抗议，中国外交部长钱其琛更是利用雅加达的国际会议与日本外相池田行彦达成口头协定，日本同意拆除钓鱼岛上的灯塔。但池田出尔反尔，一个多月后（8月28日）

---

① 国家海洋局政策法规办公室编：《中华人民共和国海洋法规选编》，海洋出版社2001年版，第4页。
② 平松茂雄："紧迫的东海冲绳海槽调查"，[日]《产经新闻》2004年7月24日。

他访问香港时，竟通过发言人公然称尖阁诸岛为日本领土。①

日本的背信行为招致了中国政府的不满。1996年8月29日，中国外交部发言人沈国放认为，日本右派的行动直接与日本政府的立场有关。8月31日，《人民日报》发表社论："日本别干蠢事"，社论表明了中国在钓鱼岛问题上的严正立场。9月1日，257名中国公民上书中国国家主席江泽民，要求中国派兵往钓鱼台，捍卫中国领土完整。② 1996年9月2日香港成立"保钓行动委员会"，保钓运动有山雨欲来之势。此时，中国政府仍不想因为钓鱼岛问题破坏中日关系的大局，9月3日外交部发言人沈国放在记者发布会上表示，中国在领土主权上没有回旋余地，日本政府须采取措施制止右派。③ 然而，中国政府的不满和抗议并没有得到日本的积极回应。

可以说，《联合国海洋法公约》的颁布使钓鱼岛在领海划界中的地位突出起来，④ 日本加紧了强化占领钓鱼岛的步伐，这使得中日竞争从钓鱼岛问题扩大到了东海问题。在中日东海问题的竞争中，日本政府与国内的右翼势力结盟，极力推行实效控制政策。保钓人士此时也明白钓鱼岛对中国领海主权的意义。如台湾保钓人士金介寿说，"钓鱼台列岛的主权不只是国家面子或民族情感得失的表面问题而已，无论中国或日本，谁确定拥有这些无人小岛，谁就可以宣布小岛周围200海里经济水域的主权，进一步能够掌握海底大陆礁层石油资源的探勘及开采权，跃居新世纪的世界经济首位"。⑤

日本右翼团体的非法登岛行动和日本政府的行径极大地刺激了包括港台同胞在内的全球华人的爱国保土热情。紧接着，全球华人保钓大联盟在

---

① 张世均著："钓鱼岛问题的由来与中国人民的'保钓'斗争"，《重庆教育学院学报》2004年第1期。

② "历年保钓事件记载"，http：//jds.cass.cn/Article/20080616130118.asp。

③ "当前钓鱼岛事态的发展"，《中国与世界》1996年第1期，http：//www.chicagoguangzhou.com/zgysj/96%2097/zs9601a.htm#3。

④ Kerr, Glenn, "The 1982 Law of the Sea Convention: An Actual or Potential Cause of Increased Interstate Maritime Conflict?", *Maritime Studies*; Issue 124; May/June 2002, pp. 14 – 24.

⑤ 远风："'保钓'运动与港台'保钓'人士"，《文史精华》2006年第6期，总第145期，第33页。

香港成立。1996 年 9 月 8 日童增、李定国等 17 位民间人士在北京发表声明，宣布成立"中国民间保钓联合会"。北美、欧洲、日本、澳大利亚和来自台湾的中国留学生和当地华侨也热烈响应，从而再次掀起了保钓运动。1996 年 9 月 15 日，1 万多人在香港举行游行抗议日本占领钓鱼岛。9 月 18 日，香港近 6000 民众冒雨在维多利亚公园举行纪念"九·一八"和保卫钓鱼岛群岛的烛光晚会。港澳台地区更发起了倡议政府采取更强硬立场的 15000 人的签名，并递交给了中央政府。[1] 9 月 22 日，加拿大温哥华市 4000 多华人在胜利广场集会游行，以响应全球华人的保钓活动。旧金山市更创下 20 年来华人上街示威游行超过 2 万人的纪录。这次游行旨在敦促中国政府对钓鱼岛问题采取强硬政策。[2] 在海外，纽约保钓联合会于 1997 年 3 月 12 日正式成立。此后，除了和平示威之外，从 1996 年到 1998 年保钓人士组织了 7 次出海活动，到钓鱼岛海域宣示主权或登岛。这些活动标志着全球华人第二次大规模保钓运动的兴起。

1996 年 9 月 6 日凌晨，金介寿等台湾"保钓"人士、香港电视台女记者陈润芝和台湾《联合报》《自立报》《民众日报》记者搭乘"亿龙六号""保钓"船，从深澳港启程出海。"保钓"船距钓鱼岛 16 海里，被日本海上保安厅编号"PL122"的巡逻艇盯上，此后三艘日舰形成拦截阵势，并不断地鸣笛示警。经过数小时的对峙，保钓人士眼见无办法突围，"亿龙六号"上的金介寿等人当着日本海上警察的面，焚烧日本海军的军旗，表示对日本右翼势力抬头的抗议，然后决定返航，结束了第一次的"探路之旅"，次日台湾报纸都在显著版面登载了"保钓新闻"。

1996 年 9 月 22 日，香港"保钓行动委员会"成员与台北县议员金介寿分乘三艘深海渔船，出发前去钓鱼岛，并试图登岸，拆除日本青年社所建立的灯塔。23 日凌晨，"保钓"船队驶近钓鱼岛 12 海里，日本船舰出现进行驱离。此后，日本人派出 5 艘黑金刚快艇近距离包围我方船只，我方"保钓"船无法再前进。对峙两小时后，保钓人士放弃抢滩计划回航。金

---

[1] Nicholas D. Kristof, "An Asian Mini-Tempest over Mini-Island Group", *New York Times*, September.

[2] 简兆平："世界华人保钓活动大事简录"，《抗日战争研究》2003 年第 2 期，第 222 页。

介寿见已经达到探路的初步目标，在 8 点 20 分燃放天灯，并朗读声明宣示钓鱼台是中国领土，9 点多三艘"保钓"船发动马达返航。第二次出海保钓的全过程被随行的台湾电视台记者录进了摄像机中，后来在《台视新闻》中播出，以其绝对的纪实轰动了全岛。

1996 年 9 月 22 日，就在金介寿与何俊仁等人在海上与日本船舰对峙之际，由"全球华人保钓大联盟"举办的"首航钓鱼岛"突击队 18 名成员和 41 名中外记者，乘坐"保钓号"出发前往钓鱼岛，准备竖立中国国旗及拆毁灯塔，以显示中国对钓鱼岛的主权。9 月 25 日"保钓号"在进入钓鱼岛 11 海里范围后，被 8 只日本舰只包围。9 月 26 日"全球华人保钓大联盟"召集人陈毓祥从"保钓号"跳入钓鱼岛附近水域，表达中国人有权在国家领海中游泳，结果不幸溺水身亡，同船的另一位香港人方裕源也受了伤。

烈士的牺牲没有使中国人退缩，10 月 5 日"保钓行动委员会"在台湾集合后第四次赴钓鱼岛。因应陈毓祥牺牲事件的善后工作，每位参与行动的人士均须先交生死状和遗书，其中行动总指挥金介寿议员给妻子之遗书，显示出参与捍卫国土行动的人士均有"人生自古谁无死，留取丹心照汗青"的悲壮气概。为了混敌耳目，在实际出发的 29 艘船只里，编队组成"牵制支队"和"作战支队"。7 日，"保钓"船队采取一字排开的战术全体往前冲，让日本舰船搞不清哪条船是真正的攻坚船只。金介寿等人乘坐的总指挥船"自立六号"借船小灵活，巧妙冲破日舰的封锁抢滩成功，港台保钓勇士陈裕南、曾健成及金介寿成功登陆钓鱼岛，并在岛上插上五星红旗及"青天白日旗"宣示主权。不久之后，编号第 28 号的"保钓"船"全家福"号也摆脱日本舰船，逼近至钓鱼岛主岛 30 米，船上的多名"保钓"人士穿着潜水衣或救生衣依次跳进大海中，也成功地抢滩登陆。他们在岛上尽情地游走了 30 多分钟。此次保钓取得阶段性胜利。

此后，在 1997 和 1998 年，保钓人士又组织了 3 次登岛计划，都没有成功。但这 7 次出海保钓行动，无论有没有登上钓鱼岛，只要"保钓"船进入钓鱼岛列屿 12 海里，都是以行动宣示了中国在钓鱼岛的主权，有力地回击了日本的实效控制政策。

在20世纪90年代，保钓人士的数次登岛进一步影响了日本和中国在钓鱼岛和东海问题上的政策和理念。如陈毓祥遇难后，中国外交部副部长唐家璇于1996年9月27日约见日本驻华大使佐藤嘉恭，就香港保钓领袖陈毓祥遇难一事，向日方提出严正交涉。① 而全国人大常委会对保钓人士的回应是通过《中华人民共和国领海及毗连区法》，从法律上确保了中国在钓鱼岛的主权。对日本而言，保钓人士的登岛活动有力地削弱了日本通过民间力量实现强化占领的理念。此后，中日两国都在一定程度上限制各自国内官方或人民登岛，② 而日本对钓鱼岛的政策以实效控制为主。

保钓运动的出海宣示主权也推广了两国民众对钓鱼岛问题的认知，使民间增强了对钓鱼岛问题的关注。根据1992年的一项民间调查，1000多名受调查的北京高校学生中有98.6%的人支持保钓运动，在北京高校中弥漫着反日情绪。③ 根据《中国青年报》1995年12月的数据，有91.5%的中国人认为，日本在钓鱼岛树立灯塔，表明日本军国主义对中国发起了新的挑战。④ 有学者统计了钓鱼岛、尖阁列岛这些概念在日本国会审议中出现的次数，和这些概念在日本《朝日新闻》和中国《人民日报》中出现的次数，统计表明，两国出现这些概念次数最多的都是在1996年、1997年、1998年。⑤ 从而，在中日建交时被搁置的钓鱼岛问题，在中日东海之争的大背景下，又一次浮上台面，成为中日两国政府必须面对的敏感问题。这体现了20世纪90年代保钓运动对中日两国外交话语中的决定性影响。

保钓运动的贡献还在于，由于保钓运动出海时跟随了大量媒体界的人士，这极有效地向更多中国民众宣传了中国对钓鱼岛的主权。尤其在中国大陆，保钓运动和陈毓祥的牺牲激励和鼓舞着更多爱国青年加入保钓的行

---

① ［新加坡］《联合早报》1996年9月29日。

② 1999年7月，日本取消了众院安全保障委员会于8月下旬派遣考察团到钓鱼台群岛考察的计划。1997年10月底，香港特区政府以验船不合格取消了保钓行动委员会的"钓鱼台二号"的出海许可证。

③ *China Times Weekly*, October 18–24, 1992, pp. 22–23.

④ "Youth Polled on Japan's Invasion of China", World News Connection (WNC), February 16, 1997.

⑤ 村田忠禧：《尖阁列岛钓鱼岛争议》，日本侨报社2004年版，转引自"日本学者：钓鱼岛属于中国 要回还需寻求国际法"，http://news.tom.com/1002/20041215-1652510.html。

列，如在2004年参与到保钓运动的朱文征就是因"陈毓祥的牺牲"而开始关注钓鱼岛的。① 由于20世纪90年代中期，中国政府从中日关系的大局出发，约束大陆的保钓运动，同时大陆也缺少有公信力的人来号召保钓，这些因素使大陆的保钓运动的动能有限，但90年代港台人士登岛和出海宣示主权，推动着中国民间保钓情绪的增长，② 这为此后中国大陆民间一系列保钓运动的兴起，推动日本接受"主权在我，搁置争议，共同开发"的理念埋下了伏笔。

第三节　21世纪初跨国保钓和中日东海问题上形成"共同开发理念"

到了21世纪，中日之间就东海划界举行了十几次谈判，唯一成果是达成在2000年6月1日生效的《北京—东京渔业协定》，规定了双方的"暂定措施领域"，划界问题依旧毫无进展。"9·11"事件后，美国为应对来自所谓"不稳定弧"③ 地区的威胁，进一步抬升了日本的战略地位。2001年12月12日美国助理国务卿福特表示："钓鱼岛一旦受到攻击，美国有可能对日本提供支持。"美国亚太地区战略的调整，使日本在钓鱼岛主权归属问题上的态度日趋强硬。日本不仅借机加强了对钓鱼岛及其附属岛屿的监视与实际控制，而且还加大了对东海大陆架的调查力度，以期在东海划界争端中捞取最大的实际利益。

2002年1月1日，日本媒体披露，日本政府计划从4月1日开始，向"民间业主"租用钓鱼屿的钓鱼岛、南小岛及北小岛，为期1年，并计划

---

① "十年保钓重回眸"，http：//www.gwdwx.com/library/simple/index.php? t140. html。
② Mi Zhou, "The 2005 Anti-Japanese Demonstrations in China：The Rise of Popular Nationalism", http：//www. usc. cuhk. edu. hk/wk_ wzdetails. asp? id =6212.
③ 美国认为，世界"不稳定之弧"是从南半球安第斯山脉经北非中东到东南亚这一条线上的诸多"不稳定"国家。

每年向"岛主"续租。① 2003年1月8日又进一步披露，日本政府早在1972年5月开始，向"民间业主"租用黄尾屿，为期20年，"业权"虽曾在1978年、1988年及1989年易手，但租约继续生效。日本政府在1992年续租，至2012年届满。② 随后又有消息称要把钓鱼岛作为美军的演习基地。日本改变了通过民间右翼力量强化占领的策略，而是以政府租岛来强化占领。日本政府这一侵犯中国领土和主权的行为立即激起了全球华人的强烈愤慨和"爱国保土"热情，新一轮"保钓运动"就此引发。

在中国大陆，由于日本政府在历史问题、历史教科书问题、首相参拜靖国神社问题上，极深地伤害了中国人民的感情，在这种情况下，中国政府也无法再约束国内的保钓运动。此外，因反对日本首相参拜靖国神社而被迫回国的冯锦华，在国内受到爱国民众英雄般的赞誉。冯锦华积极参与到保钓运动，并担负起召集人的使命，使大陆保钓运动有了具公信力的组织者。③ 大陆保钓的首次出海之行成为可能。

2003年6月22日，由冯锦华、张立昆、罗就（香港）、曾海丰（香港）等15名来自中国内地和香港的爱国人士组成的中国民间"保钓团"，乘坐140吨的"浙玉渔1980"号渔船从浙江玉环县黄门港出海，前往钓鱼岛宣示主权，以支持中国政府对于钓鱼岛拥有主权的严正立场，回击日本在中国领土钓鱼岛的挑衅，捍卫中华民族的尊严。6月23日早，"保钓"船在距离钓鱼岛不到50海里的地方突然遭到日本海上保安厅多艘军舰和飞机的拦截、驱逐；但"保钓"渔船还是有效突破日本方面的拦截，前进到了距离钓鱼岛3海里处。但此时，三艘日舰围着渔船开始作高速旋转，旋转激起的大浪将渔船打得剧烈摇晃，渔船在包围中再也无法向前。由于无法登陆钓鱼岛，营员们决定举行抗议活动，大家一致决定就在船上打出红色横幅、挥舞国旗，同时通过高音喇叭宣读声明，抗议日本政府"租用"钓鱼岛、实施"国家管辖"的非法行为。之后，全体队员向钓鱼岛三鞠躬，并将白花撒向海面，以悼念1996年在"保钓"行动中不幸牺牲的香

---

① ［日］《读卖新闻》2002年1月1日。
② ［日］《读卖新闻》2003年1月8日。
③ "中国内地首次民间保钓行动纪实"，《国际先驱导报》2003年10月30日。

港保钓英雄陈毓祥。同时,还有人点燃了日本的军旗,在熊熊烈火中高呼"小日本滚出去!"全船人群情激奋。6月24日中午,15名"保钓"人士安全返回玉环县码头。

此后保钓组织发言人周文博声明:中国民间"保钓团"设定的3个预定目标都实现了,即和平理性地出海以宣示中国对钓鱼岛的主权、宣传普及钓鱼岛的现状,以引起国际社会的重视,发出中国人的声音。[①] 从保钓者自己宣称的目标可以更清楚地理解组织者的良苦用心。由于中国大陆民众对钓鱼岛的相关知识薄弱,参与人数较少,在大陆初兴起的保钓把启蒙民众思想作为行动的一个重要目标。为达到这个目标,组织者明智地利用国家行为体的力量来达到宣传目的。由于保钓和登岛必然会招致日本阻止,组织者故通过爱国者同盟网等网站发布保钓活动组织的过程。换句话说,这次保钓是以透明方式进行发动,整个行动的组织、策划以及行动计划完全都提前在网络上公布,特别是在行动之前,还大张旗鼓地宣称"保钓要出发了!"因而,日本外务省在22日即从情报本部得到了有关信息,并向中国政府提出了中止的要求,未得到中方的正面回应。[②] 另一方面在"保钓船"出海后,保钓行动协调组还把行动上报了中国外交部,希望外交部知会日本方面,通过外交途径来保证"保钓船"及人员的安全返航。随后,中国驻日使馆专门照会日本外务省,希望日方吸取1996年的教训,冷静处理此事。[③] 保钓者的筹划一方面获得了政府的支持,另一方面促使日本事先派出多艘军舰来阻止"保钓船",而这便利了保钓者事后把保钓过程以录像形式发布在网上。录像中"保钓船"的弱者形象激起了中国民间更多人支持保钓运动,也增强了民间对日本蛮横行径的憎恨。

为了阻止日本政府窃取我钓鱼岛的无理行为,用行动捍卫中华民族对于钓鱼岛的神圣主权和领土尊严,回击日本对中华民族的无耻挑衅,2003年10月保钓人士再次发起出海行动。这是大陆保钓人士与台湾保钓行动小

---

① 《北京晚报》2003年6月23日。
② [日]《日本共同社》2003年6月22日。
③ 《联合早报》评论文章,2003年10月28日,http://www.zaobao.com/special/china/sino_jp/pages/sino_jp_forum_4.html。

组、香港"保钓行动委员会"结成联盟共同出海宣示主权。10 月 7 日来自两岸三地的志愿者和船员一行 15 人（除 5 名船员，保钓人士中 4 名来自大陆，1 名来自台湾和 5 名来自香港）登上了"闽龙渔 F861"号，从厦门东渡渔港出海"保钓"。"保钓船"到达钓鱼岛以西 25 海里处遇到日舰拦截并不理会，以每小时 7 海里的速度向钓鱼岛靠近。当船驶入钓鱼岛 600 码范围水域时，日本军舰增加到了 10 艘，前后左右夹击碰撞，就是在这样的艰难处境中，"闽龙渔 F861"号仍然一点点前进着，最近的时候距离钓鱼岛只有 100 米。激烈的对峙一直持续到晚上 6 点多，最终为了安全起见，保钓人士不得不暂且放弃登岛，返航厦门。两岸三地同胞的首航出海引起更多中国民众关注钓鱼岛问题。此期间，支持保钓活动的爱国者同盟网站的《保卫钓鱼岛》版块，发贴量增加到近 10 万，同时在线数百人，每天浏览量超过 10 万人次。[1] 2003 年两次保钓中，爱国者同盟网都积极参与了组织工作。网络上的宣传引起了大陆官方媒体的注意并开始报道保钓活动，[2] 这使得以前被官方视为敏感话题的保钓运动成为爱国运动。日本媒体也注意到了这种变化。日本《产经新闻》2003 年 12 月 30 日报道说，中国的互联网上，反日网站在迅速增加，从大型反日网站"爱国者同盟网"扩展出来的链接包括主页在内就有 70 多个。通过在官方网站上有组织地发表评论，已经对官方媒体的论调和中国政府的对日外交政策产生不可忽视的影响力。

2003 年 6 月 22 日、10 月 7 日两岸三地的两次出海联合行动扩大了保钓运动的影响。随着保钓行动的影响和规模越来越大，正式成立大陆保钓组织的议题提上了日程。2003 年 12 月 28 日，中国民间保钓联合会（筹）在厦门正式成立。保钓组织的成立确保了此后保钓的活动更有组织地进行，提高了对钓鱼岛和保钓运动的宣传力度，也为中国民间在钓鱼岛问题上发出强硬声音提供了渠道。

2004 年，中国民间保钓联合会发起组织了两次保钓活动。一次是 1 月

---

[1] 卢云飞："我对《关于'李义强——联合会附带爱盟'风波的总结》的回复"，http://bbs.1931-9-18.org/viewthread.php? tid = 204153。

[2] 《中国青年报》2003 年 6 月 24 日。

13日从厦门东渡渔港码头出发的保钓行动。20位中国大陆企业界人士和民间保钓人士首次联合租船，分乘两艘100吨级的铁壳渔船共同奔赴钓鱼岛海域。保钓考察船行驶到钓鱼岛海域附近时，日本海上防卫厅先后派出10艘军舰、3架飞机实施围堵。保钓考察船冲到距离钓鱼岛4、5海里处时，日本舰艇开始冲撞"保钓船"。日本舰艇随即动用高压水枪攻击，"保钓船"被迫停止前进。保钓人士发现继续冲岛不太可能，遂在钓鱼岛以外约3海里的地方，将象征中国主权的20块石碑投放在钓鱼岛海域，投放的确定方位是东经123度17分，北纬25度40分处（石碑由福建惠安县新豪石有限公司免费提供）。不料此时两艘日本舰艇趁夜幕从后面包抄上来突然撞击，造成2号船的驾驶舱严重凹陷，考察队员们群情激愤。此后，在人员受伤、船只受损的情况下，作为此次保钓考察船出海行动的组织者张立昆和李义强决定返航，第一次"钓鱼岛群岛旅游线路考察"活动结束。

此次出海保钓是由"中国民间保钓联合会"、北京中祥投资有限公司、广州兴隆投资有限公司、中国海权维护联合会等单位联合组织的，活动的目的主要是前往钓鱼岛海域进行考察，为以后开发从福建厦门到钓鱼岛旅游观光路线做前期的准备工作，并将对钓鱼岛及其海域进行详细的水文、气候、渔业、环境保护等项目的考察，评估钓鱼岛海域的旅游观光资源和开发价值，在保护钓鱼岛及其海域自然环境的前提条件下，制订开发计划。此次出海保钓归来，活动组织方向国家海洋局递交了一份"实地考察报告"，更进一步推动向政府申请租用钓鱼岛的进程。这次出海保钓与往次相比可说是"非同寻常"，个人、公司、联合会都参与进来，宣示主权的同时肩负着为开发钓鱼岛做实地考察的任务，开发钓鱼岛具有行使主权的含义因而在保钓史上具有"里程碑"意义。而且，保钓者在钓鱼岛海域投放20块石碑，这意味着中国大陆通过民间形式，第一次就"钓鱼岛问题"向日本、全世界宣示主权取得了成功。"民间保钓联合会"常务会员周文博说："登上钓鱼岛与达到岛以外12海里的海域意义基本相同，因为岛岸向外12海里的地方就属于主权整体了。"[①] 这些都有效地削弱了日本

---

① 《新京报》2004年1月17日。

的实效控制政策。

2004年2月5日，日本外务省发言人高岛肇久公开宣布，一旦中日两国有领土之争的钓鱼岛受到攻击，美国将根据《日美安全保障条约》采取防卫行动。2004年3月23日美国国务院副发言人艾利里在回答记者提问时说："日美安保条约适用于尖阁群岛。"[1]

为反击日本拉拢美国以实现强化占领的政策，保钓联合会网站宣布"计划在2004年3月28日登岛"。这个日子适逢日本"租借"钓鱼岛期满，有其特殊的意义。正当人们将目光都锁定在28日从厦门出发的保钓活动时，谁都没有注意到，23日从浙江乐清出发的一艘渔船正悄悄地向钓鱼岛靠近。

2004年3月23日凌晨，包括冯锦华在内的16名保钓人士从浙江省乐清市黄华码头出发向钓鱼岛海域前进。为了不打草惊蛇，"保钓船"甚至往回走了一段时间。直到24日，当日本军舰回过神来，"保钓船"距离钓鱼岛已经只有3海里了。此时，冯锦华他们才将秘密出海的消息向外界正式公布。日本保安厅大型军舰开始向"保钓船"喊话，但"保钓船"毫不理会，继续向钓鱼岛进发。通过和日舰的斗智斗勇，2004年3月24日早晨，来自中国大陆的7位保钓人士成功登上钓鱼岛，这是全球范围内"保钓运动"开展以来大陆保钓人士首次登上钓鱼岛。登岛的7位保钓人士很快就被日本警察拘捕，冲绳县警本部把7人分送到那霸警察署等4个警察署，由中国语翻译同席，对他们登岛的目的和在岛上的行动进行了调查。县警察说他们全体7个人都没有带护照，警方正在研究是把他们在审查完之后送检继续搜查，还是送给福冈入国管理局那霸支局。在被关押期间，7位中国保钓人士始终步调一致，并以绝食表示对日本政府非法行径的强烈抗议。在最后离开日本前，没有1人在认定强制遣返的文书上签字。

就在冯锦华、张立昆等7位"登岛勇士"被日本警察非法拘捕之后不久，爱国网友们就发起了对日抗议活动。2004年3月24日，陆陆续续有

---

[1] "美国布什政府显示了日美安保条约也适用于尖阁群岛的立场"，《日本经济新闻》2004年3月24日。

近百位网友聚集在北京日本驻华大使馆门前，高呼"还我领土"、"还我同胞"、"抗议非法拘押"等口号，并多次高唱国歌。中国"民间保钓联合会"（筹）会长童增先生于当日宣读了抗议书，要求日本政府尽快释放我保钓志愿者，离开中国领土钓鱼岛附近海域。25 日下午，50 多名网友在日本大使馆门口抗议，高呼口号、打着横幅"钓鱼岛是我中国领土"、"释放保钓英雄"、"小日本公开赔礼道歉"、"保卫钓鱼岛"、"日本人滚出钓鱼岛"、"祖宗基业誓死必保"。抗议活动至下午，网友们唱着中华人民共和国国歌依次离开日本大使馆。同日下午，约 20 名网友在日本驻广州领事馆前，开始进行 24 小时持续静坐抗议。

26 日上午，10 余位网友在日本驻华大使馆门前静坐，下午又有 10 余位华人打着"旧金山南京大屠杀浩劫纪念馆"、"抗日战争史实维护会联合会"、"海归全国联合会"的横幅，在日本驻华大使馆前抗议，高呼"日本人滚出钓鱼岛"、"还我钓鱼岛"、"打倒日本帝国主义"等口号。同日下午，约 50 名网友在日本驻广州领事馆前，递交了抗议书。

与此同时，25 日下午，中国外交部副部长戴秉国召见日本驻华使馆官员提出严正交涉，要求日方一定要确保我 7 位公民的绝对安全，不得采取任何伤害他们人格尊严和权利的行为。当晚中国外交部第九次向日本提出严正交涉，要求立即无条件放人。在中国政府的严正交涉和爱国网友的强烈抗议下，日本福冈入国管理局那霸支局决定 26 日晚上将我 7 名保钓勇士送回中国。[①] 保钓人士的成功登岛和被日本非法拘禁激起了全国范围内对钓鱼岛问题的关注。成功登岛也表明了民间外交具有削弱日本有效占领政策的作用，为中国民众树立了以民间外交削弱日本对华不合理政策的典范，也推动了海外华人保钓社团与中国大陆保钓人士的接触。

面对中国民间外交对其政策的冲击，日本在 2004 年 5 月调整在东海的政策。日本通过媒体炒作中国在东海海域开采油气的合理行为，[②] 这些媒

---

① 2004 年 3 月 26 日晚 9 时 20 分，冯锦华、张立昆等 7 位"保钓勇士"搭载飞机回国。
② 即所谓的春晓油气田事件，2004 年 5 月 28 日日本《东京新闻》炒作春晓油气田。春晓油气田位于日本所谓的"中间线"中方一侧，属于无争议海域。春晓油气田自 1995 年起就已经开始试采，近十年的时间内日本方面并未提出任何异议。

体造谣称东海事实上可能成为"中国内海","中国积极向东海扩张"。这些煽动性文字在日本大小数百家网站立即进行了转贴,结果,日本民众在这种恶性鼓动下产生了严重的不满情绪。日本试图实行一种以民间的不满情绪为基础,达到在所谓的东海"中间线"附近开采油气和使中国面对"中间线"成为既成事实的强硬政策,从而通过该政策使得对钓鱼岛的占领合法化。自民党"海洋权益工作小组"[1]于 2004 年 6 月 15 日发表了《保护海洋权益九项提案》。提案指出,对于中国侵犯日本海洋权益的现状不能继续熟视无睹,必须尽早制定综合性的海洋战略、毅然地维护海洋秩序、确保日本自身的海洋权益。他们提出了一个具体的确保海洋秩序的建议,建议政府设立一个由首相亲自领导的"海洋权益相关阁僚会议",在所谓"中间线"的日方一侧展开海洋资源调查,并实施综合性海洋战略以及强化海上保安厅警备、监视机制和对中国海洋调查船采取措施等。[2] 2004 年 6 月,日本政府成立了"海洋权益相关阁僚会议",表明对东海海域资源的"重视"。

日本对东海的新政策明显不同意中国提出的"主权在我、搁置争议、共同开发"的理念。2004 年 6 月 21 日,中国为了维护中日友好大局,在青岛出席亚洲合作对话会议上,李肇星外长提出合作开发建议,但受到日本外相川口顺子断然拒绝。相反,川口要求中国提供"春晓"油气田等中国在东海海域专属经济区内开发的一系列海底油气田的具体位置、掘井深度以及其他试验开采数据等有关的详细资料,并倒打一耙,表示担心中国可能"侵害"了日本的海底资源权益。[3]日本负责能源政策的经济产业大臣中川昭一也在日本国内回应称:"我们对中国的提案不感兴趣,在这方面,我们不考虑联合开发。"[4]

进而,2004 年 7 月 7 日,日本政府无视中国政府的强烈反对,借挪威探测船在"春晓"油气田附近海域进行海底油气资源调查。从中国正在开

---

[1] 2003 年 11 月,自民党政务调查会设立该工作小组。
[2] http://www.jimin.jp/jimin/saishin04/pdf/seisaku—017.pdf.
[3] 中国日报网,2004 年 7 月 9 日。
[4] 新华网,2005 年 3 月 28 日。

发的天然气田"春晓"附近开始，沿着北纬 28 度到 30 度的分界线（总长约 200 多千米），在宽约 30 千米的海域调查资源蕴藏情况，与中国的油气田开采形成对垒之势。

在日本拉进美国和实施强硬政策的新形势下，大陆保钓人士也改变策略，把问题扩展到经济合作领域。考虑到日本对中国市场的巨大依赖，保钓联合会积极参与到抗议中日间经济合作的相关活动。2004 年 8 月 31 日，保钓联合会参与第二次反对京沪高铁采用日本新干线的签名活动，当时参与的网站还有爱国者同盟网、反日货同盟网、乌有之乡、时事与国际法网、918 战争网、龙腾中华网、国际战略研究网、勿忘国耻网、中国眼网等。在不到 1 天的时间里，组织者就收集到了 6 万多个签名。尽管因为这次签名事件，以上各网站先后被中国官方叫停，但仍极大影响了中国官方在此问题上的决策，使日本试图获得此项订单的意图落空。此件事情进一步显示了民间外交对中日关系的影响，表明了民间外交相对于政府的独立性，但这并没有引起日本政府的重视。另外，社会知名人士联名发表保钓声明，民间保钓人士联名发表保钓公开信，举行保钓民间万人大签名活动，在 918 爱国网、爱国者同盟网等网站上举办网络爱国主义教育活动，发起网上宣传、签名、募捐等"保钓"活动，四川泸州"保钓宣传摩托车队"的"声援保钓爱我中华"3 万千米宣传活动，"爱我中华，宣传钓鱼岛主权"的谭亚海自行车全国骑行宣传活动，全世界华人保卫钓鱼岛环球海洋漂流瓶活动等形式多样、内容丰富的保钓活动使国内外更多的普通民众开始了解与关注"钓鱼岛列屿问题"，并逐渐认识到"保钓"的重要性与紧迫性，从而更加积极踊跃地以各种方式主动加入到"保钓运动"的队伍中来，使"保钓运动"有了更加广泛的群众基础与力量源泉，"保钓运动"逐渐向全民及全球华人爱国主义运动发展。[①]

相反，日本开始了进一步窃取钓鱼岛的行为。2005 年 2 月 9 日本内阁官房长官细田博之在东京召开新闻发布会，他宣布，日本政府已经接管了

---

① 张秀明：《两岸四地和世界华人民间"保钓运动"的历史考察与思考》，首都师范大学 2005 年度硕士学位论文，第 55 页。

1996年"日本政治团体"在冲绳县"尖阁群岛的鱼钓岛"上设置的灯塔。细田博之说，由于这座灯塔的民间所有者放弃了所有权，根据日本有关法律，灯塔作为"国家财产"，由日本海上保安厅接管；当天，海上保安厅已经将灯塔命名为"鱼钓岛灯塔"，还向日本海运部门发布了灯塔的地理坐标等信息。[1] 此后，日本首相小泉纯一郎又亲自出马，参加了这场对钓鱼岛发动的"突袭"。当有日本记者问他是否担心中国方面的反对时，小泉宣称："接管民间人士放弃的灯塔，政府只是做了应该做的事，这是日本独立自主的行为。"[2] 日本选在中国春节期间宣布此事，是别有用心的，毕竟，在春节期间，民众难以集合。日本的这一举措表面上称是为了防止日本右翼团体登岛滋事，给中日关系增添麻烦，却隐藏着这样的动机：日本一旦把灯塔收归国有，则有助于其日后在中日东海划界谈判中占据有利的地位。[3] 2005年2月25日，日本印制新版海洋地图，首次将钓鱼岛灯塔正式记载在其新印制的海洋地图上，海上保安厅也在其网络的网页上新记载了有关灯塔的讯息。2005年2月，日本政府发表海洋资源调查中期报告后，经济产业大臣即表示："若认为有大量天然气存在，日本可能进行钻探，因为不钻探就无法最终探明储量。"[4] 钻探实际是从海底开采资源，与探测完全不是一回事，表明日本政府要独自开采东海油气田，对中国的态度越来越强硬。

日本的蛮横行径和在东海问题上的强硬政策必然引起全中国人民的不满。民间保钓人士协同广大爱国人士抓住当时日本试图进入常任理事国，大力寻求国际支持的机会，把对日抗议推到国际层面。2005年3月23日晚19时，中国"民间保钓联合会"网站出现了"阻止日本进入常任理事国"的字样。这是由世界抗日战争史实维护会、旧金山抗日战争史实维护会、南京大屠杀索偿联盟、亚洲浩劫纪念馆、中华总会馆、黄埔校友会、

---

[1] 《世界新闻报》2005年2月17日。
[2] 云雷、关察："日本急着抢占钓鱼岛：欲窃取战略资源干预台海"，《世界新闻报》2005年2月17日。
[3] "北京与东京冲突背后的地缘与经济纠结"，[台湾]《中国时报》2005年4月19日。
[4] [日]《每日新闻》2005年2月19日。

细菌战研究社、美国华裔退伍军人协会等许多社团共同发起的"抗战胜利一甲子、中华儿女一起来"系列活动之一的反对日本成为联合国常任理事国的"百万人全球签名"活动。此外，纽约"保钓联合会"会长陈宪中3月23日从纽约飞到北京，与中国大陆的保钓联合会携手，在报刊上大张旗鼓地宣布准备筹划在当年9月的第一个星期在《纽约时报》刊登整版广告，告诉全世界人民：日本在二战结束60年后依然对历史问题不认罪、不赔偿，这样的国家没有资格担任联合国安理会常任理事国。纽约"保钓联合会"将发动并联合犹太人、波兰人后裔以及他们所属的组织，在世界范围内展开相关宣传活动，同时准备有关二战时期日军罪行的材料以及日本战后不彻底反省的证据，届时呈送联合国有关官员。

中国大陆保钓联合会会长童增表示，他已经与韩国的独岛协会、慰安妇诉讼会以及马来西亚的马籍华人对日索赔会取得联系，今后将与这些团体以及中国香港、台湾的民间组织合作，一起发出反对日本担任安理会常任理事国的声音。①

同时，保钓人士还向联合国去信，表明反对日本入常。中国民间保钓联合会会长童增在3月底致信联合国秘书长安南，指出目前世界各地反对日本成为安理会常任理事国的签名已达近千万人之多。作为二战时期遭受日本侵略的最大受害国中国的一位公民，童增希望安南秘书长了解来自中国、韩国以及其他曾遭受日本侵略的国家的反对呼声。② 截至2005年3月31日，反对日本入常的签名已经达到2200万个。③ 民间反对日本入常的声音通过网络广泛传播，使中国民间的反日情绪普遍化、长期化，一些本来对政治不感兴趣的学生也表达了对日本的强烈憎恨。④

面对中国民间日益增长的反日情绪，日本首相小泉纯一郎对东海问题开始谨慎起来。2005年3月29日，当日本自民党"促进大陆架调查议员联盟"向小泉提交《维护东海海洋权益的紧急提案》时，他表示，必须使

---

① 《中国青年报》2005年3月25日。
② 《中国青年报》2005年3月28日电。
③ [新加坡]《联合早报》2005年4月2日。
④ [新加坡]《联合早报》2005年4月12日。

东海从对立的海域变为合作的海域。① 一些对华强硬派的领导人，立场也有所松动，经济产业大臣中川昭一表示，日本可以接受中国提出的中日联合开发东海油气田的建议，但条件是中国要向日本提供东海海底地质结构的相关数据并暂停开采相关活动。②

然而，在中国民间保钓运动人士的数次动员和感染下，中国民间已普遍化了的反日怒火已经被点燃了。2005年4月9日到16日，北京、成都、广州、深圳、上海等地数万名中国学生和民众自发走上街头，高唱中国国歌和焚烧日本国旗，宣读反日声明，抗议日本否定二战罪行、淡化侵略历史。示威者高举"抵制日货，由我做起"、"日本滚出钓鱼岛"、"坚决反对小泉参拜靖国神社"等标语。这次民众示威指向了日本驻华大使馆和日本在华企业，一些到日本驻华大使官邸外示威的群众朝使馆丢掷石块，用石头和玻璃瓶砸烂一家日资餐厅和一家日资银行的玻璃。在四川成都，日资超市"伊藤洋华堂"遭示威群众砸烂店门玻璃；在深圳，示威者聚集在日资超级市场门口高呼反日口号。在上海，16日发生的大规模反日示威，不少日本企业备受冲击。中国政府为了中日友好的大局也极力约束反日示威，在反日示威出现一些过激行为时，有关部门为此做了大量工作，调动大量警力维持秩序，有效地防止了事态扩大，并确保日本驻华机构、企业和在华日本公民的安全。

这次反日示威与日本的东海政策有着密切的关联，示威表现得极为有组织，以致于政府怀疑这次示威是由保钓人士组织的。③

这次反日大游行，也使日本国民和政界对中国有了进一步了解，过去

---

① 该提案主旨是敦促政府加快大陆架调查进度，强化钓鱼岛周边海域的警备、监视体制，严防落入中方为拖延时间而提出的"共同开发"圈套，在遵守国际信誉和规则的基础上，争取早日解决东海划界问题。参见日本自民党网站，http：//www.jimin.jp/jimin/saishin04/pdf/seisaku — 017.pdf；http：//www.jimin.jp/seisaku/2005-003.html；新华网，2005年3月30日。

② 中新网，2005年4月8日电。

③ 据香港《明报》引述消息人士披露，教育部近日专门向中央提交报告，指北京大规模反日游行的幕后组织者是中国民间保钓联合会。不过，中国民间保钓联合会会长童增14日重申："这是民众自发的，联合会没有组织这一次活动。"他说："近期内地民众的反日活动主要是自发的，自己通过网络，通过腾讯QQ、手机短讯等各种通讯工具联络，用不着去组织。而且这种自发活动是一种民意的表现。"〔新加坡〕《联合早报》2005年4月15日。

日本政府和民间以为中国的反日情绪不普遍、不严重，中国政府可以轻易控制，而大游行爆发后才知道判断有误。[1] 中国国内的对日示威引起了日本媒体界、政界和商界对日本东海政策的反思。日本主流媒体《朝日新闻》和时事社开始向政府施压，呼吁接受中国"共同开发"的主张。《朝日新闻》14日发表一篇题为《构筑成熟的日中关系》的文章，呼吁日本政府与中国共同开发东海资源。时事社援引新日本石油公司总经理渡文明的讲话报道：渡文明希望日中之间通过谈判圆满解决东海天然气的问题。[2] 在日本政界，也出现赞同中国"共同开发"的主张。日本外务省次长谷内正太郎（Shotaro Yachi）4月14日对《金融时报》说："我们要有更宽的视野，比如联合开发，不仅在'有争议海域'，而是在整个东海。"在日本4月15日发表的外交蓝皮书中，将中国开采东海油田等事件列为中日关系里最严重的问题。蓝皮书强调：有必要努力修复中日关系，以便面对未来。[3] 而在商界，74%日企业家对反日情绪不安。[4] 近八成日本民众认为，小泉首相没有搞好外交。[5]

在日本媒体和商界的压力下，日本外务省一位负责人认为，"双方一味顶撞将难以使事态取得进展。为促使中方做出让步，自己也应该正面面对联合开发问题"。日方认为，由于中国政府开始控制反日示威，日中在天然气田问题上达成一致的氛围开始出现。[6] 在2005年4月17日举行的日中外长会谈上，日本主动提出，要求恢复自2004年10月中断的有关天然气田开发的日中务实性磋商，这得到了中方的善意回应。5月30日，中日在北京举行了为期两天的第二轮东海问题磋商。双方阐述了各自立场和主张，表达了各自关切的问题，并就启动东海划界谈判、推进共同开发等问题深入交换了意见。[7]

---

[1] 大公网讯，2007年11月27日。
[2] 新华网，2005年4月15日。
[3] 日本外务省网站，http://www.mofa.go.jp/policy/other/bluebook/2005/。
[4] [新加坡]《联合早报》2005年4月18日。
[5] [新加坡]《联合早报》2005年4月19日。
[6] [日]《读卖新闻》2005年4月22日。
[7] 中国新闻网，2005年5月31日。

由上可见，由于跨国保钓运动的持续抗争，中国民间对保卫钓鱼岛的问题引起了更广泛的关注。对日本而言，因日本在东海等问题上的政策刺激了中国民众，使中国民间反日情激增，而反日情绪的激增损害到了日本加入常任理事国和日本在华的经济利益；对中国而言，不断增长的民间对钓鱼岛和东海问题的关注也有力支持了中国政府的立场。至此，在东海问题上，日本可打的牌已出尽，如果再强硬地拒绝"主权在我、搁置争议、共同开发"的理念，那后果就不仅破坏中日关系，还会更大程度上损害日本的长远利益，因而日本最后不得不接受中方"搁置争议、共同开发"的理念。第三轮中日东海问题磋商于2005年9月30日至10月1日在东京举行，中日双方就东海划界谈判和资源开发问题深入交换了意见，一致认为应从中日关系大局出发，认真探讨在东海共同开发的可能性，并沿着这一方向做出积极努力。[①]

　　经过历时两年多的谈判，2008年6月18日，中国与日本同时宣布，两国已达成《中日关于东海共同开发的谅解》协议，其原则是中日在东海问题上的共识。这项协议的背景是6月10日台湾一艘渔船在钓鱼岛海域和日本巡逻船相撞后沉没，撞船事件极大地推动了台湾岛内和中国大陆的保钓热情。为了避免钓鱼岛问题再次激化中日两国的关系，避免中日两国民间在钓鱼岛和东海问题上的敌对进一步恶化，中日两国终于使"主权在我、搁置争议、共同开发"的理念落实到了政策层面。尽管中日两国的协议不包括钓鱼岛，但在中日关系处于恶化的危机时刻，中日两国在东海问题上都做了让步和妥协。

小　结

　　中日两国在东海问题上的共同开发政策之所以能落实，在于共同开发的理念架构。两国间的政治意愿是达成共同开发的关键因素，争议双方是

[①] 新华社，2006年1月6日。

否对共同开发争议区资源的必要性和可行性达成共识，是否愿意共同开发跨界资源，是达成共同开发的关键。

中日两国都是缺乏能源的经济大国，最大限度地获得东海的油田资源合乎两国的意图。日本国内的右翼分子正是出于这种意图，而中国的保钓人士也是意图最大化中国在东海的利益。中日之间达成共同开发的共识并落实到政策层面不是保钓人士的意图的产物，而是保钓人士持续推动的保钓运动中权力影响（影响决策的权力、话语的权力）的后果。要是没有20世纪70年代保钓运动的抗争，钓鱼岛问题不会成为中日外交中的一个重要问题，而有可能会像琉球群岛的命运一样。也不能排除国民党当局在不坚持"主权在我"的情况下与日本共同开发的可能性。要是没有90年代保钓运动出海宣示主权的广泛影响，保钓运动难以蔓延到中国大陆，也不会引起更多中国大陆民众对钓鱼岛以及东海问题的关注。而中国大陆民众对钓鱼岛和东海问题的关注和保钓人士的抗争使得中国政府在钓鱼岛问题上的立场越来越坚定，也使得日本在东海和钓鱼岛问题上选择政策的空间变窄。民间对钓鱼岛问题的关注和抗争有可能会极大程度地损害日本在华的经济利益，会增强中国人民对日本的敌对态度，日本陷入了必须兼顾东海利益和在华经济利益之间的困境。而日本在权衡之后，接受了中国提出的"主权在我，搁置争议，共同开发"的理念并最终与中国达成共同开发的协议。因而，保钓运动的能动作用与中日两国在东海问题上"主权在我，搁置争议，共同开发"（下文简称共同开发）的理念结构之间的关系是因果关系。

那么，如何理解"共同开发"的理念和政策呢？德国基尔大学国际法学者雷纳·拉各尼（RainerLagoni）认为共同开发是主权国家间的合作方式，"是一种以国家间建立协定为基础的国际法概念"，从而排除了合同型的合作，如特许权持有者之间对跨越合同区分界线的矿区联合经营的协议。在此基础上，拉各尼对共同开发的概念又进行了更详尽的分析，他指出"共同开发是指国家之间就勘探和开发跨越国家边界或处于主张重叠区域的非生物资源的某些矿床、矿田或矿体所进行的合作"。拉各尼还指出实现共同开发必须具备四项基本要素：首先，指定一块特定的区域；其次，适用某种具体的资源；第三，订立协定或具有法律拘束力的文件，明确有关各方对该区域的管辖权，并在这些管辖权和法律规范之下经营油气田的勘探开发业务；最后，规定勘探开发的条款和条件。① 日本学者三友（Masahiro Miyoshi）也主张共同开发应为政府间的协议，排除政府与石油公司或私有公司之间的联合企业。出席英国国际法和比较法研究院主持召开的海洋油气共同开发会议的大多数法学家则认为，共同开发是针对两个国家主张重叠的海洋区域跨越一个油气矿田或矿层的开发。② 我国学者高之国认为，共同开发是"两个或两个以上的国家达成政府间的协议，其目的是为开发和分配尚未划界的领土争议重叠区的潜在自然资源，而共同行使在次区域内的主权和管辖权"。③

那"共同开发"有什么意义呢？从历史上看，中日两国划界主张的巨大差异，使东海划界问题久拖不决。日方一直主张以"中间线"进行海域划界，并单方面提出了一条所谓的"中间线"。中方则认为，双方应当根据《联合国海洋法公约》的有关规定，以公平原则进行海域划界。其中，大陆架划界应适用自然延伸原则，而中国陆地领土在东海的自然延伸可及冲绳海沟最大水深线。在东海划界问题上，中方不承认日方所谓的"中间线"，中日之间也不存在划定"中间线"的问题。双方此次在"东海共识"中一致同意，"在实现划界前的过渡期间，在不损害双方法律立场的情况下进行合作"。双方就共同开发问题达成的原则共识不涉及各自既往的权利主张，也不影响未来的海洋划界。④ 而中日两国达成共同开发的协定则正表明在保钓运动的推动下，中日两国在领土和主权问题上以"友

---

① Rainer Lagoni, "Oil and DePosit Acrosss National Frontier", in AJIL, April 1979, Vol. 73, No. 2, p. 215.

② David M. Ong, "Joint Development of Common Offshore Oil and Gas Deposits: 'Mere' state Practice or CustomaryInternational law?", The American Journal of International Law, Oct. 1999, Vol. 93. No. 4, p. 771, 转引自贾宇: "中日东海共同开发的问题与前瞻",《世界经济与政治论坛》2007年第4期，第50页。

③ Zhiguo Gao, "The Legal Concept and Aspects of Joint Development in International Law", Ocean Yearbook, Vol. 13. Chicago: The University of Chicago Press, 1998; 贾宇: "中日东海共同开发的问题与前瞻",《世界经济与政治论坛》2007年第4期，第50—51页。

④ 贾宇: "中日'东海共识'极具法律意义与现实意义",《中国青年报》2008年7月3日。

人"的身份交往。中日两国所达成的共识只是保钓人士意图之外的产物，是一种互动层次的结构。而在东亚地区，这种结构可能被模仿而更进一步扩大，如在南海地区。南海油气储量更为丰富，主权争端更为复杂，除中国外，东盟的越南、菲律宾、马来西亚、印尼和文莱等国都对南海相关区域宣称主权。正如有一些评论家所指出的，"东海共识"也给南海争议提供了可资借鉴的现实标本。借鉴"东海共识"，各方也可能在和平的基础上于南海地区实现合作开发的新阶段。

结　论 /非国家行动者推动着国际体系变迁/

国际体系变迁是理论研究者必须直面的话题。尽管有些学者会贬低体系变迁，而强调体系的延续性，但这些学者在贬低体系变迁的同时，也不得不承认国际政治现实中的变迁方面。[①] 冷战的结束和"9·11"恐怖袭击已经显示出国际体系的重大变迁。本书考察了国际关系学科对变迁的研究。笔者认为理论界对于变迁内涵的研究成果并未得到很好的重视，而有关变迁的标志和动力的研究则很薄弱。再者，就目前而言，在理论界鲜见把非国家行动者看成是国际体系变迁动力的研究成果。国际体系变迁的内涵不仅意指新结构"代替"旧结构或指旧结构向新结构的"转型"，也可意指在旧结构存在的情况下，行动者和行为（activities）的数量和任务增加，结构变得更加复杂，新的形式（如外交上的多边会议）不断出现。

国际体系是由结构和行动者两部分组成的。这两部分都为国际体系变迁根源的探讨提供了不同视角，国际体系的结构方面也能提供不少有关变迁的解释，如世界经济重心的变化、科学技术革命、战争等。不过，结构方面的解释只是国际体系变迁的原因，而行动者方面的解释才是变迁的动力。

在国际关系理论中，国际体系变迁的研究深受国家中心主义的影响。国家行动者是国际体系变迁的重要推动力，这在戴维·德斯勒和本杰明·霍布斯的研究成果中得到体现。然而，在20世纪，日益严峻的人道主义、环境、经济和社会危机在全球范围内出现，很多问题并非单靠主权国家就

[①] 萨米·科恩："国家面对'新的行为者'"，http：//www.diplomatie.gouv.fr/fr/IMG/pdf/0204-COHEN-.pdf。

能解决，主权国家不得不与非国家行为体分享世界舞台，[1] 非国家行动者日益卷入到国际政治的进程。就以非政府组织为例，据统计，现今有3万多个非政府组织参与到国际项目，而其中有1000个左右拥有三个或者以上国家的成员关系。[2] 而非国家行为体与国际政治进程的这种关联，也势必会与国际体系结构的变迁相关。[3] 以非国家行动者为动力来思考国际体系变迁，并不是否定国家行动者对国家体系的塑造作用。本书的理论探讨并不是把非国家行动者与国家行动者之间的关系看成是零和的，而是认为仅仅从国家行动者来理解国际体系变迁是不完全的。说得精确一点，非国家行动者是国际体系变迁的动力之一。

为了探讨非国家行动者与国际体系变迁之间的联系，本书建立了一个行动者与结构变迁之间的理论模型，同时还阐释了一系列问题。

首先，为了说明非国家行为体是国际体系变迁的动力，本书探讨了非国家行为体的定义和分类。首先，在梳理了理论界对非国家行为体研究的最新进展和不足之后，明确了非国家行为体的定义和类别。然后，区分了行为体与行动者之间的区别，界定了行动者的属性，进而在行动者和行为体之间建立起关联。

行动者指那些具有主观意图，并与结构发生相互作用的个人或者实体，而本书中的行动者是指那些非国家行为体。非国家行为体指那些不完全隶属于其他实体，具有足够的行为内聚性，可进行跨国性权力互动并具有影响力的不是主权国家的单一实体。跨国性既指实体跨越国界的互动，又可指实体成员的多国性。这个定义包括了合法的和不合法的非国家行为体，但不包括个人、受主导性强权控制的傀儡政权、国内行为体和次国家

---

[1] Richard Langhorne, "The Diplomacy of Non-state actors", *Diplomacy and Statecraft*, 2005, Vol. 16, pp. 333 – 334.

[2] Sikkink, Kathryn and Jackie Smith, "Infrastructure for Change: Transnational Organizations, 1953 – 93", in Sanjeev Khagram, James V. Riker and Kathryn Sikkink (eds) *Restructuring World Politics: Transnational Social Movements, Networks, and Norms*. Minneapolis: University of Minnesota Press. 2002.

[3] Bas Arts, "Regimes, Non-State Actors and the State System: A 'Structurational' Regime Model", *European Journal of International Relations*, 2000, p. 528.

行为体。而一些实体,比如由政府资助的非政府组织,如美国国家民主基金会、完全独立于政府的国际红十字会组织等都是世界政治行为体。非国家行为体可以划分为两大类:政府间国际组织和跨国行为体。跨国行为体又可以分成四个子类别:国际非政府组织、跨政府行为体、跨国公司组织和跨国非公司行为体。尽管非国家行为体分属不同的类别,但它们都从全球视角来思考和行动,主权国家不完全是它们最终追求的组织目标。①

要在这些类别的非国家行为体和国际体系的变迁之间建立联系,就要把非国家行为体看成行动者。行动者的属性——能动作用——推动结构变迁。能动作用指行动者的意图和权力。意图即指规划、目标、欲念。作为意图,指某一过程本质上是由目标指导或者有目的性的。人类行为的无意图结果不能衡量能动作用。作为权力,能动作用表现为破坏性权力、生产性权力、决策性权力、选择话语的权力和制定规则的权力。

其次,一个解释国际体系变迁的理论模型的主要依据是社会学和国际关系学科中有关"结构和行动者"问题的研究成果。"结构和行动者"问题的相关理论不但能解决体系变迁的标准,即结构的内涵,还可以从结构和行动者互相决定与互相建构的关系中,探索到有关非国家行为体生成结构的核心概念。因而,本书回顾了主流理论对"行动者和结构问题"的解决方案,并分析不同方案的优缺点。

在沃尔兹的结构现实主义理论里,结构被理解为国家间的权力分配。罗伯特·基欧汉为了修正沃尔兹结构主义的不足,在结构中加入了制度的内涵,增强了结构主义理论的解释力。以亚历山大·温特为首的主流建构主义理论把国际体系的结构界定为国家间的文化分配,而且存在着两种结构:互动层次的结构(微观结构)和体系层次的结构(宏观结构)。本书支持这种观点:社会结构存在于社会生活的不同层面,也就会存在不同的结构定义。因而,结构既可以是物质力量的分配,也可以是体系内的制度或者国际机制,还可以是体系内的文化分配。这种综合的理解还要包含温

---

① John Gerard Ruggie, "Reconstituting the Global Public Domain-Issues, Actors, and Practices", *European Journal of International Relations* 2004; Vol. 10, p. 510.

特对宏观结构和微观结构所做的区分。

为了使结构的定义能包含非国家行为体的内容，还要对沃尔兹的物质结构定义进行改造。考虑到科技革命和军事技术革命使物质性权力在国际体系中作用的削弱，本书认为，在行动者的物质性权力受限的同时，生产性权力、制定规则的权力、话语权力和影响决策的权力等非物质性权力的作用则有所上升。而在进行沃尔兹式的结构界定时，要考虑这些权力在体系内的分配情况，这样就可以更好地理解约瑟夫·奈所提出的国际体系结构的三维棋局的结构。[1]

而就处理"行动者和结构"两者关系而言，主流理论的侧重点各不相同。摩根索的经典现实主义偏重于从行动者角度来解释国际后果，这体现了一种以行动者为中心的个体主义本体论。摩根索试图增强国家的体制能力，其目的充其量只是追求国际体系内的某种变化，即借此建立均势制度来减少国家间的竞争文化。虽然经典现实主义理论无法包容一种有关体系变迁的理念，不过在该理论中，行动者追求军事强权（用博尔丁的术语就是破坏性权力）和体制能力，这是行动者能动作用的属性。因而，经典现实主义暗含了一个生成的行动者理论，这为建立一个建构变迁的理论提供了理论来源。结构现实主义的理论家沃尔兹强调权力分配，新自由制度主义者基欧汉重制度，两位理论家都认为浅层结构限制着国家的行为和选择。出于对结构主义的共同偏好，这两位理论家都极力限制行动者对国际后果的解释力。沃尔兹和基欧汉虽然无法避开行动者在结构形成中的作用，但从总体来看，在结构现实主义和新自由制度主义的理论框架中，行动者成了结构的奴隶。而温特的建构主义把结构看成是文化分配。国际体系内的不同无政府文化——霍布斯文化、洛克文化、康德文化可以建构国际体系内的行动者的身份是敌人、竞争者还是友人。温特把结构和行动者结合起来，在二者之间建立起联系，结构生成行动者的身份和利益。温特的建构主义侧重于结构层次，建立了一种生成性结构理论，但行动者如何

---

[1] Joseph S. Nye Jr., *The Paradox of the American Power: Why the World's Only Superpower Can't Go It Alone*, Oxford, Oxford University Press, 2002, p. 39.

生成结构，其理论压抑了对这方面的理论探讨。

主流理论对"行动者和结构"问题的不同解决方案对建立一个解释结构变迁的理论模型有两个启示。一方面，要使新建立的理论更有解释力，就需要把行动者和结构两者结合起来，而不是分离开来。另一方面，要建立一个解释体系变迁的理论框架就要侧重于行动者层次，建立一种生成性行动者理论，即行动者通过一定的方式生成结构的属性。

第三，在行动者和结构的属性之间建立起生成关系。要把行动者和结构两者结合起来，就要超越行动者和结构的二元对立。行动者和结构的二元对立指行动者和结构是两个独立的现象，在解释现象中彼此对立。解决这种二元对立的方法是借助吉登斯所谓的"结构二重性"和巴斯卡的"结构二元性"。也就是说，行动者和结构之间的关系既是二元性的，也是二重性的。二重性指在行动者照常复制以往的结构；二元性则指行动者出于战略或者监控自己行为的需要而远离结构。"结构二重性"和"二元性"体现了行动者和结构之间既相互独立又相互依赖的关系。

"结构二重性"和"二元性"为行动推动结构变迁打开了道路。在结构二元性的情况下，行动者在复制以往结构的过程中，会用一些常规来与他者接触。然而，常规只会在解决旧情境中的问题时才成为可能，如果出现新的问题情境，而常规不能解决这样的问题情境时，行动者的创造性就会被激发出来。问题情境并不是指行动者受到的冲击，如通常意义上国际关系中的危机，而是指先前建立起来的稳定常规出现了问题，不能解决新问题，将被新的解决办法代替。行动者通过对相关行为和结构的反思，进而，处于现实问题情境中的行动者就会成为推动变革的创造性行动者并拥有相关的革新性理念。然而，仅仅存在变迁结构的理念和变革者尚不能推动结构的变迁，这里还要加上行动者属性中的权力因素，即内部体制权力、破坏性权力、生产性权力、选择话语的权力、决策的权力及制定规则的权力。

在结构二重性的情况下，能动作用不仅仅指人们在做事情时所具有的意图，而是首先指他们做这些事情的能力。能动作用涉及个人充当行动者的那些实践，即在行为既有顺序的任一阶段，个人都可以用不同的方式来行事。倘若这个人不曾介入，所发生的事或许就不会发生。个体有能力"改变"既定事态或事件进程，这种能力正是能动作用的基础。如果一个人丧失了这种"改变"的能力，即实施某种权力的能力，那么他就不再成为一个行动者。提升权力在能动者属性中的地位并不等于否认意图的作用，毕竟行动者的行动多多少少都存在着意图性。结构二重性理论对结构变迁的解释兼顾意图和权力这两个要素并特别关注有意图行动的意外后果。行动者有意图行动的意外后果是思考结构变迁的一个重要渠道。在这里，本书结合吉登斯的"非意图后果"的三点论述，恢复了被温特及其学生所忽视的非变革性意图情况下的结构变迁。这不是说它会推动结构变迁，而是说它会为结构变迁提供可能，而结构变迁的真正原因是行动者的权力，这样就建构起一种结构二重性的结构变迁模型。

行动者的能动作用需在一定的结构背景之下才能实现，这种背景也就是行动者推动变迁的初始结构。一方面，这种结构限制和约束着行动者的选择；另一方面，这种结构也总具有助然性（enabling）。当现有的结构在面临问题情境时，行动者就可以有意图地利用自己所拥有的权力资源来推动结构的变迁。这些权力资源包括破坏性权力、生产性权力、决策性权力、选择话语的权力、制定规则的权力以及自身的体制能力。由于行动者不同、问题领域不同，行动者并不一定要同时拥有以上的每一种权力。结构变迁还会在另一种情况下发生，也就是行动者照常复制以往的结构，不过，由于以上所提及的权力因素的原因，或者由于某一行动者在某一问题领域的某一项权力超过其他行动者，也会在复制以往结构的情形下出现意图之外的结构变迁。而结构变迁则是指体系内的权力分配、国际制度或者国际机制和体系内的无政府文化。这里的结构既指宏观结构，也指互动层次上的微观结构，而竞争和模仿是推动微观结构的变迁向宏观结构转变的桥梁。

本书的个案研究表明，行动者并不同时拥有能动作用中的所有权力属性。经社理事会具有意图性；拥有决策性权力、话语性权力和制定规则的权力。经社理事会发生作用的初始结构是经社理事会1968年建立的有关非政府组织的制度。这项制度规定了非政府组织获得咨商地位的条件、申请的类别、被授予咨商地位非政府组织的权利和义务及取消和中止非政府组织咨商地位的情形。然而到冷战结束初期，经社理事会实施这项制度安排时面临着问题情境。首先，主要来自于南方国家的国家和地区层级的非政府组织力量不断壮大，并力求获得经社理事会的咨商地位，以更多地介入国际事务，发出本国或地方的声音。其次，在联合国资助的诸多国际会议上，非政府组织发挥了越来越大的影响力，与国家等其他世界政治行为体展开了权力竞争并产生实际的效果，但其中有很多非政府组织没能获得经社理事会的咨商地位。第三，一方面，非政府组织力求扩大其参与国际事务的领域，除了经社理事会的职能范围外，非政府组织还力图能参与到安全和国际金融领域；另一方面，在联合国总部，非政府组织参与到了经社理事会以外的联合国机构并产生了一些临时的安排，非政府组织力求对相关的参与活动提供制度保障。在这种情况下，经社理事会发挥了能动作用。从意图性来看，经社理事会对全球范围内的非政府组织进行了反思，认识到：尽管一些非政府组织属于国家层级，但其活动已经具有一种国际视野；能够提供一些政府无法接触的基层信息，他们给联合国与非政府组织关系及非政府组织之间的关系增加了一个新颖而不可缺少的视角；在授予咨商地位时，经社理事会要平衡南北方国家非政府组织的数量；需要为非政府组织参加联合国资助的会议提供制度保障；要扩大非政府组织参与国际事务的领域。进而，经社理事会利用其自身的话语权力框定了非政府组织参与国际事务的议题；利用其决策性权力制定出非政府组织可以参与到联合国事务的一切领域；利用其制定规则的权力扩大了非政府组织可参与的领域和制定了非政府组织参加联合国资助的国际会议的新规则。经社理事会联合一些国家和非政府组织推动了国际制度结构的变迁，这体现了经社理事会作为一个行动者与相关制度结构之间的建构关系。

而在跨国保钓运动的案例中，保钓运动对结构的变迁体现于一种有意图行动的意外后果。从20世纪70年代开始到21世纪初，保钓运动持续40多年。中国保钓人士的意图是最大化中国在东海的利益。中日之间达成共同开发的共识并落实到政策层面不是保钓人士的意图，而是保钓人士持续推动的保钓运动中权力影响（影响决策的权力、话语的权力）的后果。要是没有 70 年代保钓运动的抗争，钓鱼岛问题不会成为中日外交中的一个重要问题，而有可能会像琉球群岛的命运一样。也不能排除如下的情况：国民党当局在不坚持"主权在我"的情况下与日本共同开发。在中日建交前后，中日两国为了弱化钓鱼岛问题对建交的影响，都认为需要把钓鱼岛问题搁置起来。1979 年 5 月，邓小平在会见铃木善幸时就提出了共同开发钓鱼岛的建议，但日本政府由于种种原因只是接受搁置的建议，却没能接受中国政府共同开发的建议。因而，钓鱼岛问题成了中日两国都试图搁置的问题。

然而，到了 20 世纪 90 年代，由于国际形势的变化，日本的右翼势力借机染指钓鱼岛，进而激起了港台和海外华人更大规模的保钓运动。保钓运动持续卷入中日关系，增加了中日互动微观结构的复杂性，这本身就是中日互动结构的变迁。中国大陆民众对钓鱼岛和东海问题的关注和保钓人士的抗争使得中国政府在钓鱼岛问题上的立场越来越强硬，也使得日本在东海和钓鱼岛问题上选择政策的空间变窄。而民间对钓鱼岛问题的关注和抗争有可能会极大程度地损害日本在华经济利益，增强中国人民对日本的敌对态度，日本陷入了在"共同开发"和在华利益之间必须抉择其一的困境。日本在权衡之后，接受了中国提出的"主权在我，搁置争议，共同开发"的理念并最终与中国达成共同开发的协议。

可以说，20 世纪 90 年代的保钓运动是 70 年代保钓人士意图之外的结果，这体现了遥远地区对某一特定行动的制度化再生产。而中国大陆保钓人士的抗争引发了日本曾经接受"共同开发"的理念，这也是大陆保钓人士意图之外的事。保钓运动的能动作用与中日两国在东海问题上"主权在我，搁置争议，共同开发"的理念而显示出的某种程度上的友谊文化之间是因果关系。尽管由于国际宏观结构的约束，中日未能成功解决钓鱼岛和东海问题，但保钓运动的能动作用在过去和未来都能发挥重要影响。

这两个案例充分体现了非国家行为体与国际体系变迁之间的联系。尽管我们可以说，国际体系的变迁最终是由国家完成的，这在目前阶段国际关系中可能不可避免，但如果没有非国家行为体能动作用的介入，国际体系就不会像事实所呈现的那样演变。没有经社理事会的意图和相关权力的介入，国际体系中有关非政府组织的制度安排就不会体现出如此的变迁。这是宏观层次的结构变迁，跨国保钓运动的案例则表明：国家同样在体系变迁进程中具有重要的地位；而行动者能动作用中的意图属性不是结构变迁结果中不可缺少的因素。而后者正是本书对现有理论的推进之处。保钓运动的案例体现了一种微观结构的变迁。说跨国保钓运动推动了国际体系的变迁，这有夸大之嫌，但在东亚地区，这种康德式的"友谊"文化可能被模仿而进一步被扩大到中日两国关系中的其他领域和中日与东亚其他国家的关系上，进而上升到一个宏观结构的层面。新建立的理论并不局限于上文所提到的案例，如巴斯阿茨就曾提到，苏联从东欧撤军而不发一枪的原因，就在于东欧国家的一些非国家行为持续抵制复制苏联模式的意外后果。[1]

要合理理解非国家行为体与国际体系变迁之间的关系，还要克服两个思维定势。一方面，主流国际关系理论的文献忽视非国家行为体在国际体系中的地位。其主要原因是，主流理论家明显或者含蓄地做出一种行为体制度替代（institutional substitutability）的假设。也就是说，在国际层面上，如果其他行他体没有替代领土国家的潜能，那它们不值得国际政治理论家重点关注：尽管在实践中具有意义，但却没有理论意义。[2] 如果不持有这种制度替代的假设，研究者可以更好地理解非国家行为体与国际体系变迁的关系。尤其是，研究者可以更好地理解非国家行为体会推动体系内权力分配的变迁。

另一方面，要克服那种单纯以利益为导向研究国际政治的思路。美国耶鲁法学院副教授乌纳·海瑟薇（Oona A Hathaway）认为，以利益为取向的研究方法仍然对一些现象解释乏力。这种方法不能解释，国家为何要在获利极少甚至零收益的情况下为遵守一些国际制度而付出不少代价？如为了保卫人的尊严和建立一个更加建康的世界环境这类公共产品，人权和环

---

[1] Bas Arts, "Regimes, Non-State Actors and the State System: A 'Structurational' Regime Model", *European Journal of International Relations*, 2000, p. 528.

[2] John Ruggie, *Constructing the World Polity. Essays on International Institutionalization*, London: Routledge, 1998, p. 174.

保条约这类国际制度为何能使国家付出大量主权代价？这种方法也不能解释，在自我收益极少的情况下，国家为何要花费时间和精力去签署一些非国家行为体发起和推动建立的相关国际制度？为何一些大国会对加入国际协定持犹豫态度（如美国在《京都议定书》上的立场）？主张利益为基础的学者总把这些现象归于这类国际制度是一种强国政府间的"廉价的对话"（cheap talk），归于强国政府为证明其行为正当的自我利益考虑。

而另一些学者则反对这种以利益为基础来研究国际政治的方法，他们提出一种以规范为基础的方法。以规范为取向的分析方法认为，国家会接受这些非国家行为体推动建立的国际制度，除了出于利益考量，还在于国家支持或信奉这些条约中的规范或者理念。如果说以利益为取向的研究方法遵循后果逻辑，那以规范为取向的研究方法则遵循合适性（appropriateness）逻辑。[1] 以规范为基础的理论认为，国家把非国家行为体推动的规则内部化或者依这些规则行事，是因为它们理解这些规则是正确的或者合适的。[2] 正确性和合适性是大国愿意付出大量代价来参与相关制度的原因。而大国会在加入相关国际制度结构时持犹豫态度，这表明了非国家行为体推动的制度变迁具有约束力。进一步说，非国家行为体推动下发生的体系变迁也会影响和决定国家行为和利益，因而研究非国家行为体与结构变迁的关联，以及视非国家行为体的能动作用是体系变迁的动力就具有理论和实践的意义。

在经济全球化和科技革命的大背景下，在21世纪的新型国际政治体系中，民族国家只是国际体系构成中的基本单位之一。除民族国家外，国际体系的基本构成单位还将包括各种国际组织、非政府组织和区域集团等。这不但导致民族国家在国际体系中的独占性地位下降，也是大国在国际体系中影响力下降的直接原因之一。

非国家行为体数量急剧增加。有学者指出，非传统安全问题尤其是能

---

[1] Oona A Hathaway, "Between Power and Principle: An Integrated Theory of International Law", *The University of Chicago Law Review*, Spring 2005, pp. 476–477.

[2] James N Rosenau, "Before Cooperation: Hegemony Regimes and Habit-Driven Actors in World Politics", *International Organization*, 1986. 40 (4), p. 849, pp. 861–874.

源、资源、环境、人口、海洋和空间利用等领域的全球性问题日益突出，极大地促进了政府间与非政府间国际组织的迅速增加：恐怖主义、极端主义、分裂主义、跨国犯罪、疾病肆虐、环境污染、难民问题等非传统安全问题，均构成了推动非国家行为体不断增生的动力。①

这些行动者拥有着意图和不同权力。跨国公司甚至已经具备了马克斯·韦伯所说的即等级制的权力矩阵关系，形成了强大的权力。②"我们看到一些新的跨国家行为体正呈现出生机，目睹了种种旨在推动和平、人权、环境和社会改革的社会运动正在全球范围内发生。"③一些非政府组织，如环保组织、禁雷组织等，较之一些中小国家更敢于就一些"低位政治"问题直接向美、俄、中、日这样的大国施加种种压力，从而对国际体系的制度发展和交往的文化产生影响。

由于全球化所带来的全球性问题的累积，正如有学者所指出的，冷战结束以来，国际体系变迁表现出的一个重要特点就是其整体作用的增强，对主权国家形成了日益增强的有形或无形的影响和约束，即使是霸权国家也要在体系之中确立自己的位置。面对当今国际政治重大问题，没有哪一个国家仅凭一己之力就能有效解决。大国并非无所不能，谁也不能像19世纪的英国和20世纪的美国那样强调自己的特殊性。④非国家行为体参与全球治理已经成为常态，在全球治理规则和治理模式的建构方面，它们越来越体现出能动作用。国际体系呈现出一种后威斯特伐利亚的特征。在国际体系基本单位的构成变化以及其他一些因素、尤其是非传统安全因素、世界转型、相互依存等因素作用下，国际体系的运行规则、游戏规则、人们的国际政治观念和行为方式等都将出现不同以往的新变化。⑤

---

① 刘中民："非传统安全问题的全球治理与国际体系转型——以行为体结构和权力结构为视角的分析"，《国际观察》2014年第4期，第62页。

② 马克斯·韦伯，林荣远译：《经济与社会：上卷》，商务印书馆1998年版，第242—251页。

③ 米歇尔·曼："全球化是否终结了民族国家"，俞可平：《全球化：全球治理》，社会科学文献出版社2003年版，第113页；Turner S. Global Civil Society, Anarchy and Governance: Assessing an Emerging Paradigm [J]. Journal of Peace Research, 1998, 35 (1): 32.

④ 唐永胜："理解和适应国际体系变迁"，《现代国际关系》2014第7期，第17页。

⑤ 林利民："21世纪国际体系转型析论"，《现代国际关系》2009年第6期，第8页。

这些新变化对当前中国的外交提出了新的挑战。由于很多全球问题是通过跨国行政合作来实现的，因此正如苏长和先生所指出的，中国参与全球治理的路径之一是，通过跨国行政合作来为国际体系的改革、新型大国关系的构建、全球治理的改进提供国内政治的保障和支持。[①] 往往跨国行政合作以非国家行为体的形式参与全球治理。如何使这非国家行为体的决策和治理实践朝有利于以中国为代表的广大发展国家的方向发展，有利于改革国际旧秩序，是当前中国提升治理能力的关键。因而，中国学界不但要加强对既有政府间国际组织的研究，以便寻找改革的对策，还要在新兴大国创设新的类似组织的过程中，探索提升中国影响的路径。

要实现全球治理，不但要重视主要国家的合作，也要重视非国家行为体的作用。由于在许多国际组织中，西方国家的合法非国家行为体占据数量优势，这造成了一个客观的局势：在国际谈判中，一些西方国家的非国家行为体和政府联合起来对非西方国家施加压力。要改变这种非西方国家主要由政府来应对压力的情况，包括中国在内的非西方国家应当进一步培育具有全球治理才能的人才和非国家行为体，推动他们走出国门，为非西方国家和人民发声，借助期意图和权力推动国际体系的变迁。比如，国际经济治理过程中，从"金砖国家"到"二十国集团"，从亚洲基础建设投资银行到金砖国家开发银行的建立，都要有相关非国家行为体参与治理的思路。既要把这些国际组织本身视为非国家行为体，还要及早筹谋如何让更多发展中国家的其他非国家行为体参与这些机构的治理活动。

---

① 苏长和："共生型国际体系的可能———在一个多极世界中如何构建新型大国关系"，《世界经济与政治》2013 年第 9 期。

参考文献

中文文章

A. M. 克拉克、王国荣编译："论非政府国际组织在国际社会中的影响"，《国际政治研究》1996年第1期。

陈振杰："保钓运动的回声"，《海事大观》2003年第9期；"'保钓'风起云涌"，《海事大观》2004年第4期；"钓鱼岛上的'保钓'斗争"，《海事大观》2004年第6期。

陈丽瑛："联合国非政府组织体系之运作及'我国'切入管道试析"，http：//www.taiwanncf.org.tw/seminar/20020404/20020404 - 2.pdf。

范士明："国际关系中的非政府组织浅析"，《现代国际关系》1998年第3期。

樊勇明："全球化与国际行为主体多元化：兼论国际关系中的非政府组织"，《世界经济研究》2003年第9期。

方长平："社会建构主义：一种研究国际政治的新范式"，http：//sis.ruc.edu.cn/；"英国学派与主流建构主义比较"，《世界经济与政治》2004年12期。

方堃："琉球、钓鱼岛与中日关系"，《中国边疆史地研究》2002年第1期。

傅宁军："'保钓'风云（上）"，《台声》2003年6月期。

黄德明、匡为为："论非政府组织与联合国关系的现状及改革前景"，

2006年5月,《当代法学》第20卷第3期(总第117期)。

黄旻华:"国际关系批判理论的重建与评论", http://homepage.ntu.edu.tw/~mhhuang5103/2.pdf。

简兆平:"世界华人保钓活动大事简录",《抗日战争研究》2003年第2期。

约翰·鲁杰:"世界政治体制中的继承与转换:趋向新现实主义综合",罗伯特·O. 基欧汉编,郭树勇译:《新现实主义及其批判》,北京大学出版社2002年版。

李国强:"近10年来钓鱼岛问题研究之状况",《中国边疆史地研究》2002年第1期。

刘长敏:"论非国家主体的国际法律地位",《现代国际关系》2004年第2期。

刘贞晔:"国家的社会化:非政府组织及其理论解释范式",《世界经济与政治》2005年第1期。

刘中民、刘文科:"近十年来国内钓鱼岛问题研究综述",《中国海洋大学学报(社会科学版)》2006年第1期。

莫大华:"理性主义与建构主义的辩论",《政治科学论丛》第19期;"理性主义与建构主义的理论综合",《政治科学论丛》第31期。

漠帆:"钓鱼岛问题大事记(续篇)",《现代日本经济》2001年第119卷,第5期。

石家铸:"钓鱼岛问题的现状与中日关系",《毛泽东邓小平理论研究》2004年第4期。

宋渭澄:"联合国体系下的非政府组织及其国际政治效应",《国际论坛》2003年3月,第5卷,第2期。

苏长和:"非国家行为体与当代国际政治",《欧洲》1998年第1期;"重新定义国际制度",《欧洲》1999年第6期;"解读《霸权之后》:基欧汉与国际关系理论中的新自由制度主义",《美国研究》2001年第1期;"共生型国际体系的可能——在一个多极世界中如何构建新型大国关系",《世界经济与政治》2013年第9期。

王运祥:"论中外非政府组织的发展",《暨南大学学报(哲学社会科学版)》2006年第6期,总第125期。

王逸峰:"风云钓鱼岛——中国(大陆、台湾)、日本、美国角力钓鱼岛剖析",《舰载武器》2004年第5期。

叶江、甘锋:"试论国际非政府组织对当代国际格局演变的影响",《国际观察》2007年第3期。

游志斌、张蕾:"试析非政府组织与联合国伙伴关系的发展趋向",《国际关系学院学报》2005年第4期。

远风:"'保钓'运动与港台'保钓'人士",《文史精华》2002年第6期,总第142期。

袁正清:"国际关系理论的施动者——结构之争",《世界经济与政治》2003年第6期。

张雷:"'租借'钓鱼岛",《新闻周刊》2003年1月13日。

张世均:"钓鱼岛问题的由来与中国人民的'保钓'斗争",《重庆教育学院学报》2004年1月。

赵黎青:"非政府组织与联合国体系",《欧洲》1999年第5期。

郑启荣:"试论非政府组织与联合国的关系",《外交学院学报》1999年第1期。

周琪:"萨缪尔·亨廷顿'9·11'之后谈'文明的冲突'",《太平洋学报》2003年第3期。

周树春:"加强合作共谋发展—评亚太经社会第四十八届会议",《瞭望》1992年第17期。

周益峰:"钓鱼岛究竟属于谁",《党政论坛》2005年12月号;"'保钓'风云(上)",《台声》2003年7月期。

祝发根:"联合国经社理事会咨商地位——非政府组织融入国际主流活动的一张入门券",《国际交流》2004年3期。

唐永胜:"国际体系变迁与中国战略选择",《当代世界》2016第5期;"理解和适应国际体系变迁",《现代国际关系》2014年第7期。

刘丰:"国际体系转型与中国的角色定位",《外交评论》2013年第

2 期。

秦亚青："国际体系、国际秩序与国家的战略选择",《现代国际关系》2014 年第 7 期。

陈玉刚："制度创新、大国崛起与国际体系变革？——比较政治与国际关系交叉研究的视角",《国际观察》2013 年第 4 期。

刘中民："非传统安全问题的全球治理与国际体系转型——以行为体结构和权力结构为视角的分析",《国际观察》2014 年第 4 期。

王传兴："现代历时性/共时性国际体系变迁中的结构性权力变化分析",《欧洲研究》（双月刊）2012 年第 1 期。

郭永虎："关于中日钓鱼岛争端中'美国因素'的历史考察",《中国边疆史地研究》2005 年第 4 期。

张秀明："两岸四地和世界华人民间'保钓运动'的历史考察与思考"，首都师范大学 2005 年度硕士学位论文。

"民间'保钓'在行动",《当代学生》2004 年第 09 期。

黄友牛："日本窃占钓鱼岛群岛的由来及原因",《学习月刊》2005 年第 3 期。

张植荣："日本有关钓鱼列屿问题研究评述",《中国边疆史地研究》2002 年第 1 期。

中文文献

蔡佳禾著：《当代伊斯兰原教旨主义运动》，宁夏人民出版社 2003 年版。

弗朗西斯·福山著，黄胜强、许铭原译：《历史的终结及最后之人》，中国社会科学出版社 2003 年版。

罗伯特·O. 基欧汉、门洪华编，门洪华译：《局部全球化中的自由主义》，北京大学出版社 2004 年版。

亚历山大·温特著，秦亚青译：《国际政治的社会理论》，上海人民出版社 2000 年版。

约翰·米尔斯海默著，王义桅、唐小松译：《大国政治的悲剧》，上海人民出版社 2003 年版。

肯尼斯·沃尔兹著，信强译：《国际政治理论》，上海人民出版社 2003 年版。

彼得·卡赞斯坦、罗伯特·O. 基欧汉、斯蒂芬·克拉斯纳等编，秦亚青等译：《世界政治理论的探索与争鸣》，上海人民出版社 2006 年版。

亚历山大·温特："国际关系中的建构关系和因果关系"，提莫·邓恩编：《八十年危机：1919—1999 年的国际关系》，新华出版社 2003 年版。

倪世雄等著：《当代西文国际关系理论》，复旦大学出版社 2001 年版。

汉斯·摩根索：《国际纵横策论》，上海译文出版社 1995 年版。

John M. Hobson 著，周劭彦译：《国家与国际关系》，台湾弘智文化事业有限公司 2003 年版。

李少军：《国际政治学概论》，上海人民出版社 2002 年版。

罗伯特·吉尔平著，杨宇光、杨炯译：《全球政治经济学》，上海人民出版社 2003 年版。

苏珊·斯特兰斯：《权力流散：世界经济中的国家和非国家权威》，北京大学出版社 2005 年版。

西里尔·E. 布莱克编，杨豫、陈祖洲译：《比较现代化》，上海译文出版社 1996 年版。

宋新宁、陈岳：《国际政治学概论》，中国人民大学出版社 2000 年版。

斯坦利·霍夫曼：《当代国际关系理论》，中国社会科学出版社 1990 年版。

俞正梁：《当代国际关系学导论》，复旦大学出版社 1996 年版。

肯尼斯·沃尔兹著，倪世雄等译：《人、国家、战争》，上海译文出版社 1991 年版。

詹姆斯·多尔蒂、小罗伯特·普法尔茨格拉夫著，阎学通等译：《争论中的国际关系理论》（第五版），世界知识出版社 2003 年版。

肯尼斯·W. 汤普森著，梅仁等译：《国际关系中思想流派》，北京大学出版社 2003 年版。

罗伯特·O. 基欧汉编，郭树勇译：《新现实主义及其批判》，北京大学出版社2002年版。

玛莎·费丽莫著，袁正清译：《国际社会中的国家利益》，浙江人民出版社2001年版。

郑海麟：《从历史与国际法看钓鱼台主权归属》，海峡学术出版社2003年版。

鞠德源：《日本国窃土源流 钓鱼列屿主权辩》，首都师范大学出版社2001年版。

吴天颖：《甲午战前钓鱼列屿归属考——兼质日本奥原敏雄诸教授》，社会科学文献出版社1994年版。

井上清著，贾俊琪等译：《钓鱼岛：历史与主权》，中国社会科学出版社1997年版。

张植荣主编：《中日关系与钓鱼台问题研究论集》，香港励志出版社1999年版。

沙林著：《中日未来最大冲突 钓鱼岛》，香港时代潮流出版有限公司2005年版。

林国炯编：《春雷声声——保钓运动十周年文献选》，台北人间出版社2001年版。

张平著：《钓鱼岛风云》，国际文化出版公司2000年版。

高飞主编：《和谐世界与君子国家》，世界知识出版社2011年版。

张峰编：《国际体系与中外关系史研究》，中西书局2012年版。

英文文章

Arts, Von Bas, "Non-State Actors in Global Governance: Three Faces of Power", http://www.coll.mpg.de/pdf_dat/2003_4.pdf. "International Policy Arrangements of State and Non-State Actors", In: B. Arts, M. Noortmann & B. Reinalda (eds.), *Non-state Actors in International Relations*. Aldershot: Ashgate, (2001).

Ashley, Richard K., "Realist Dialectics: Toward a Critical Theory of World Politics", (Paper prepared for the American Political Science Association meeting, Denver, Colorado, 1982, September. "Poverty of Neorealism", International Organization, Vol. 38, No. 2. (Spring, 1984).

Ataman, Muhittin, "The Impact of Non-State Actors on World Politics: A Challenge to Nation-States", Alternatives: Turkish Journal of International Relations, Vol. 2, No. 1, Fall 2003.

Bachman, David, "Structure and Process in the Making of Chinese Foreign Policy", in Samuel.

Skim, ed., China and the World, 4th ed. (Boulder, Colo.: Westview Press, 1998).

Bíró, Gáspár & Motoc, Antoanella-Iulia, "Working paper on human rights and non-State actors", www.ohchr.org/english/bodies/subcom/57/docs/E.CN.4.Sub.2.2005.40.doc.

Burch, Kurt, "Changing the Rules: Reconceiving Change in the Westphalian System", International Studies Review, Vol. 2, No. 2, Continuity and Change in the Westphalian Order. (Summer, 2000).

Buzan, Barry, "Rethinking Security the Cold War", Cooperation and Conflict, 1997, Vol. 32.

Carlsnaes, Walter, "The Agent-Structure Problem in Foreign Policy Analysis", International Studies Quarterly, 1992, Vol. 36.

Checkel, Jeffrey T., The Constructivist Turn in International Relations Theory, World Politics 1998, Vol. 50: 2.

Chung, Chien-peng, "Resolving China's Island Disputes: A Two-Level Game Analysis", Journal of Chinese Political Science, 2007, Vol. 12, No. 1.

Denemark, Robert A., "World System History: From Traditional International Politics to the Study of Global Relations", International Studies Review, Vol. 1, No. 2, Prospects for International Relations: Conjecturesabout the Next Millennium. (Summer, 1999).

Dessler, David, "What's at Stake in the Agent-Structure Debate?", *International Organization*, 1989, Vol. 43.

Downs, Erica Strecker& Saunders, Phillip C. "Legitimacy and the Limits of Nationalism China and the Diaoyu Islands: China and the Diaoyu Islands", *International Security*, Vol. 23, No. 3. (Winter, 1998 – 1999).

Drulák, Petr, "The Problem of Structural Change in Alexander Wendt's Social Theory of International Politics", Journal of International Relations and-Development, 2001, vol. 4. No. 4.

Dutton, Peter, "Carving up the east China Sea", *Naval War College Review*, 60 (Spring. 2007).

Emirbayer, Mustafa and Mische, Ann, "What Is Agency?" *American Journal of Sociology*, 1998, Vol. 103, No. 4.

Fedorova, Maria, "The Roots of Sino-Japanese Differences over the Senkaku (Diaoyudao) Islands", *Far Eastern Affairs*, 33: 1 (Jan-Mar 2005).

Frey, Frederick W., "The Problem of Actor Designation in Political Analysis", *Comparative Politics*, 1985, January, Vol. 17, No. 2.

Fukuyama, Francis: "The End of History?", *The National Interest*. Vol. 16. Summer (1989).

"Has history restarted?", http://www.cis.org.au/Events? JBL/02.htm.

Geeraerts, Gustaaf, "Analyzing Non-State Actors in World Politics", *Pole Paper Series*, ISSN 1370 – 4508, Vol. 1, No. 4, October, 1995. http://poli.vub.ac.be/publi/pole-papers/pole0104.htm.

Helleiner, Eric, *States and the Reemergence of Global Finance*, Cornell University Press, 1994.

Hagström, Linus (2005) "Relational power for foreign policy analysis: Issues inJapan's China policy", *European Journal of International Relations*, Vol. 11 (3).

Hannema, Sybren Elias, "The Economic and Social Council, the Group of Eight and the constitutional paradox", UN CHRONICLE, No. 1, 2006.

Hagström, Linus, "Quiet power: Japan's China policy in regard to the Pinnacle Islands", *The Pacific Review*, 2005, Vol. 18 No. 2 June.

Haufler, V. , "Crossing the Boundary between Public and Private: International Regimes and Non-State Actors", in V. Rittberger (ed.) *Regime Theory and International Relations*, pp. 94 – 111. Oxford: Oxford University Press. 1993.

Henderson, David K. , "Accounting for Macro-level Causation", *Synthese*, 1994, Vol. 101.

Hobson, John M. & Ramesh, M. , "Globalisation Makes of States What States Make of It : Between Agency and Structure in the State / Globalisation Debate", *New Political Economy*, Vol. 7, No. 1, 2002.

Hoffman, Stanley, "Clash of Globalizations", *Foreign Affairs*, July-August 2002 Vol. 81, iisu. 4.

Hollis, Martin and Smith, Steve. "Beware of Gurus: Structure and Action in International Relations", *Review of International Studies*, Vol. 17, 1991.

"Two Stories about Structure and Agency", *Review of International Studies*, 1994, Vol. 20 (3).

Huntington, Samuel P. , "Transnational Organisation in World Politics", *World Politics* (1973), Vol. 25.

"The Clash of Civilization", *Foreign affairs*, 72 (Summer 1993).

Iriye, Akira, "A Century of NGOs", *Diplomatic History*, Summer 1999, Vol. 23, No. 3.

Jabri, Vivienne and Stephen Chan. 1996. "The Ontologist Always Ring Twice: Two More Stories about Structure and Agency in Reply to Hollis and Smith", Review of International Studies 22 (1).

Jean-Marc F. Blanchard, "The U. S. Role in the Sino-Japanese Dispute over the Diaoyu (Senkaku) Islands, 1945 – 1971", *The China Quarterly*, No. 161. (Mar. , 2000).

Jessica T. Matthews, "Power Shift", *Foreign Affairs*, Vol. 76, (January/February 1997).

Kapstein, Ethan B. *Governing the Global Economy*, Harvard University Press, 1994.

Kaufman, Stuart J., "The Fragmentation and Consolidation of International Systems", *International Organization*, Vol. 51, No. 2. (Spring, 1997).

Kazuko, Mori, "New Relations between China and Japan: A Gloomy, Frail Rivalry", www2. toyo - bunko. or. jp/zenbun/MASR2/aka02_ 01. pdf.

Keohane, Robert Interview, March 9, 2004, http: //globetrotter. berkeley. edu/people4/Keohane/keohane - con5. html.

"International Institutions: Two Approaches", *International Study Quarterly*, 32, No. 4, Dec. 1988.

Kissinger, Henry, *Nuclear Weapons and Foreign Policy*, New York: Harper. 1957.

"The white revolutionary: reflections on Bismarck", Daedalus, 1968 Summer, Vol. 97.

Kjell, Skjelsbaek, "The Growth of International Nongovernmental Organization in the twentieth Century", *International Organization*, 1971. Vol. 25 (3).

Krasner, Stephen D. (1995/96) Compromising Westphalia. *International Security*, 20 (3). "Sovereignty", *Foreign Policy*, No. 122. (Jan. -Feb 2001). "Power politics, institutions and transnational relations", in: Thomas Risse-Kappen (Ed.), *Bring Transnational Relations Back In*, Cambridge University Press, 1995.

Koo, Min Gyo, "Liberal Peace and the Scramble for the Rocks: The Dokdo/Takeshima, Senkaku/Diaoyu, and Paracel and Spratly Islands Disputes", Paper presented at the annual meeting of the American Political Science Association, Marriott Wardman Park, Omni Shoreham, Washington Hilton, Washington, 2005, sept.

Mearsheimer's Interview in 2002, Through the Realist Lens, April 8. 2002, http: //globetrotter. berkeley. edu/people2/Mearsheimer/mearsheimer - con5. html.

"Conversations in International Relations: Interview with John J. Mearsheimer

(Part II)", *International Relations*, 2006. Vol. 20 (2).

Medeiros, Evan S. and FravelTaylor, M., "China's New Diplomacy", *Foreign Affairs*, New York: Nov/Dec 2003. Vol. 82, Iss. 6.

Morgenthau, Hans J., "Another 'Great Debate': The national Interest of the United States", *American Political Science Review*, XVI, December 1952.

Morss, Elliott R., "The New Global Players: How They Compete and Collaborate", *World Development*, Vol. 19, No. 1, 1991.

O'Connell, Mary Ellen, "Enhancing the Status of Non-State Actors Through a Global War on Terror?", *Columbia Journal of Transnational Law*, 2005. Vol. 43. No. 2.

Ortner, Sherry, "Specifying Agency: The Comaroffs and their Critics", *Interventions*, 2001, Vol. 3 (1).

Pan, Zhongqi, "Sino-Japanese Dispute over the Diaoyu/Senkaku Islands: The Pending Controversy from the Chinese Perspective", *Journal of Chinese Political Science*, Vol. 12, No. 1, 2007.

Price, Richard, "Transnational Civil Society and Advocacy in World Politics", *World Politics*, 2003: 55 (4).

Rumi, Aoyama, "Chinese Diplomacy in the Multimedia Age: Public Diplomacy and Civil Diplomacy", http://ics.leeds.ac.uk/papers/gdr/exhibits/82/Chinese_ diplomacy. pdf.

Ruggie, John G., "International Structure and International Transformation: Space, Time, and Method", in Ernst-Otto Czempiel and James N. Rosenau., *Global Changes and Theoretical Challenges: Approaches to World Politics for the 1990. Constructing the World Polity. Essays on International Institutionalization*, London: Routledge. 1998 "Reconstituting the Global Public Domain-Issues, Actors, and Practices", *European Journal of International Relations*, 2004.

Saunders, Phillip C., *China's Global Activism Strategy Drivers and Tools*, National Defense University Press, Washington, D. C. October 2006.

Sen, Nirupam, "Nonstate Threats and the Principled Reform of the UN", *Ethics & International Affairs*, Volume 20. 2 (Summer 2006).

Shannon, Vaughn P. , "Wendt's Violation of the Constructivist Project: Agency and Why a World State is Not Inevitable", *European Journal of International Relations*, 2005, Vol. 11, No. 4, 581 – 587.

Strange, Susan, "The Defective Stage", *Daedalus*, Vol. 124, (Spring 1995).

Su, Steven Wei, "The Territorial Dispute over the Tiaoyu/Senkaku Islands: An Update", *Ocean Development & International Law*, 2005, Vol. 36.

Tarrow, Sidney, "Transnational Politics: Contention and Institutions in International Politics", *Annual Review of Political Science*, No. 4 (2001).

Tretiak, Daniel, "The Sino-Japanese Treaty of 1978: The Senkaku Incident Prelude", *Asian Survey*, Vol. 18, No. 12 (December 1978).

Waever, Ole, "The Sociology of a Not So International Discipline: American and European Developments in International Relations", *International Organization*, Vol. 52, No. 4, International Organization at Fifty: Exploration and Contestation in the Study of World Politics. (Autumn, 1998).

Waltz, Kenneth N. , "The Emerging Structure of International Politics", *International Security*, 1993 Autumn, Vol. 18, No. 2.

"Structural Realism After the Cold War", *International Security*, Vol. 25, No. 1 (Summer 2000).

Waltz, Kenneth interview February 10, 2003, http://globetrotter.berkeley.edu/people3/Waltz/waltz – con6. html.

Weiss Jessica C. , "The 2005 Anti-Japanese Protests in China and the Negotiations over U. N. Security Council Expansion", http://weber.ucsd.edu/~jweiss/Weiss%20-%20China%20case%20study. pdf.

Wendt, Alexander E. , "The Agent-Structure Problem in International Relations Theory", *International Organization*, Summer1987, Vol. 41, 3. Levels of Analysis Vs. Agents and Structure: Part III, *Review of International Studies*,

1992, Vol. 18, Issu. 2. "How Not to Argue against state personhood: a reply to Lomas", *Review of International Studies* (2005), Vol. 31. "Agency, Teleology and the World State: A Reply to Shannon", *European Journal of International Relations*, 2005, Vol. 11 (4).

Wight, Colin, "They Shoot Dead Horses Don't They? Locating Agency in the Agent-Structure Problematique", *European Journal of International Relations*, 1999. Vol. 5, No. 1.

"The Agent-Structure Problem and Institutional Racism", *Political Studies*: 2003 Vol. 51, No. 4.

Zacher, M. W. "The Decaying Pillars of the Westphalian Temple: Implications for International Order and Governance", in J. N. Rosenau & E - O. Czempiel (eds) *Governance Without Government. Order and Change in World Poltics*, (Cambridge University Press. 1992).

ZhouMi, "The 2005 Anti - Japanese Demonstrations in China: The Rise of Popular Nationalism", http://www.usc.cuhk.edu.hk/wk_ wzdetails.asp? id =6212.

张蕴岭, "The Pacific Review", Vol. 10, Num. 4, 1997, Routledge UK.

英文文献

Aron, Ramond, *Peace and War: A Theory of International Relations*. Translated by Richard Howard and Annette Baker Fox. Garden City: Doubleday, 1966.

Archer, Clive, *International Organizations*. 1992, Second Edition. London: Routledge.

Bhaskar, Roy, *The Possibility of Naturalism: A Philosophical Critique of the Human Sciences*. Atlantic Highlands, N. J.: Humanities Press, 1979.

Boulding, Kenneth, *Three Faces of Power*, (Newbury Park, CA, 1989).

Bull, Hedley, *The Anarchical society*, foreword to the 2nd Edition (1995).

Bull, Hedley and Watson, Adam, *The Expansion of International Society*, Oxford: Caarendon Press, 1984.

Buzan, Barry&Jones, Charles and Little, Richard, *The Logic of Anarchy: Neorealism to Structural Realism*, Columbia University Press 1993.

Camilleri, Joseph A. & Falk, Jim, *The End of Sovereighty?* Edward Elgar, 1992.

CoxRobert. W. & Harold K. Jacobson, *The Anatomy of Influence*. New Haven: Yale University Press, 1973.

Daphné Josselin & William Wallace, eds., *Non-State Actors in World Politics* (New York: Palgrave Macmillan, 2002).

Friedman, Gil & Starr, Harvey, *Agency, Structure, and International Politics: From Ontology to Empirical Inquiry*, Routledge, 1997.

Fukuyama, Francis, *The end of history and the last man*, the free press, New York, 1992.

Giddens, A., *Studies in Social and Political Theory*, London: Hutchinson, 1977.

Giddens, Anthony, *New rules of sociological method*. New York: Basic Books, (1976); Central problems in social theory. Berkeley: University of California, (1979).

Gilpin, Robert, *War and change in worldpolitics*. Cambridge: Cambridge University Press.

US power and the Multinational Corporation (Basic Books, 1975).

Haas, Ernst B., *Beyond the Nation-State: Functionalism and International Organization*, Stanford: Stanford University Press, 1964.

Herborth, Benjamin, *The system is under construction*, M. A. Paper, University of Chicago Master of Arts Program in the Social Sciences, August 2003.

Hocking B. and Smith M., *World Politics*. New York: Harvester Wheatsheaf. 1990.

Hollis, Martin and Smith, Steve, Explaining and Understanding International Relations, Oxford, 1990.

Jacobson, Harold K. , *Networks of Interdependence: International Organizations and the Global Political System.* New York: Knopf. 1984.

Karns, Margaret P. & Mingst, Karen A. , *International Organizations: The Politics and Processes of Global Governance*, Lynne Rienner Publishers, 2004.

Kelly, Robert Edwin, *The impact of non-governmental organizations on the Bretton Woods Institutions*, Presented in Partial Fulfillment of the Requirement for the Degree Doctor of Philosophy in the GraduateSchool of The Ohio State University, 2005.

Keohane, Robert O. , *International Institutions and State Power*, Boulder: WestviewPress, 1989.

Keohane, R. O. and J. S. Nye (eds), *Transnational Relations and World Politics.* Cambridge: Harvard University Press (1971).

Kegley, Charles W. Jr. & Wittkopf, Eugene R. , *World Politics: Trend and Transformation* (9th edition), Boston, New York, Bedford/St. Martin's, 2004.

Klingensmith, Mary Lou, *Non-state actors in global political processes: A social systems approach*, University of Pennsylvania, 1999.

Lissitzyn, Oliver J. , *Territorial Entities in the Law of Treaties.* Hi Recueil Des Cours (1968).

Maynard, Douglas and Wilson, Thomas, "On the Reification of Social Structure", in. Scott McNall and Gary Howe, eds. *Current Perspectives in Social Theory*, Vol. 1. Greenwich: JAI Press, 1980.

Mead, George Herbert, *Mind, Self, and Society*, Chicago: U of C Press, 1962 (1934).

Morgenthau, Hans J. 1967. *Politics among nations: The struggle for power and peace.* New York: Knopf.

Niebuhr, Reinhold, *Christianity and Power Politics*, New York, Charles Scibner's Sons, 1940.

Raymond, Vernon, "Sovereignty at Bay," New York: Basic Books, 1971.

Rosenau, J. N., *Turbulence in World Politics*. New York: Harvester Wheatsheaf (1990).

The Study of Global Interdependence, Print, 1980.

Rosenau J. N. & E - O. Czempiel (eds), *Governance Without Government. Order and Change in World Poltics*, pp. 58 - 101. (Cambridge University Press. 1992).

Ruggie, John, *Constructing the World Polity: Essays on International Institutionalization*, New York, NY: Routledge. 1998.

Smith, Michael, *Realist thought from Weber to Kissinger*, Louisiana State University Press, 1986.

Strange, Susan, *The Retreat of the State: The diffusion of Power in World Economy*, Cambridge University Press, Cambridge 1996.

Spruyth, Endrik, The Sovereign State and Its Competitors: An Analysis of Systems Change. Princeton, NJ: Princeton University Press. 1994.

Taylor, Philip, *Non-state Actors in International Politics: From Transregional to Substate Organizations*, Westview Press.

Young, Oran. R., "The Actors in World Politics" in J. N. Rosenau and M. A. East (eds) *The Analysis of International Politics*, New York: The Free Press. (1972).

其他来源资料

Yearbook of International Organizations, (Brussels: Union of International Associations), 1990.

"一次不为人知的华人精英运动：三十五年'保钓'梦"，《南方周末》2005年8月4日。

"美国华裔拟在时报广场作广告反对日本成常任"，《凤凰卫视》纽约3月29日消息。

"鞠德源接受《外滩画报》采访",《外滩画报》2003年10月16日。

"美暗示钓鱼岛有事将支持日本",南方网,2001年12月11日。

基辛格:"'9·11'事件为美提供巨大合作机遇",2001年11月15日,http://www.people.com.cn。

后 记

本书是在我博士论文基础上修改而成的，并到了上海金融学院的出版资助和教育部人文社科项目青年基金的资助。这本书能有机会面世，与多方面的大力支持密不可分。

我要感谢我的恩师、南京大学中美研究中心的美国对外关系研究专家蔡佳禾先生。蔡先生对我，恩同再造。在本书的选题、资料收集和研究过程中，蔡先生给予我无私关怀和指导，并且在百忙之中为本书撰写了序言。他对我的恩情，点滴在心，我终生难报。我要感谢其他关心和帮助我的前辈。在本书写作过程中，南京大学国际关系研究院的朱瀛泉老师、洪邮生老师、计秋枫老师、谭树林老师等提出了许多有益的意见和建议。复旦大学联合国研究中心张贵洪教授的指导，使我能把全球治理的相关理论和进展融入书中。我要感谢我的同学陈文鑫和贾修磊、我的师兄马骏和张旺。其中，陈文鑫为我提供了很多第四章所必需的文献资料。在书稿的文字润饰方面，贾修磊给了很大的帮助。在书稿写作过程中，马骏和张旺两位师兄与我多次讨论了有关命题。

我还要感谢巴基斯坦驻联合国前大使哈迈德·卡迈勒先生、保钓联合会网站的版主中国空气和保钓联合会会长童增。他们在相关的案例分析部分提供了不少建议、信息和资料。

再则，我要感谢时事出版社的领导和工作人员。在本书出版过程中，他们都提出了诸多有益的建议。出版社领导还专门帮我审稿并提出修改意见。

最后，我要借此感谢我的家人，我的姐姐和父母给予我很多精神上的支持。他们为家庭的付出，为我营造了一个安心的科研环境。

李金祥
2017 年 1 月于上海立信会计金融学院